U0153695

臺灣客家研究論文選輯 12

# 客家文化產業生成與發展

俞龍通——主編

張維安——總主編

# 編者及作者介紹

## 主編

### 俞龍通

淡江大學美國研究所博士，現任國立聯合大學文化觀光產業學系副教授兼創意統合研究中心研究員，研究焦點以客家文化產業為核心，研究議題扣緊當代客家研究所關切的發展課題。先後出版了七本客家研究系列叢書（含兩本編著）和二十多篇期刊及會議論文。在專書著作方面包括 2007 年《文化創意臺灣魅力：臺灣文創意產業的議題與對策》、2008 年《文化創意客家魅力：客家文化創意產業觀點、策略與案例》、2009 年《點石成金：30 個文化創意產業 X 檔案》、2012 年《亮點客家：臺灣客家文化創意產業之路》、2014 年《創意循環：區域文創觀光亮點打造的黃金法則》、2014 年《客家族群象徵產業的當代新風貌》及 2016 年《從傳統創新：客家產業轉型與升級之鑰》。

在客家研究過程中，藉由擔任政府政策諮詢和產業輔導的過程，將教學、研究與服務三者相輔相成緊密連結，深入了解全國客庄的發展現況與迫切議題，深度剖析這些議題並提出對策，提供政策參考與產業經營管理的標竿學習。同時也將這些議題轉化成為教學個案素材，提供課堂最為真切與實際的資料。這樣的歷程豐富其教學內容，加深與寬廣研究視野，提供確實可行的產學服務能量。

## 作者群

**張維安** 國立交通大學客家文化學院人文社會學系教授。曾任國立清華大學人文社會學院院長、國立中央大學客家學院院長、國立交通大學客家文化學院院長、國際客家研究中心主任、人文與社會科學研究中心主任等職。學術興趣為社會學理論、經濟社會學、資訊社會學與客家研究。

**張志宇** 東海大學社會學研究所博士班肄業，以 Charles Taylor 所提出的「社會想像」與 F.Braudel《地中海史》作為研究興趣，現任張志宇薩克斯風教室老師。

**賴玉玲** 國立臺灣大學歷史學博士，曾任中央研究院臺灣史研究所研究助理，現職國立故宮博物院南院處副研究員，學術專長為臺灣社會史、嘉義發展史、客家義民信仰研究。

**潘美玲** 美國杜克大學社會學博士，曾任國立交通大學客家文化學院副院長、國立交通大學科技與社會中心執行委員等職，現任國立交通大學客家文化學院人文社會學系教授兼人文社會科學研究中心主任。學術專長為歷史比較社會學、經濟社會學、發展社會學。

**俞龍通** 淡江大學美國研究所博士，現任國立聯合大學文化觀光產業學系副教授兼創意統合研究中心研究員、客家委員會諮詢委員等職，曾任國立聯合大學產業創新及產學合作中心主任。學術專長以客家研究為主要研究領域和學門，研究焦點以客家文化產業為核心，研究議題扣緊當代客家研究所關切的發展課題。

**陳定銘** 國立政治大學公共行政學系博士，現任法鼓文理學院人文社會學群教授兼學群長、國立中央大學客家語文暨社會科學學系榮譽教授。學術專長為非營利組織、社會企業與創新、公共政策、社會網絡分析、客家文化與公民社會、客家社會企業與社會網絡分析。

**王宣雅** 國立中央大學客家語文暨社會科學學系客家政治經濟碩士班碩士，目前任職於日本東京人力資源相關工作。

**劉照金** 國立體育學院體育研究所碩士、博士，曾任美和科技大學民生學院院長、美和科技大學休閒運動保健系主任、國立屏東科技大學人文暨社會科學院院長、臺灣體育運動管理學會副理事長、臺灣運動社會學會副理事長，以及國立屏東科技大學休閒運動保健系講師、副教授、教授。現任美和科技大學講座教授。學術專長為運動觀光、運動休閒經營與管理、體育政策。

**陳和賢** 英國雪菲爾大學英國雪菲爾大學博士，曾任國立屏東科技大學食品科學系教授兼主任、國立屏東科技大學客家文化產業研究所教授兼所長、國立屏東科技大學國際事務處處長、國立屏東科技大學國際學院教授兼院長。現任中華民國駐印度代表處科技參事兼組長。學術專長或興趣為食品加工技術開發、超臨界技術、乾燥技術、食品加工設備開發、客家文化產業推廣與行銷。

**李梁淑** 國立臺灣大學中國文學研究所博士，現任國立屏東科技大學文化產業研究所兼通識教育中心副教授。學術專長為客家文學、客家語、民俗藝術、客家文化美學。著有《金瓶梅詮評史研究》、《客家歌謠文化與藝術論集》、《百年客家 - 徐冬英珍藏文物賞析》等。

**莊蘭英** 屏東科技大學客家文化產業研究所畢業，曾任屏東科技大學樂齡學院兼任講師、美和科技大學通識教育中心兼任講師，現任樹德科技大學休閒觀光系兼任講師、屏東縣新埤國民小學教師。學術專長或興趣為客家語言、文化、產業等相關研究執行。

**賴守誠** 英國蘭開斯特大學社會學博士，曾任臺灣大學生物產業傳播暨發展學系助理教授，現職為中央大學客家語文暨社會科學學系副教授。學術興趣：飲食社會文化研究、客家飲食文化、農鄉地方發展、消費者文化與文化產業。

**周錦宏** 國立臺灣師範大學工業教育學系博士，曾任苗栗縣文化局局長、國立中央大學客家語文暨社會科學學系系主任、國立中央大學藝文中心主任等職，現任國立中央大學客家學院院長。學術專長為客家研究、文化產業、社區營造、第三部門研究。

**吳宛樺** 臺南人，偽客家人，本質為財務金融系畢業。意外進入國立中央大學客家政治經濟研究所就讀致產生了一段不解緣分，目前為混口飯吃的某地方政府小小公務員，喜歡美食、愛旅遊，擅長觀察周遭人事物尋求（研究）靈感。

**吳翠松** 國立政治大學新聞研究所博士，曾任國立聯合大學客家語言與傳播研究所所長、朝陽科技大學傳播藝術系專任助理教授，現任國立聯合大學客家語言與傳播研究所教授、文化觀光產業學系兼任教授。學術專長為客家傳播、性別研究、言說分析、媒介生態學、傳播心理學。

# 學術研究與客家發展：
## 《臺灣客家研究論文選輯》主題叢書序

張維安

客家族群的發展，打從其浮現初期就和客家族群的論述有密切的關係。特別是從「自在的客家」發展到「自為的客家」過程中，客家族群意識的凝聚與確定，顯示出客家族群相關論述扮演了重要的角色，尤其是立足於客家研究而來的客家族群論述所帶來的影響。有客語語言家族的「客觀」存在（自在的客家），還不能說客家族群已經誕生，也就是說客家族群還未主觀的、有意識的存在（自為的客家）。兩者之間的差異與轉換，主要是族群意識與族群論述。

族群意識的誕生，可能來自客語語言家族經過與他族的接觸經驗、人群界線的劃分，以及漫長的族群形塑過程。不過人群分類的「科學」根據和「歷史」解釋，卻需要綿密的客家族群論述為基礎。從客家族群形成的過程來看，客家研究扮演了非常關鍵的角色，甚至可以說「沒有客家研究就沒有客家族群」。

歷史上，羅香林的《客家源流考》（1950）、《客家研究導論》（1933）和《客家史料彙編》（1965）為客家選定作為中原漢族的身分，提供了安身立命的論述基礎。更早的時期，徐旭曾的〈豐湖雜記〉（1808）、林達泉的〈客說〉（1866）、賴際熙的《[ 民國 ] 赤溪縣志》（1867）、溫仲和所纂的《廣東省嘉應州志》（1868），以及黃釗的《石窟一徵》（1870）等，提供了羅香林論述的基礎觀察。當然還有一些外國傳教士之論述也發揮很大的作用，例如

Ernest John Eitel（1873）的 *An Outline History of the Hakkas*。關於西方傳教士的客家論述與華南客家族群的浮現方面，施添福與林正慧等已有精彩的研究。客家研究奠定了客家族群存在的樣貌。

客家研究與客家族群的浮現與發展關係，是多層次的。從民間學者到學院教授，從族譜記載到生物基因，從文化圖騰到語言發音，豐富了客家族群文化的內涵，增進了客家族群的意識與認同。其中語言學家對南方漢語中客語分類的認定與命名，使得客語人群的身影逐漸清晰。近年來臺灣客家研究的興起對臺灣、東南亞或中國客家文化的發展與認同都有清楚的影響。

基於客家相關的學術研究對客家發展的重要性，客家委員會從設立以來便相當重視客家知識體系的發展，設立客家學術發展委員會指導推動客家學術研究與發展之業務，厚植客家研究的基礎。客家研究如果要成為一門學問，不只是要有研究計畫，必需有課程規劃、教科書、專業期刊、客家研究學會、學術研討會、嚴格審查的專書、有主題的叢書與論文集彙編。《臺灣客家研究論文選輯》主題叢書的出版計畫，具有此一脈絡的意義。

《臺灣客家研究論文選輯》主題叢書的出版構想，源於客家委員會的客家學術發展委員會，目標是將分散於各學術期刊的優質論文，依主題性質加以挑選、整理、編輯，重新編印出版，嘉惠對客家議題有興趣的讀者，深化客家議題的討論，增益客家社會建構的能量。論文來源以學術期刊論文為主，作者無限制，中英文皆可，主要是論文議題要與「臺灣客家」相關，跨區域比較也可。以主題或次領域為臺灣客家研究系列叢書編輯的原則，能讓國內外客家研究學者乃至一般讀者，迅速掌握過去學術界對該主題的研究累積，通過認識臺灣「客家研究」的各種面向，理解臺灣客家社會文化的諸多特質，作為國家與客家族群發展知識基礎。叢書，除了彙整臺灣客家研究的各主題（特色），也望能促進學、政雙方，乃至臺灣民間社會共同省思臺灣客家的未來。

由於各篇論文原來所刊登的期刊，各有其所要求的格式。為了尊重原期刊的特性，本叢書各輯的論文仍保留原有的格式性質，例如註解的方式各篇並未一致，又因版面重新編輯，原有的頁數已經有所改變，這是需要跟讀者特別說明的。

《臺灣客家研究論文選輯》主題叢書之問世，特別要感謝客家委員會李永得主任委員的支持，客家學術發展委員會召集人蕭新煌教授的指導，各分冊主編的教授師長，一次又一次的來交通大學開會，從書本的命名到封面的討論，看見大家的投入和付出，非常感激。交通大學國際客家研究中心博士後研究員劉瑞超博士、交通大學出版社程惠芳小姐和專任助理陳韻婷協助規劃與執行，克服重重困難，誠摯表示感謝。

張維安

于國立交通學客家文化學院人文社會學系

2018-6-7

# 目錄

# 《客家文化產業生成與發展》導論

俞龍通

## 一、前言

本書定名為《客家文化產業生成與發展》，其中主要的深意在於幾個重點；首先就是客家產業的「文化內涵」，本選輯的文章能夠凸顯與呈現客家產業的文化內涵與象徵，也就是客家族群象徵性產業的表徵（張維安 2000；張維安、謝世忠 2004；俞龍通 2014、2016），這些產業是客家族群與環境互動、因應環境和適應環境後所發展出來的產業，孕育鑲嵌成為生活的一部分，使得客家產業訴說了族群生態、生產和生活的各個面向。以茶產業而言，不僅是作為經濟作物養家活口的收入來源，更是生活非常重要的一環，客家族群靠山吃山種茶食茶，山歌和採茶戲成為農忙時期和農閒休閒活動的育樂活動，客家茶產業的文化內涵兼容並蓄地將生態、生產和生活緊密地結合成為一體，這是客家產業最具獨特與差異的族群象徵與文化風貌，也是探究客家產業研究有別於其他經濟產業管理研究之至為核心與關鍵的構面。

第二個重點為產業的「源由、生成與發展」。對於這些產業的研究可從時間軸線的發展脈絡與空間分布情況來探究其源由、生成與發展歷程。本書收錄了三篇詳述客家產業的生成、演變與發展脈絡的文章。張維安和張志宇（2013）的〈土地、族群與經濟活動：中港溪與後龍溪流域的客家經濟特色〉、賴玉玲（2005）的〈客家族群的遷徙與經濟發展：以關西與美濃地區為例〉及潘美玲

（2013）針對「北埔與峨眉茶體制之比較」，三篇文章分別從環境生態及區域特性所孕育的產業型態與特質、國際資本主義、日本殖民主義驅動力量及政府法令與產業制度面等影響因素，深入分析中港溪與後龍溪流域內土地、族群與經濟活動的交互影響所形成的客家經濟特色、關西茶產業與美濃菸業的形成與發展及新竹縣兩個生產客家東方美人茶最具代表性的茶區產業消長與變遷，都是屬於客家產業經濟生成、演變與發展的文章，透過這幾篇文章的閱讀，讀者將能清楚地了解客家產業形成的時空及影響產業發展的制度性因素。

第三個重點為客家產業轉型與升級及經營策略。客家產業除了從歷史途徑與空間地理及社會經濟的概念來分析與探問客家產業的生成與發展，亦即從文化內涵與表徵來分析和挖掘其客家產業的文化與傳統面向外，隨著時代變遷與產業環境變化，客家產業面臨了轉型與升級，這是當代客家產業非常重要且關鍵的課題，因此探討客家產業轉型與升級的文獻也占有質量極高的比例。這部分的文章中，陳定銘與王宣雅（2008）的〈以六級產業理論析探地方產業發展之策略：苗栗大湖草莓為例〉，從六級產業的觀點提出苗栗大湖客庄草莓產業的轉型與升級之道。俞龍通（2017）〈客家文化加值產業之研究：一個東方美人茶業者轉型的分析〉採取企業診斷的研究方法，運用資源基礎理論、關鍵成功因素及文化真實性等管理理論，針對北埔鄉的「北埔第一棧」茶工廠轉型為文創觀光服務業為研究案例，診斷其轉型與升級所面臨的困境並提出具體對策，也為客家產業經濟研究提供科技整合與跨學科的研究途徑，以及提供產業實務相當實用的建議。劉照金等人（2009）的〈客家特色產業消費心理向度與消費滿意度之研究：以屏東縣內埔地區爲例〉，建構了「客家特色產業消費心理向度」指標，作為預測客家產業消費者行為，這在現有客家文化產業研究相關文獻上是較為特殊與實用的取向，有別於其他研究，這篇文獻提供預測與了解消費者行為的一個理論模型，對於客家產業的發展提供實用導向，有助於產業發展。

客家產業除了傳統經濟的農林牧礦業等一級產業外，以一級產業為基礎的二級加工製造業中，以客家飲食最具客家文化代表性和族群象徵性。因此本書也收錄兩篇有關客家飲食文化的文獻。其中，賴守誠（2006）的〈現代消費文化動力下族群飲食文化的重構：以臺灣「客家菜」當代的休閒消費轉型為例〉闡述在現代消費文化脈絡中臺灣客家飲食的崛起、轉型與重構，探討客家菜在當代臺灣社會中如何在性質上被轉變為一種現代休閒消費的型式。五種現代消費文化的力量驅動與形塑了客家菜的崛起與轉型。該文的研究視角有別於過去客家飲食研究多偏重歷史起源或菜餚特色描述，改採取社會文化的視野為架構，以實質經驗資料為基礎，對客家食物在臺灣的崛起與發展進行系統性與歷史性兼具的深入研究。周錦宏、吳宛樺（2013）之〈年輕世代客家飲食意象之探討：以中壢地區大學校院學生為例〉主要探究年輕世代對於客家飲食與地方特產的想像與意象建構。相異於上文賴守誠（2006）從飲食記憶、文化消費與文化認同的角度與視野出發，周錦宏與吳宛樺的這篇文章主要探究客家飲食在消費潮流中是否被賦予新意義？那些意義是不變的意象？哪些又是文化中介者所傳播的新意象？特別是聚焦在年輕世代的客家意象是甚麼？是否會受到過去所累積的客家飲食經驗及所接受客家飲食知識或訊息的影響而有所不同？這篇文章補充且豐富了現有客家飲食文化產業的相關研究。

在客家族群文化中，作為非物質文化遺產的客家音樂是一直存在且極具族群象徵的文化產業，反映一個族群最核心的精神文化與傳統價值。在客家音樂中，客家流行音樂從過去到現在一直以來皆擁有一定的市場，是客家文化產業的一個重要區塊，因此本文收錄吳翠松（2014）的〈客家流行音樂獨立廠牌經營策略之研究〉。這篇文獻以經營策略為主題，分析不同時期客家音樂獨立廠牌因應不同產業環境挑戰所做出的回應，從 1998 年以前的「差異化」經營策略到 1998 年後的「成本領導策略」，勾勒了客家流行音樂的產業變遷與發展。

## 二、每篇文章重點

張維安和張志宇〈土地、族群與經濟活動：中港溪與後龍溪流域的客家經濟特色〉一文主要關注「具族群性的產業」形成的過程，以中港溪和後龍溪兩個流域為研究範圍，將兩流域內的自然環境比喻為舞台，將舞台上演出的族群比喻為演員，以及將產業比喻為演員與舞台互動的結果，從時間的序列和發展過程，探究環境、族群與產業交織互動的過程與結果。某種產業的產生，不僅受到自然條件的影響與限制，但人類種種活動與技術交流和發展也相對的影響產業的發展，這就是人類的能動性（張維安、張志宇 2013：40）。

兩河流域內的自然環境，因山多平地少的地形、土壤、氣溫或雨量，皆不利水稻與甘蔗的種植，卻有利於茶樹和林業的生長。除茶葉外，廣泛分布的樟樹使得樟腦業成為苗栗地區重要產業之一。兩流域的自然環境雖然適合茶樹和樟腦與礦產的發展，然而要使兩流域內的這些產業成為具客家族群的特色產業，仍有賴於主要演員的客家族群運用族群智慧、文化和努力，面對許多限制與克服許多困難才得以完成。地勢險惡、山番威脅、技術不足、災害影響等，形成產業發展的限制，都必須依靠新技術的出現及客家族群運用智慧和各種做法，才得以發展。以上這些產業除受到人為活動和新技術出現的影響，也深受世界市場需求的影響，驅使著客家人積極地往內山入墾開發（張維安、張志宇 2013：64）。

自然條件與資源深深影響客家族群從事茶業、樟腦業與礦業，而之所以成為具「族特色的產業」，更是因為客家人長期與自然互動的努力開創有關。因此具「族特色的產業」不能僅單單從先天的族群特色來解釋，其形成深受入墾區自然條件與資源影響，更需承攜著文化的人群長期努力與自然環境互動才能形成（張維安、張志宇 2013：65）。

賴玉玲的〈客家族群的遷徙與經濟發展：以關西與美濃地區為例〉一文，

分別從清代時期北臺灣鹹菜甕地區以及日治時期南臺灣美濃地區，透過不同時期、不同區域客家人群的移動和生產活動，來檢證客家經濟表徵的樟腦產業和菸作文化與客家人群的關係。論述何以這一南一北兩大產業成為客家人的經濟表徵？

綜觀清代至日治時期臺灣南北客家經濟的發展，北臺灣客家人選擇往近山地區移動，以迎合帝國主義、重商主義，在國際市場需求與番害威脅的互動下，交織出一頁樟腦開發史；並通過清代的開港通商，以及其後的開山撫番政策，促使北臺灣客家人群的二次移動，也建構出樟腦成為客家人產業的圖像和生活經驗。美濃的菸作文化，出自日本殖民政策的經濟導向，美濃的移民始自對人群關係壓力、自然災害因應而移動；稻作之外，同時深受日本殖民經濟政策與國際市場、價格利誘的交互作用；在政策的推動下，菸作文化在日末登上美濃的歷史舞台，成為美濃人的集體記憶。亦即透過清代鹹菜甕樟腦產業的供需，以及日治美濃菸草作物的產銷，兩個以客家人為主體的地域，就一南一北為客家產業文化做了代言，建構出象徵客家經濟的表徵（賴玉玲 2005：218）。地理環境所提供的自然資源，明顯的牽引移民經濟活動種類的選擇，並且影響人群移動；而在國家、政策作用下，一種新經濟經驗的重建，也往往積極且主動影響人群生活方式的選擇。

延續著張維安與張志宇等人和賴玉玲兩篇文章的客家族群象徵性產業的形成與發展的脈絡，潘美玲〈北埔與峨眉茶產體制之比較〉一文則以新竹縣北埔與峨眉兩鄉茶產業體制的變遷，所導致產量的消長及產地分工的形成，更具焦地探析客家族群象徵性產業的東方美人茶產業的發展。

這兩個區域的開發時間相當、地理相鄰、產業發展脈絡相近，從樟腦開採、水旱田稻作、到茶葉種植和製作產銷，皆呈現相近的產業經濟發展軌跡與模式，如何在不同階段的歷史發展中，使得原本一直以來茶葉種植面積與生產數量皆超過峨眉鄉的北埔鄉，逆轉與發展成峨眉鄉的茶產量超過北埔鄉，使得峨眉鄉成為東方美人茶的主要產地？而北埔鄉又是如何以老街為中心發展出文化觀光的產業特色，成為東方美人茶的經銷管道？是那些因素的作用促使客家地區經濟產業的共同性或產生分化。

作者歸結出（一）茶產業貿易市場圈範圍和層級的變遷；（二）國家政策的推動或法令的限制，構成了兩個產地供銷的分工關係；（三）超越單一作物生產商品鏈的分析視野，從雙種作物的互補關係，指出峨眉地區的柑桔產業，補充技術熟練茶工在茶產季節之外的工作機會和收入，從而得以供應東方美人茶生產關鍵的勞動力與維持薪資水準。

清末兩地的移墾到日治初期的作物種植歷史，除了北埔在時間上皆先於峨眉之外，「兩地的發展型態都相當類似（潘美玲 2013：102）。直到日治時期外銷茶產業體制建立之後，政府政策開始使得北埔成為竹東丘陵的中心，包括輕軌便道、橋樑道路等交通建設提升了北埔的便利性，加上 1940 年頒布的《茶製造業取締規則》，在日本資本的扶植下，帶動北埔紅茶的輝煌時期，北埔的茶園面積和製茶戶都高於峨眉。戰後兩地的茶產外銷依然興盛，北埔不論從種植面積、茶農戶數、製茶工廠等都持續領先峨眉」（潘美玲 2013：102）。

1980 年代以後，由於臺灣茶產業結構變遷，工商業開始發展，臺灣茶也轉向內銷生產之際，北埔的茶園逐漸荒廢，峨眉則繼續維持茶產業的經營並超越北埔的規模。從 1990 年開始北埔和峨眉之間的差異性其實是一種分工關係，由峨眉提供貨源，北埔集中銷售，至於茶產區則擴大到鄰近的苗栗頭份、桃園龍潭、新竹關西等地，構成一個跨區域的東方美人茶的商品鏈，也是完全由客家人所掌握的產銷體制（潘美玲 2013：102）。

客庄傳統經濟產業隨著時代變遷面臨轉型與升級需求，除了探究其生成過程與歷史發展背景和驅動力量及產業文化內涵外，就產業永續發展和實際需求，轉型與升級的發展策略與模式的相關研究更是客家產業研究的重點之一。

陳定銘、王宣雅的〈以六級產業理論析探地方產業發展之策略：苗栗大湖草莓為例〉以六級產業理論來探究苗栗大湖草莓的發展策略，透過公、私部門協力推動，檢視大湖草莓產業的生產技術、農產加工、節慶與體驗行銷等策略，進行農特產綜效分析，提出苗栗客庄農業發展建議。

在相關研究發現方面，政府對於大湖草莓產業預算主要花費在無毒安全食用部分和高價作物栽培技術，在當代農民的培力上，主要強調一級技術栽種，並未特別強調二、三級產業的知識。即使強調一級產業的栽種技術，在食品安全上也僅限發展安全用藥階段，並未特別強調產品優質化發展。在二級產品加工方面，主要委由大湖農會或苗栗農工進行產品加工，業者並未居於主導地位，故加工產品的精緻度未必能夠完全凸顯。大部分的業者年齡偏高，除了採果體驗行銷活絡自身經濟外，欠缺行銷知識，主要的行銷仍由大湖農會居於核心位置，受制於單一組織體系的行銷模式，商品複製程度嚴重，雖身處客家庄，產品並未充份反映客家文化元素與創意，欠缺更多元的行銷通路與方式亦為農民業者擔憂的問題。政府補助大湖草莓業者的經費大部分留置於大湖鄉農會，且大多關注農會所要求的物件，主要是安全用藥和高架栽培，許多農民欲發展有機栽培，改善人們對於草莓大量農藥殘留的負面印象，類似此種符合未來發展趨勢的需求，要取得政府面的資源是相當困難的，這樣的發展態勢使得大湖草莓農民業者只限於一級產業的角色，而無法創造二級和三級產業的鏈結。

研究者建議可參考日本六級產業化作法，由民間與政府協力組成「農林漁業成長產業化基金」，藉由當代中小企業共同出資培育地育基金，依照農民需求參與基金的有效運作，必能活化草莓六級產業的發展。行銷通路的局限也反映在節慶行銷的窄化，未與鄰近之溫泉也者有密切互動，這是未來可以強化之處，可以透過大湖草莓季、客家桐花祭及大湖溫泉季的活動日曆模式規劃，豐富與多元節慶行銷。

茶文化自古以來即是客家族群生活的一部分，茶山情歌或茶山對唱即為表徵，是客家茶文化代表之一。新竹縣北埔、峨眉兩鄉出產的膨風茶（又稱東方美人茶），擁有深厚的客家文化內涵，為客家族群象徵性產業。俞龍通〈客家文化加值產業之研究：一個東方美人茶業者轉型的分析〉一文即以北埔鄉的「北埔第一棧」茶工廠轉型為文創觀光服務業為研究案例，診斷其轉型與升級所面臨的困境並提出具體對策。透過參與觀察及深度訪談之企業診斷的研究方法，發現此一個案雖具有多角化複合式的經營特色，但卻面臨（一）產品走低價路線，試圖往高單價產品邁進的轉型兩難；（二）空間配置零亂且動線不佳，主題不夠明顯；（三）單打獨鬥無法突顯特色；（四）轉型所需人力資源短缺，招募不易，增添轉型挑戰。透過研究者與經營者的討論與協作的輔導過程，採取傳統演化為主和創新研發為輔的文化真實性管理策略，（一）重新聚焦企業營運主題於客家茶文化；（二）整體空間與動線重新規劃；（三）研發新文化深度遊程，連結周邊著名古蹟與景點；（四）開發以茶文化和在地元素為主要內涵的精緻茶餐及（五）針對內部人力資源重新進行規劃，提出與大專院校結合等多項提升人力資源的具體行動方案。

劉照金等人的〈客家特色產業消費心理向度與消費滿意度之研究：以屏東縣內埔地區爲例〉，主要為建構「客家特色產業消費心理向度」的指標，作為預測消費者消費行為，為客家產業消費者行為的研究提出新的理論與觀點，乃該文對於客家文化產業經營管理與發展的貢獻。根據相關文獻的檢視與討論，該文發展出「消費美學意識」、「文化異質性」、「文化體驗」、「社會認同程度」、「消費權利意識」等五個指標，採取逐步回歸的統計方法，預測這些指標與消費者滿意度的關係。研究的結果發現，客家特色產品消費心理向度與消費者滿意度有顯著正相關，消費者滿意度可由「文化體驗」、「文化異質性」與「消費權利意識」等三項指標來解釋。其解釋例依序是「文化體驗」、「文化異質性」及「消費權利意識」，顯示「文化體驗」及「文化異質性」與「消費者滿意度」最為密切。研究者建議在行銷客家文化特色商品時，應該重視產品背後的客家文化象徵意義，客家商品應不僅只重視物與物之間的消費行為，更應重視其附加之心理感受的服務體驗，應該創造讓消費者接觸與體驗客家文化產品之文化特質的機會，觸發消費者的消費動機。進行行銷時應推展與突顯客家文化特色產品所具有的客家文化特質，強調體驗式的感性消費與心理層面，創造再購意願與口碑行銷。

賴守誠的〈現代消費文化動力下族群飲食文化的重構：以臺灣「客家菜」當代的休閒消費轉型為例〉一文主要闡述在現代消費文化脈絡中臺灣客家飲食的崛起、轉型與重構，探討客家菜在當代臺灣社會中如何在性質上被轉變為一種現代休閒消費的型式。指出客家菜的崛起、轉型與重構，身受現代消費文化五種力量，也呈現了當代消費的特徵。客家文化產業中最具代表性的非飲食文化莫屬，因此選擇這篇文章可以了解客家菜的變遷與發展，挖掘與追溯客家菜興起的背後力量及其轉型的型態與文化內涵。誠如該文作者指出：「家族群的飲食自 1980 年代起的崛起與風行，凸顯了臺灣食物品味轉型中諸多關鍵議題，是當代飲食消費文化中值得深入探索的案例」（賴守成 2006：173）。

該文以內容和論述分析，將臺灣在 1951 至 1999 年間客家菜指涉的主要內涵，以三個階段加以劃分，分別是（一）1951 至 1982 年，媒體對於客家菜所呈現的文化內涵主要為：作為鄉愁的客家菜。這階段媒體的報導或媒體工作者似乎沒有認知到居住在臺灣地區的客家族群，有一種特殊不同於其他族群的飲食文化；（二）1983 至 1991 年作為民俗文化的客家菜。1983 年以後，客家菜被認識與論述成為「客家民俗文化的核心要素。（三）1992 至 1999 年作為休閒消費的客家菜。這階段媒體對於客家菜文化內涵的報導出現了劇烈的變化，不僅出現頻率大幅增加，許多媒體增設新版面來報導客家菜。客家菜已經成為報紙媒體慣用的語彙，也反映臺灣社會大眾對客家菜詞彙日益熟悉與使用。更值得注意的是，這一階段所出現的版面集中在「國內觀光旅遊」與「消費休閒生活」的類型中。作者指出臺灣客家菜的休閒消費化這樣的跡象與趨勢，實乃受到現代消費文化的「商品化」、「多樣性」、「符號性」、「經驗性」和「波動性」五種力量與特徵在臺灣地區的崛起、擴張與強化密不可分，也使得臺灣客家菜飲食的物品與服務種類越多元與使用食材更多樣，成為族群飲食文化的符號與表徵，帶來更多的消費體驗，隨著消費市場動力的驅動，求新求變的創新菜式的變化也更明顯。

周錦宏、吳宛樺之〈年輕世代客家飲食意象之探討：以中壢地區大學校院學生為例〉主要探究年輕世代對於客家飲食與地方特產的想像與意象建構。在相關研究發現方面：

（一）家庭是年輕世代客家飲食消費的關鍵者：客家飲食對年輕世代並不陌生，但不是年輕世代的日常飲食消費活動。父母是影響年輕世代學生客家飲食的關鍵者。不同族群「到客家餐廳用餐」和「最近一個月客家美食的消費、有明顯的差異，年輕世代之客家族群在客家飲食消費頻率上明顯高於非客家族群。客家年輕世代與非客家年輕世代在「香氣四溢」和「辛辣」兩項口感意象之認知有顯著差異。客家年輕世代認為客家飲食「香氣四溢」的口感明顯高於非客家的年輕世代比例；而非客家的年輕世代則認為客家飲食有「辛辣」口感是高於非客家年輕世代。研究者認為客家年輕世代認為客家飲食比較「香」的口感意象乃是客家過往飲食經驗的延續與文化濡化過程不斷被強化的結果。

（二）政府、餐廳、媒體與旅遊是客家飲食意象建構的中介者：在客家菜餚意象方面，不論是客家與非客家年輕世代所選擇的前五項皆為「客家小炒」、「薑絲炒大腸」、「梅干扣肉」、「鹹豬肉」與「白斬雞」。特別是前三項的菜餚與其他研究（林麗樺 2009）的調查結果一致，顯示這三項菜餚沒有世代差異，甚至客家與非客家族群間也沒有差異，研究者認為乃是受到傳播媒體的影響，年輕世代的客家飲食意象被建構出來的。政府、餐廳、媒體與旅遊扮演客家飲食意象建構的重要中介者角色也發揮在客家地方特產意象方面，年輕世代的選擇依序前五名分別是「擂茶」、「柿餅」、「野薑花粽」、「仙草」與「桔醬」，這些客家地方特產皆是近 30 年來各級政府單位舉辦各式活動促銷的產業所形塑出來的地方產業特色。

（三）某些客家傳統意象已逐漸消逝：傳統且較獨特的「九層板」與「牛汶水」則明顯在年輕世代的飲食記憶中逐漸消逝。

（四）不同族群對於客家飲食意象存在族群差異並再現族群認同：對於歲時節慶和婚喪喜慶的客家米食如「艾粄」、「菜包」、「紅粄」、「發粄」等，客家年輕世代多了分熟悉感與認同感。

吳翠松的〈客家流行音樂獨立廠牌經營策略之研究〉以三家成立超過二十五年的客家流行音樂獨立廠牌：「吉聲影視」、「龍閣文化」和「漢興傳播」為研究對象，了解客家音樂獨立廠牌的經營策略。以 1998 年前後兩大時期做分野。研究結果發現，1998 年以前，這三家客家音樂獨立廠牌採取的經營策略較偏向「差異化」策略，強調其客家特色，主要因為這時期的客家流行唱片仍有穩定的銷售市場，產品必須明確市場定位和採取差異化的競爭策略。唱片公司的組織編制也必須專業分工，聘請專人為歌手從上游歌曲的創作、錄製、混音、編曲到下游的包裝行銷推廣等一條龍的產業鏈完整打造。相較之下，1998 年後，隨著唱片市場不景氣，人力成本減至最低，幾乎不做行銷，不再針對其目標市場進行任何宣傳，轉而採取的經營策略是較偏向「成本領導策略」。

面對這股臺灣流行音樂衰退所帶來的衝擊，許多華語唱片市場公司透過調整經營策略，結合新興數位科技，迎接行動音樂市場，搶進新興的數位和行動音樂市場。在這方面的經營策略調整上，目前只有吉聲唱片將唱片版權與平板電腦結合的做法。惟受到市場不易開拓，此種商品究竟有多少商機，仍是個未知之數。

在音樂市場無法獲得該有的銷售利潤和回報，客家流行音樂廠牌轉而朝向政府推廣客家文化舉辦各式客家藝文活動的機會，透過補助、獎助或參與標案等方式，成為近年來重要的收入來源。惟針對這種情況，研究者指出潛在的隱憂，值得深入觀察與反思：（一）客家流行歌曲的創作較無法多元。（二）過度依賴政府補助，財務結構不夠多元化，產生高度風險。研究者認為，治本之道還是要靠自身的產品和經營能力，吸引消費者購買，尤其是年輕消費族群，長期以來一直是客家流行音樂推廣最弱的一環，該如何去吸引這群人，這是未來客家獨立唱片業者該去思考的問題。

除了收入向政府經費高度偏斜化風險外，目前客家獨立音樂廠牌的行銷流通方式仍未與數位科技結合，採取保守過度保護音樂版權的做法，使得客家音樂鮮少在網路流傳，無法增加歌曲曝光率，甚至刺激買氣和流通性，或幫助歌手提高知名度，增取更多的代言或演出機會，創造多贏局面。

## 三、結論

客家產業從傳統產業經濟的樟腦、香茅、茶、菸草或農林牧礦業等有其一定的生成與發展脈絡，受到所處自然環境的限制、居處其中客家鄉親文化能動性及外部國際市場與政府政策的驅動與影響，構築了客家產業極為獨特且多元化的族群文化內涵與產業圖像。其多元化呈現在客家產業既有其源自於土地與族群文化的傳統經濟特質，展現出客庄生態、生產與客家生活的產業特色，也隨時面對變動的環境與外在力量，透過轉型與升級吸收了更多元的其他文化元素，孕育蛻變成當代創新產業面貌。傳統山林經濟的產業型態、飲食產業或影視音樂產業，也逐漸轉化成為多樣性的休閒觀光及文化創意產業的產業類型。產業的營運模式涵蓋了傳統農牧礦一級產業、加工製造的二級產業和第三級的休閒觀光服務業。

產業的研究視角與途徑也體現了多重的面貌與觀點。歷史途徑取向的研究，探討客家產業發展史，彰顯與代表客家產業生成與發展脈絡的歷程；社會經濟學則探索客家文化鑲嵌於產業之社會文化意義與產業的發展；市場經營管理視角與觀點因應了客家產業的轉型與升級的當代需求，引進更多具產業實用性理論與觀點，有效地協助客家產業的健全發展。

本書選輯的文獻具體而微地提供讀者一個窺探與理解客家產業多重面貌與獨特文化特質的視窗，呈現客家產業生成與發展的脈絡、歷程、結構、類型與研究視角，據此也可以作為學術研究理論建構、產業實務發展與政策興革的回顧與展望。客家文化產業的多樣性也包括近年來興起的客庄節慶，如客家桐花祭與客庄 12 大節慶，惟受限於篇幅並沒有收錄相關文獻於其中，當可在未來的續篇中再加以收錄撰述之。

## 參考文獻

吳翠松，2014，〈客家流行音樂獨立廠牌經營策略之研究〉。《廣播與電視》37：1-34。

周錦宏、吳宛樺，2013，〈年輕世代客家飲食意象之探討：以中壢地區大學校院學生為例〉。《客家公共事務學報》8：27-52。

俞龍通，2014，《客家族群象徵產業的當代新風貌》。臺北：師大書苑。

______，2016，《從傳統創新：客家產業轉型與升級之鑰》。臺北：師大書苑。

______，2017，〈客家文化加值產業之研究：一個東方美人茶業者轉型的分析。《客家公共事務學報》14：29-58。

陳定銘、王宣雅，2008，〈以六級產業理論析探地方產業發展之策略：苗栗大湖草莓為例〉。《客家公共事務學報》10：1-27。

張維安編，2000，《臺灣客家族群史：產經篇》。南投：臺灣省文獻館。

張維安、謝世忠，2004，《經濟轉化與傳統再造：竹苗臺三線客家鄉鎮文化產業》。南投：臺灣省文獻委員會。

張維安、張志宇，2013，〈土地、族群與經濟活動：中港溪與後龍溪流域的客家經濟特色〉。《客家研究》6（1）：37-67。

潘美玲，2013，〈北埔與峨眉茶產體制之比較〉。《客家研究》6（1）：69-108。

賴玉玲，2005，〈客家族群的遷徙與經濟發展：以關西與美濃地區為例〉。《臺灣史學雜誌》1：186-225。

賴守誠，2006，〈現代消費文化動力下族群飲食文化的重構：以臺灣「客家菜」當代的休閒消費轉型為例〉。《國家與社會》1：167-213。

劉照金，陳和賢，李梁淑、莊蘭英，2009，〈客家特色產業消費心理向度與消費滿意度之研究：以屏東縣內埔地區爲例〉。《人文社會科學研究》3（1）：146-161。

# 土地、族群與經濟活動：

## 中港溪與後龍溪流域的客家經濟特色 *

張維安、張志宇

## 一、前言

本文討論範圍以苗栗的中港溪與後龍溪流域為範圍，[1] 在觀點上，將採取「靜止的歷史」與「情勢的歷史」兩種歷史時間觀，來理解中港溪與後龍溪兩流域的開發過程，以及流域中種種產業與族群之間的關係，亦即「具族群特色之產業」形成的過程，這兩個觀點是觀察兩溪族群產業特色的啟發性工具（heuristic tool），不是分析架構，本文也無意作為年鑒史學的作品。

「靜止的歷史」讓我們看到自然環境以及種種自然條件對人類文明發展的影響。例如 F. Braudel 於《地中海史》所言，由於山區地勢的原因，出現了一種處於半文明狀態的世界，且山區生活不易，造成人口外移，而人口的流動又帶給其他地區勞動力、商業、文化的交流。少開闊河溝的高原，則有利於交通的發展，因而高原發展出各種運輸、商業與文化，是交通發達之地，更是文明

---

* 本文原刊登於《客家研究》，2013，6 卷 1 期，頁 37-67。因收錄於本專書，略做增刪，謹此說明。作者張維安現任國立交通大學客家文化學院人文社會學系教授；張志宇為東海大學社會學博士。

1 以兩流域的客家族群產業為觀察對象，非全面性記述，也非依行政區區劃做觀察分析。

發展的可能性開端。平原則又是另一種情況，為經常氾濫的地方，然而在這種地方，人們卻發展出各種治水的技術，使城市有機會發展，並帶動人口上升，接著糧食的需求也跟著上升，如此一來城市外圍形成大片田園，城市資金漸漸轉到鄉村，隨之而來的是各種不同社會階級的產生（Braudel，2002）。這些具體的內容並不與本研究直接相關，但這些觀點對本文的討論有一定的啟發。

F. Braudel 分析地中海時，首先告訴我們哪些地方是山、高原、 丘陵、平原等等，並說明其各自的影響力，其實就是在說明著舞台上有什麼「可能性」與「限制性」。本文從自然環境出發，將留意兩流域之內，哪些地區有人居住？哪些地區適於開墾？什麼樣的產業會在此兩流域之內發展出來？

強調地理環境重要，不一定要成為地理決定論者，「可能性」與「限制性」最終還是歸諸於人的種種活動，人群的活動才是重點，但也不一定要主張「人必定勝天」，因為人總還是活在地理結構中。F. Braudel 談到地中海的「距離」時說到：「今天，我們覺得缺乏空間。在我們周圍，空間正在縮小」（Braudel 2002：441；Braudel ，2006）。[2] 所指的是交通技術的發展所造成的變化，即技術發展—交通變快—時間變短—空間壓縮，這一連串的發展。這就是「情勢的歷史」，由於人類的種種活動，地理環境所影響的歷史，開始了緩慢的變化，並出現了種種可能性。

這把鑰匙打開了一扇門，得以觀察漢人在開發此兩流域的過程中，某些產業出現的原因。某種產業出現的原因，不僅受到自然條件的影響，更也受到人類種種活動與技術的交流和發展所影響，後者便是人類的能動性，其中也有許多人群文化、實作的「所以然」知識。本文關於「具族群特色」的產業之討論，

2 F. Braudel（2002）在《地中海史》所提到的這點，也可參見《15 至 18 世紀的物質文明、經濟和資本主義：卷一》（Braudel 2006）。其中有許多關於技術發展以克服困難，並開創可能性的例子。

就是討論自然環境對產業的影響，以及人群文化與自然互動後所帶來的產業發展，以兩流域為範圍的族群產業觀察，需要同時分析生活於其中的人群分布。

下文分成三部分，首先，說明此兩流域內的地理環境，即本文所要搭建的舞台；其次，將介紹此一舞台上的演出者、出場時間與地點；第三，說明演出者在舞台上的演出，即人們與自然環境的互動過程及其開創出的產業。

## 二、地形、人口與開發：舞台的搭建

### （一）地形的意義

要掌握苗栗地區三百多年來的發展並非易事，何況兩流域的族群多樣，自然資源豐富，且先後經歷清代漢人、日本人以及國民政府開發，種種因素皆影響了這些地區的發展。以地理為方法，掌握兩流域內的開發與人口分布，「地理不再是目的本身，而成了一種手段。地理能夠幫助人們重新找到最緩慢的結構性的真實事物，並且幫助人們根據最長時段的流逝路線展望未來」（Braudel 2002：19）。

以下先分析兩流域內的地形結構，接著討論地形結構對開發與人口分布的影響。先從地形結構來理解兩流域「哪兒可住人」、「哪兒最容易／最難開發」。至於人們在這舞台上的表演及活動，如墾民來臺時間、族群互動、土地的轉移、技術的發展、種種產業的出現等等，次節接續說明。

### （二）兩流域地形及其影響

1. 兩流域各區地形與人口分布

中港溪流域各鄉鎮分別為竹南鎮、頭份鎮、造橋鄉、三灣鄉及南庄鄉，各鄉鎮地形情況如下。竹南地區以平原與丘陵為主，[3] 頭份全境幾乎為竹南沖積平原的一部分，[4] 兩處地形易於開發，因此對於人口分布的限制較少，境內各區域皆有人居住，並較集中在以「新南里」為圓心，半徑二至三公里內一帶。而兩地也是中港溪流域內，人口最多的兩處。[5]

造橋地區，地形以竹南丘陵為主，約在300公尺以下，由東向西漸緩，平原僅分布於北邊朝陽村一帶，此處是造橋開拓史上最早被開發的地區，屬人口較集中地區，至於其他的丘陵地帶則較少人居住。

三灣鄉的部分，地形以丘陵為主，[6]高度約在60至200公尺間，僅東邊「獅頭山」與東南邊「神桌山」地勢較高，分別為492公尺與792公尺。另外，因溪流沖積的原因，三灣村、銅鏡村以及北埔村的下林坪、大河村的谷倉坪及大坪林、桃坪一帶有河階台地，地勢較為平緩，是人口較為集中的地區，其餘丘陵地帶則相對較少有人住居。

南庄一帶，地形以丘陵和山地為主體，[7]面積約各占一半。境內除了員林村與南富村地勢較緩，較多人居住外，其餘地區四面皆山，由西向東地勢漸高，少有人居住。[8]

後龍溪流域的部分，包括了後龍鎮、苗栗市、頭屋鄉、公館鄉、銅鑼鄉、獅潭鄉、大湖鄉、泰安鄉。其中後龍一帶多屬後龍溪與西湖溪流域的沖積平原，而後龍溪口以北屬人口主要集中地，至於分布在龍坑里、福寧里、中和里、南

---

3 為了方便說明，將以行政區的位置來說明。公義里、大埔里與崎頂里（即竹南鎮北邊一帶）為主要丘陵分布地，其餘地區皆為竹南沖積平原。

4 其丘陵分布在東北邊興隆里、流東里、珊瑚里一帶，以及東南邊上興里、下興里、廣興里，以及濫坑里一帶。

5 關於人口數據的資料，可進一步參考苗栗縣政府（1991a：4-11）。

6 三灣村、銅鏡村、頂寮村，以及北埔村一帶屬竹東丘陵一部分，其餘的內灣村、永和村、北埔村、大河村、大坪村，屬竹南丘陵一部分。

7 主要山峰為「鹿場大山」，位於東河村的東南角，高2,616公尺。比林山，高1,812公尺；大窩山，高1,642公尺；鳥嘴山，高1,551公尺；鵝公髻山，高1,579公尺，均為鹿場大山山脈一部分。

8 以上關於地形的資料整理自賴典章等編（2007）的《重修苗栗縣志：自然地理志》。

港里，以及埔頂里的丘陵和台地則有人口散居。

苗栗市一帶，平原與丘陵各半，[9] 惟丘陵面積略多一點，地勢東低西高。其中人口沿著後龍溪沿岸，集中在沖積平原上，而丘陵地的新川里、新英里較少人居住。頭屋一帶，地形以丘陵為主，東高西低，屬竹南丘陵的一部分，高度在 100 至 300 公尺間，約占頭屋鄉土地的三分之二。其平原主要分布在後龍溪、沙河、北河沿岸，以及老田寮溪兩岸，即獅潭村、頭屋村、曲洞村，以及北坑村南邊與象山村北邊，僅這幾處有較多人口分布。

公館鄉界於八角崠山脈與後龍溪之間，東高西低。其中北河村、南河村、大坑村、福德村、開礦村，五村以西皆為後龍溪所沖積而成的平原，為人口集中之地，以東則分別為丘陵與山地，較少人住居。

銅鑼鄉地形以台地和山地為主，平原僅分布在中平村北端一帶，屬於苗栗河谷平原，有較多人住居。除平原之外，銅鑼鄉東邊有關刀山，關刀山以西的興隆村、盛隆村、新隆村沿著老雞隆河則是河階台地，而雙峰山以西接西湖溪則又是另一台地，約分布在樟樹村以北。

獅潭鄉地形以丘陵和山地為主。獅潭鄉東部有仙山與八卦力山，高度在 900 至 1,000 公尺間，並由此向西降至 350 公尺的縱谷區，再向西升高至 400 到 700 公尺的八角崠山脈。大湖鄉的部分，其地形以丘陵地與山地為主，東有八卦力山脈、馬拉邦山，西有八角崠山脈、關刀山山脈。中有大湖溪流域貫穿，並形成河階台地與丘陵。獅潭與大湖兩地人口明顯僅分布在獅潭川兩旁較為平坦的河階台地與丘陵地帶，其餘地區較無人居住。

至於泰安鄉，全境皆為山脈，西以八卦力山脈、馬邦山脈與獅潭、大湖、

9 丘陵區分布在新英里、新川里全部，及恭敬里、大同里、福麗里、文山里、南苗里一部分，其餘皆為後龍溪沖積而成的苗栗河谷平原。

卓蘭為鄰；南倚雪山山脈，與臺中和平鄉為鄰。屬開發不易之地區，人口則分散在各處，呈現出點狀分布的情況。[10]

2. 兩流域的漢人開闢順序

以兩流域的鄉鎮市來看，除了竹南、頭份、後龍、苗栗與公館外，其餘幾鄉鎮的人口分布皆受到地形相當大的限制，且人口相對較少（苗栗縣政府 1991：4-11）。而地形除了影響人口及其分布外，更影響了流域中各鄉鎮的開闢順序。先就各地區內部的開闢來看，沿海地區以及河流流經地區是屬較早開發的地帶。若就兩流域內鄉鎮市的開闢順序來看，竹南與後龍的開拓最早，康熙年間即有開發的記載，且於乾隆年間形成街市。接著是頭份與造橋，雍正年間有開闢記載。再來是苗栗、頭屋、公館與銅鑼，開墾時間約在乾隆年間。而三灣與南庄的開發時間則集中在嘉慶末年至光緒末年之間。至於大湖，雖於乾隆年間即有開墾記載，但因受到原住民抵抗而停止，於同治年間後才再有開墾記載。而大湖也因地形的關係，直到光緒初，漢人才進入該區大規模開墾。最後，獅潭與泰安的開墾也是直到光緒年間後才有資料可查。整體看來，土地開拓時間雖有人文因素，但明顯受地勢所影響，地理因素透露出何處具有發展的「可能性」和「限制性」。

## 三、族群分布情況及其形成過程：舞台上的演員

兩流域各地方的特色，說明了哪些地區是「人口集中」的平原、「較少人居住」的丘陵，以及人口呈現點狀分布的「山地」，也就是演員在舞台上的位置與角色以及角色之間的關係，回答了現今族群分布情況的「形成過程」。此處討論分兩部分，即清代漢人來臺「之前」和「之後」兩部分。前者討論道卡

10 以上關於地形的資料整理自賴典章等編（2007）的《重修苗栗縣志：自然地理志》。

斯族與泰雅族、賽夏族在兩流域各地區的分布情況；後者討論以漢人為主，並分成「客家人」與「閩南人」，而由於這段時間道卡斯族漢化情況嚴重或移居他地，故討論以四個族群分布情況為主，即客家人、閩南人、泰雅族與賽夏族。

## （一）漢人來臺前兩流域的族群分布

1. 中港溪流域的原住民分布

分布於中港溪流域內的道卡斯族，主要以中港社為主，其社址分布在今日竹南鎮的中港里、開元里、中華里，以及中美里一帶，[11] 而其地權範圍更延伸至竹南鎮的大厝里、海口里、中英里、公義里、竹南里、崎頂里、港墘里、中港里，頭份鎮的東庄里、流東里、珊湖里、新華里、斗煥里、田寮里、蘆竹里、忠孝里，造橋鄉的龍昇村、造橋村，三灣鄉的銅鏡村，還延伸至後龍鎮的校椅里、豐富里、新民里、海埔里。中港社為流域內勢力最大的平埔族族群，其地權範圍甚至還到達今日新竹市香山區內湖里、南港里、鹽水里、茄苳里一帶（郭慈欣 2003：14-54；詹素娟等 2001：209-214；潘英 1996：60）。

至於賽夏族，其為中港溪流域中主要的原住民族，主要分布在東河、小東河與南河流域的沿岸，以及後龍溪上游流域，即東河村、南江村、蓬萊村、西村一帶，也分布於三灣部分地區，以及後龍溪流域的獅潭鄉百壽村與永興村。泰雅族則主要分布在泰安鄉、大湖鄉與卓蘭鎮境內，但也有部分族人分布在中港溪流域的南庄東河村與南江村內（陳運棟 2007：151-187；潘英 1998：208-212；賴盈秀 2004：19）。

2. 後龍溪流域的原住民分布

後龍溪流域中的道卡斯族主要有三，即後龍社、新港社與貓閣社。後龍社

11 如前述，以行政單位來討論流域內的發展，有其方便性與意義，不表示放棄流域為分析對象。

社址約在今日後龍溪附近，即中龍里、北龍里、南龍里、溪洲里一帶，其地權範圍也在後龍鎮境內的大庄里、海埔里、海寶里、外埔里、溪洲里、中龍里、豐富里、北龍里、復興里、龍津里、南龍里、中龍里、龍坑里，並擴展至苗栗市的福星里、玉清里、嘉盛里一帶，以及銅鑼的九湖村。此外，後龍社地權範圍尚還延伸至中港溪流域內的頭份東庄里，造橋龍昇村、談文村幾處，以及西湖溪流域內的西湖鄉五湖村、二湖村、三湖村、四湖村。

新港社社址約分布在今日後龍溪北岸，即埔頂里、新民里、校椅里、復興里一帶，其地權範圍同樣也分布於後龍鎮境內的豐富里、新民里、水尾里、龍坑里、南港里、海埔里、校椅里、埔頂里、南龍里、中龍里、北龍里、大庄里、復興里、福寧里，以及苗栗市的福星里、文山里、新川里、新英里、福麗里、玉苗里、玉清里一帶，與後龍社有所重疊。而其地權範圍除了在後龍溪流域內之外，尚還進入到中港溪流域內的造橋鄉豐湖里、龍昇村、大龍村、談文村、朝陽村，三灣鄉的永和村幾處，此外，也進入至通霄鎮的平元里、圳頭里、楓樹里。

貓閣社社址則分布在今苗栗市玉華里、維祥里、大同里、新苗里、維新里、勝利里、恭敬里一帶。地權範圍主要是在苗栗市新英里、新川里、玉清里、維祥里、新苗里、勝利里、高苗里、北苗里、清華里、文山里、福麗里、嘉盛里一帶，並延伸至頭屋鄉曲洞里、公館鄉館中村，以及銅鑼鄉朝陽村。

另外，除以上三社外，後龍溪流域內尚可見到日南社與日北社，其主要分布在大安溪北側，房里溪南岸一帶，但在銅鑼鄉九湖村內也可見到兩社蹤跡，其地權範圍也在九湖村內。[12] 至於泰雅族，主要分布在泰安鄉全境，以及大湖

12 以上關於平埔族人的社址與社權，詳請參考（郭慈欣 2003：14-54；詹素娟等 2001：209-214；潘英 1996：60）。

鄉、卓蘭鄉一帶。另外，獅潭鄉百壽村與永興村也可見到賽夏族的蹤跡（陳運棟 2007：151-187；潘英 1998：208-212；賴盈秀 2004：19）。

## （二）漢人來臺後的族群分布

關於漢人入墾的時間點與所在地，其開發過程正說明著道卡斯族、泰雅族與賽夏族，其土地流失與轉移的過程，也同樣說明著漢人與原住民族在生活空間上的轉變與確立。以下先說明漢人移民臺灣的背景，並討論漢人在這兩流域內的開發及其生活空間確立的過程，最後再描繪漢人與原住民族的分布情況。[13]

1. 漢人移民臺灣的背景與因素

漢人移民臺灣最早的時間點在明朝，當時雖實行海禁政策，但大陸東南沿海以捕魚為生的居民卻不受限制，澎湖更成為當時漁戶的聚集地。明中葉之後，大陸東南沿海的漁場更擴展至臺灣沿岸一帶。嘉靖、隆慶、萬曆之際，來臺人口也逐漸增多，甚至與臺灣當時的原住民建立了「漢番交易」的關係。不過，當時這種移民情況，多是季節性的暫時居留，待漁期或狩獵期結束後，隨即返回大陸（陳亦榮 1991：11-12）。這種暫時的居留，對臺灣的開墾與發展影響不大。

而荷蘭支配時期，其初期雖只重貿易，但後期也從事農業活動，並招來了漢人從事農業定居。之後鄭成功入臺，逐出荷蘭人，欲建立反清復明的根據地，故實施「屯墾」制度，遷諸將士家眷來臺，更招納游民東渡臺灣，奠定人口繁衍與增加基礎（陳亦榮 1991：13）。不過，這時期的人口增加僅在於南北兩地，

13 就族群正義來說，本文主張漢人之入墾即是原住民權益之受損、受侵略，不過本文討論重點是族群的分布過程，暫不進入這些評價之細節，「番漢」用詞亦同。

而不出現在苗栗縣境內，此時的兩流域仍荒蕪一片，多為原住民的部落社會，不見漢人開發。

明鄭滅亡，1684 年（清康熙 23 年）臺灣初入清朝版圖，移民人口漸增。期間清廷雖嚴禁偷渡，但仍抵不住積極移入臺灣的人口，其中以福建省人最多，其次為廣東省人。其原因在於當時的農業技術，養不起約一億五千萬的人口，故形成龐大的人口外移壓力。康熙至雍正年間是清代人口增加最快的時期，至乾隆初年後，糧食不足的情況也愈益明顯，再加上乾隆中葉以來，四處災荒、社會動亂，更加劇全國性的人口壓迫現象。其中閩、粵兩地之壓力早在康熙末年就已出現，於是兩地人口開始向廣西、雲南、南洋、臺灣等地遷徙（陳亦榮 1991：17）。

故乾隆之後，臺灣人口漸增，漢人開墾漸進，然原住民的土地與生活空間也漸轉移至漢人手上，形成了新的族群分布情況。而這段時間內也是漢人與原住民關係最為尖銳的時刻，本文所分析的兩流域各地區內也是如此。

2. 漢人入墾兩流域的大略經過

後龍溪流域之後龍早在明鄭時期得到開發，但僅屬點狀式的開拓，明鄭滅亡時更成荒地。康熙年間，兩流域內僅有竹南、後龍有些許開發，但同樣也僅是點狀發展，並無大規模的拓墾，兩流域各地區仍屬於原住民勢力所在。且目前的苗栗地區此時也尚未設立訊息傳遞的網絡，軍事佈防方面，也僅至半線，以北就未再派守兵駐守，半線以北如同化外，且「往年自大甲溪而上，非縣令給照，不容出境」（黃叔敬 1957：134），種種因素都影響著漢人入墾苗栗兩流域的意願。

時至 1710 年（康熙 50 年），設立了淡水分防千總，置大甲以上七塘汛，並置兵力五至十名不等，安全性提高，才增加了移民開墾苗栗兩流域的意願。上述的地理因素，也影響著苗栗兩流域的開拓時間，大甲溪水正是一例，「大甲溪底多怪石，春冬水平可涉；夏秋驟漲，波濤湧，行人裹足，稱天險焉」（蔣師轍等 1962：345）。

總體來看，苗栗兩流域的開闢得至雍正年間後才明顯可見。之所以如此，施添福在竹塹一帶所進行的分析可作為參考，他認為：（1）康熙50年代末期，海禁漸嚴，閩粵移民不能再如先前那樣採「季節性的移民」。移民須開始尋找可資墾荒落籍之地。（2）雍正年間是較為鼓勵開墾的朝代之一，激起了閩粵移民墾荒的意願。（3）雍正 10 年，移民墾荒者被允許保有其墾荒田園，更能與其眷屬入臺團聚。（4）雍正元年、9 年、11 年，一系列的設官增兵為墾戶的身家生命與財產增加了安全性。以上墾殖條件的改變，皆激起閩粵移民入臺墾荒的意願（施添福 2001：39-40）。

相同的苗栗各地區墾拓也在雍正這段期間內得到發展，後龍溪流域的苑裡一帶海岸、造橋山麓，以及中港溪流域的竹南、頭份部分地區皆漸漸開墾。竹南「中港莊」、通霄「吞霄莊」、苑裡「貓盂莊」已有街莊形式。時至乾隆，來臺墾民更盛，竹南、後龍、苑裡、西湖、苗栗等鄉鎮市多有市街形成。而頭份的尖山、斗煥坪以西的大部分地區也都已開闢。造橋、頭屋、公館、三灣等鄉鎮，也部分開闢。僅南庄、獅潭、大湖、泰安等地仍為原住民的天下。

嘉慶年間，墾殖狀況不如乾隆時間，但沿海一帶已成為漢人的天下，更於此時取得土地實權，且進一步入墾三灣、頭屋、公館大部分地區，以及南庄部分地區。時間再到道光、咸豐、同治年間，苗栗境內八角崠山脈及關刀山脈以西的地區已全部開闢，並也開始闢建內山官道——即今日台十三號與台三號的前身（黃鼎松 1998：78-90）。此一道路是穩固社會秩序的「權力延伸」之道，更是加速內山地區交換與連接的交通要道。至於關刀山以東的地區，除泰安、南庄山區外，也於光緒中葉全都有漢人闢墾的事實。[14]

3. 族群分布的確立——原、客、閩

從以上簡略入墾經過來看，原本居住在兩流域內的原住民，其生活空間與土地漸漸地轉至漢人身上。其因素除了漢人個人行為，如騙術、娶平埔族女、討好平埔族人、侵占等（潘英 1996：114），更有制度性的原因造成原住民土地大量流失。如柯志明所謂的「民番無礙，朦朧給照」，即一些掌理番社公共事務的人員——土目、通事、社商，或漢庄內的鄉職人員，簽名蓋章保結對該土地的開墾無任何異議，但其過程卻沒有仔細查證，或未到現場查明是否有無爭議，故而「朦朧」批准墾照，造成原住民土地流失。

結果清代兩百多年來，原本居住在這些地區的平埔族人，生活空間不斷受到漢人壓迫而遷移他地，要不就是自願／非自願地被漢化，土地也嚴重流失，其情況在乾隆年與嘉慶年更是明顯。而也因為如此，漢人與原住民的生活空間逐漸確立，原有平埔族人的生活空間漸成為漢人的天下。

最早開發的竹南與後龍，屬閩籍漢人天下；頭份與造橋的部分，前者墾民多為粵籍客家人，而造橋則是閩粵混居地區；至於三灣、南庄、苗栗、頭屋、公館與銅鑼，墾民多為客家人；而最晚開發的獅潭與泰安，墾民也多為客家人，惟泰安至今仍多為泰雅族居住，漢人多住在清安村。至於賽夏族現今仍多分布在南庄東河村、南江村與蓬萊村內[15]（參見圖 1）。

---

14 漢人闢苗過程，整理自陳運棟（2007：205-206）所著《重修苗栗縣志：卷首》。

15 至於閩南人為何多分布在沿海平原一帶，而客家人分布在丘陵內山一帶，其解釋原因主要有兩種。其中一種即「先來後到」的說法，由於早期有施琅對客家人的海禁，因此客家人來臺時間晚於閩南人，故沿海平原易墾一帶早已由閩南人所得，客家人只能入山尋求其他可能；而另一種是「原鄉經驗」說法，由於客民原鄉為山鄉，並於山地過著農耕生活，且擅長河谷平原、丘陵地、山地的耕種技能，海對他們來說反而是陌生的，所以當他們抵達臺灣時，雖平原是理想的耕作區，但類似於原鄉的山區地理環境仍是更好的選擇，關於此點可參見《臺灣歷史圖說史前至1945 年》（周婉窈 1997：69-72）。

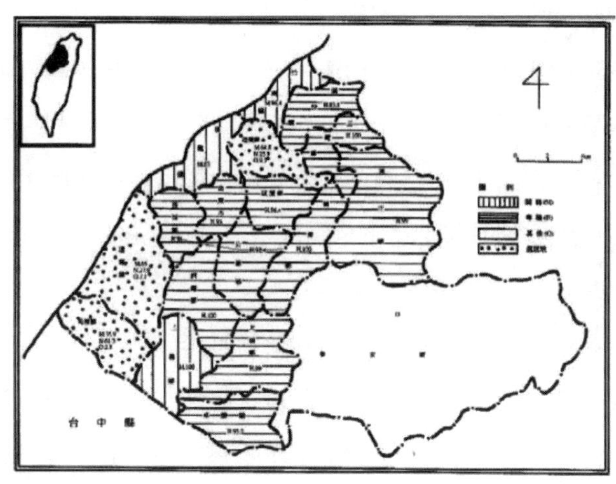


圖 1：苗栗縣族群分布圖
資料來源：郭慈欣（2003：70）

## 四、自然資源與產業發展：演出戲碼——族群能動性的展現

漢人在入墾的過程中，究竟做了什麼事？要墾什麼？又有什麼可墾？兩流域內有何自然資源？漢人墾了什麼？拓了什麼？此外，種種自然條件又有何可能或限制？而面對各種可能性與限制性時，人們抓著了什麼、改變了什麼、發展了什麼？以至最後，出現了什麼產業？於何處發展？又於何時發展？

這些提問正是要說明自然環境對於產業發展的影響，也是為理解各種產業「得以發展」或「不能發展」的基本條件。「每個時代，包括我們的時代在內；都在可能和不可能之間，在需要費點力氣才能達到的和人們無法得到的之間劃定界限〔…〕」（Braudel 2006：38）。而從「限制」到「可能」的發展，正說著人類同自然對抗的血淚史，說著人們開疆闢土的歷史，且更表明了「人」在面對種種結構時，是所有「可能性」的根本，且更是所謂「文明」的開端。[16]

## （一）可能與限制——自然環境與資源

種種自然環境因素，如地形、土壤、氣溫、雨量等，無不影響產業的發展，且特別是關於農業的發展，當中又以稻作最為明顯，其更是漢民來臺，首要的「墾務之急」。除環境因素外，自然資源同樣也影響著產業的發展，其分布位置更影響了城市重心的轉移。以下分別就兩流域地區的自然環境[17]及資源的分布情況進行說明。

1. 自然環境：不利水稻與甘蔗，有利茶葉與林業

臺灣以農立國，其中又以水稻與甘蔗最為重要，然而若單就苗栗兩流域內的地形、土壤、氣溫與雨量來看，苗栗最初的發展並不適於水稻與甘蔗的種植。就地形來看，兩流域山多平原，水源不足，故漢人入墾時，就特別重視水圳的建設，在水圳建設尚未完成前，水稻與甘蔗的種植一直受到限制。

就直接影響各種作物生長的土壤來看，流域內主要有五種土壤，即紅壤、黃壤、崩積土、沖積土與石質土。其中紅壤、黃壤與崩積土適於旱作、果樹、林業及茶園，[18]並分布在兩流域內大部分地區；而適於單、雙期稻作使用的沖積土，主要分布地僅在大湖、南庄，然而兩地的地勢卻又限制水稻與甘蔗的種植；至於不適於農業使用的石質土，除竹南未有此類土壤外，兩流域內各鄉鎮皆有零星分布，農業發展受限。

接著考慮氣溫和雨量，兩流域沿海平原與鄰近丘陵地帶屬亞熱帶氣候；高山區域屬溫帶型；中央山脈地區屬寒帶型氣候。22℃等溫線由頭份經造橋、頭

16 人作為文明發展的動力，是 Braudel 所一再強調的，雖然自然環境是如此地「牢不可破」，人類面對自然環境是如此渺小，力量如此薄弱，但人最終仍是改變了她，原住民面對自然的過程亦如是。漢人入墾的「發展」，並不影射原住民的文化不是文明。

17 地形的部分，於文章開始就已說明，不再贅述。

18 此處討論以這兩者為主。

屋、苗栗、銅鑼，沿尖豐公路之東側山區伸延，20℃等溫線經三灣、獅潭、大湖至卓蘭一帶，18℃等溫線則由南庄至泰安鄉之西側山區。而苗栗地區的雨量，山岳一帶大於丘陵地，而丘陵地又大於平原地區，其雨量分布見圖 2。[19]

綜上所述，兩流域內水稻與甘蔗的種植環境，因地形與土壤分布而受到限制，相反地，茶樹與林業則能得到較多發展，其原因正是由於自然環境的配合，因此兩者在早年最具發展可能性。

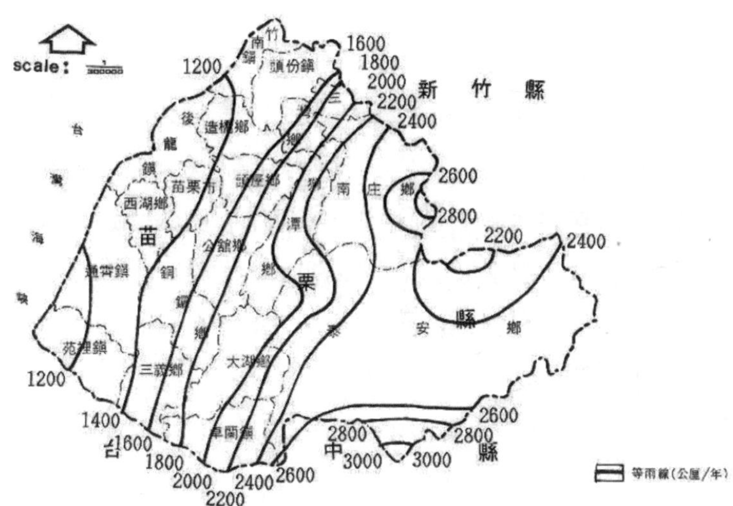


圖 2：苗栗縣雨量分布圖

資料來源：苗栗縣政府（1991a：2-10）

19 以上內容整理自《苗栗縣綜合發展計畫：總體及部門計畫（一）》（苗栗縣政府 1991a：2-1-2-10）。

2. 自然資源：樟樹與礦產

影響兩流域產業發展的原因除上述自然條件外，兩流域內的幾種自然資源，同樣也是關鍵因素。以下以樟腦業與礦業為討論的例子。

（1）樟樹[20]

樟樹分布的位置大致在海拔 300 公尺至 1,800 公尺之間，其早期在臺灣具有相當重要的價值。樟樹木材堅硬，可做傢俱，清代官方入山砍樟，更用之作為軍船原料。此外，樟樹所提煉出來的樟腦具醫療效果，中醫用之治療霍亂、疹癬、風濕，西醫利用來做強心針、治皮膚病和神經衰弱症。同時也可成為香料、防腐劑等，也是賽路珞的重要原料，常作為安全玻璃的原料，在汽車、飛機上皆可利用，用途十分廣泛，也成為了早期重要產業之一。

（2）礦產資源

苗栗地區內有多種重要的礦產資源，包括了煤炭、油氣田（石油與天然氣）、火粘土、玻璃砂、顏料石等，其中又以煤炭礦、油氣田的開發最為重要。煤炭礦主要分布在苗栗地區東邊，中新區地層所組成的山脈地區。北起獅頭山，南至大安溪北岸，理論蘊藏量約 62,590,000 公噸（約占全臺的 35%）。而礦場大致可分為（三灣）獅頭山、南庄、（公館）出磺坑、（大湖）上坪、（南庄）八卦力和（泰安）細道邦等煤田。

至於石油與天然氣混合的油氣田，後龍溪流域的出磺坑是臺灣第一口油井所在地。近年中油積極探勘，潛力不容忽視。以上兩種礦產資源對於兩流域的發展，甚至是臺灣的發展都有著重要的影響，自然也成了兩流域內主要產業之一。[21]

20 事實上相思樹也相當重要，其分布在海拔 600 公尺以下的地區，適應力強，能在各種土壤上生長。相思樹則可供製枕木、坑木及農具，其更是製作木炭的良好材料來源，對於苗栗縣煤礦業的發展，具重要的影響力。但因篇幅有限，不加以討論。

3. 兩流域的產業舞台

從兩流域內的農業發展來看——稻作與甘蔗，由於兩流域山多、平地少、水源不足、適於生長的土壤有限，在在影響著稻作與甘蔗的生長。相反地，茶葉是苗栗農業發展的主角，兩流域內的自然條件雖不適於稻作與甘蔗，卻適於茶樹的生長，且品質優異，是苗栗農產業中的金塊。除了茶業外，廣泛分布的樟樹也使得樟腦業也成為苗栗地區重要產業之一。從自然環境到資源的整理來看，可看出環境對產業發展的可能性與限制。

以上僅先就地形、氣候、土壤與自然資源作為討論依據，尚未考慮到技術與新工具出現的影響。兩流域地區最初產業發展的可能性會是茶業與樟腦業，而非糧業與糖業，這並非意味著苗栗沒有糧業與糖業，而是說茶業與樟腦業對苗栗地區的發展較有明顯的影響。之所以明顯，因為兩產業都受苗栗地區自然條件所「支持」，因此具有了種種「可能性」，而非「限制」。

但若再加入種種技術、工具的發展、水利設施的維修與興建、道路的開闢、礦產資源的開採，甚至加入原住民族漢化的因素，那麼兩流域清末以後產業的發展，則擴展至農業、林業與礦業。戰後則因一連串的公共建設，加上過去各種產業既有的基礎，光復後更出現了工商業的發展。以下分別進行討論。

### （二）兩流域各時期不同產業的發展

明鄭時期的產業情況，僅有原住民的採集與狩獵，以及簡單的「漢番交易」，尚不具實際分析價值。但若以「人口作為一種可能性」的角度來看產業發展，那麼明鄭時期似乎正說明著，「人口不足」成了產業發展上的極大限制。可想像的是，人口不足會是清初苗栗地區開拓上的第一難題。關於這點，「歷

21 以上內容整理自苗栗縣政府（1991a：2-21-2-23）的《苗栗縣綜合發展計畫：總體及部門計畫（一）》。

史」已為我們說明了：苗栗地區的快速開墾得等到雍正年間漢人大量入苗後才開始。

1. 清末的發展

時至清代，此時產業已較明鄭時期發達，但不同時期仍有不同產業發展，這與兩流域內的自然環境和資源都有密切關係。此處以樟腦業和茶業作為分析基礎，並從 1860 年之後，臺灣正式對外開港通商談起。為何是 1860 年？事實上 1860 年之前，臺灣與中國大陸之間，貿易上就已有了相當緊密的關係。不過，就當時臺灣出口到大陸的物品來看，苗栗地區主要的產物並非稻米和糖，[22] 而是以樟腦和茶葉為主。

從樟樹與茶樹的生長來看，樟樹主要生長在熱帶、亞熱帶地區，臺灣正適合樟樹的生長，其遍布臺灣，尤其以中北部最多。而若就生長區域與樹體樟腦含量的關係來說，那麼生長於山地、冬季溫暖、土地愈肥沃、風力弱以及日照充足的地點，其品質較佳，經濟價值高。苗栗兩流域地區即能提供這樣的生長環境，其生長在苗栗兩流域地區近山與內山一帶。

至於茶樹的生長環境，更直接受土壤、陽光、溫度、水分、空氣、水質等環境條件影響。其中陽光是首要條件，其強度、照射時間與光質對茶樹的生長十分重要。此外，水分的要求也高於一般樹木，它不適宜在乾旱的環境中發育，最好是雨量平均，且年雨量在 1,500 公釐以上。而排水良好的砂質壤土更是茶樹生長發育的基礎。而年平均溫度則最好是在 18 度到 25 度左右。而苗栗兩流域內的頭屋和公館等地就提供了這樣的生長環境。其丘陵與山地氣候冷涼，早晚雲霧籠罩，平均日照短，讓茶葉的苦澀成分降低，提高了甘味。此外，由於

22 僅稻米是苑裡地區的主要經濟作物，並帶動苑裡街的經濟發展。詳請見黃國峰（2004：113-116）。

日夜溫差大以及長年午後雲霧遮蔽的緣故，也讓茶樹的生長趨於緩慢，使茶葉柔軟、厚實且富含果膠質，大大提升了茶葉的品質。

進一步來看，苗栗兩流域地區的自然環境只提供了樟腦業與茶業發展的第一要件，事實上，兩產業的發展仍得經過漢人不斷努力後才完成的。樟樹與茶樹生長於苗栗兩流域地區的內山，其中多為原住民居住地，面對原住民「〔…〕不管是民間武力，還是政府的軍隊，都很難對原住民占絕對的優勢，一則高山區的懸崖峭壁是山地民族的天然堡壘，二則山地民族身手矯捷很容易躲開漢族攻擊，三則山區瘴氣很重，瘧疾是漢人的一大剋星，在漢『番』衝突之中，死於瘧疾者較死於受傷者多」（林滿紅 1997：168-169）。

而面對原住民的「番害」，清政府一直是以消極的方式，如豎石、土牛溝或屯兵，將原住民隔絕於外。然而 1860 年後，臺灣重心的北移，漢人入山墾拓需求大增，改變了對待原住民的方式。1886 年（光緒 12 年）設立了「撫墾局」，以教讀、教耕、賦予職務等方式，積極漢化山地原住民（施雅軒 2003：80）。再加上清代三大縱貫公路的開闢——即今日台一、台十三、台三線前身，政府力量更延伸至全臺，及苗栗兩流域內山地區；而除了縱貫公路外，苗栗地區橫貫公路——即後汶公路與頭南公路，更也強化了政府內山的力量（黃鼎松 1998：78-85）。至此之後，苗栗地區內山的開發才較為順利，「作為產業」的茶業與樟腦業因而更加興盛。

就茶業來看，光緒年間頭屋和公館兩地所盛產「白毫烏龍」（膨風茶），暢銷國內外。為苗栗兩流域地區帶來許多財富資源，更也促進苗栗兩流域中一些城鎮之發展，如苗栗、南庄、大湖等城鎮之發展。而茶業的發展更是持續到今日，雖然日本時代末期，因南洋及印度的競爭，加上製茶品質不佳，曾一度陷入衰落，但茶業仍是持續下來，產茶區至民國 86 年已擴展到苗栗、頭屋、公館、銅鑼、獅潭、大湖、三灣、南庄、頭份、造橋等鄉鎮市。大小製茶工廠近兩百家，全年製茶量達兩千八百餘公噸，外銷約 55%（黃鼎松 1998：107）。

至於樟腦業，其開墾過程更可以見到苗栗兩流域地區內中心轉移的過程。苗栗市的發展即為一例，其於 1755 年（乾隆 20 年）由謝雅仁等人開闢貓裡三汴圳，灌溉維祥、嘉盛、南興、北苗、中山、大田等莊；又於乾隆 32 年築嘉志閣圳，灌溉田一百四十甲；乾隆 34 年，又築貓裡莊圳，灌溉四百四十八甲地。水圳的修築雖有助苗栗地方旱田水田化，增加稻米產量，但由於地形的限制，其水田面積仍是有限。且雖然苗栗於嘉慶年間已大致墾拓完成，並累積相當的經濟實力，但相較來看，當時的中心地區仍是以位居「交通要道」並具「貿易集散」功能的後龍為主。

然而隨著內山樟腦資源的開發，特別是大湖一帶，[23] 不但帶動了自身的發展，更也讓位處內山地區交通要衝的苗栗成為內山一帶最重要的中心集散場，周邊地區隨之快速發展，再加上內山交通建設的開發──「後汶公路」，從後龍開始，經苗栗並連接起公館與大湖，清末時苗栗已追趕上近海一帶的幾個市鎮。這點從清末設苗栗為縣署所在地，成為全縣最高行政中心一事，就不難看出「苗栗」此時的重要性。不過，這並不代表後龍或竹南從此一蹶不振，事實上後龍與竹南的重要性並沒有因此減少，相反地，兩地因為茶業和樟腦業的興起，雲集許多行郊與批發商，對貿易發展實具重要性。[24]

---

23 產腦區另外包含銅鑼樟樹林；南庄蓬萊村；公館大坑村的四份、六份、十二份；三義勝興等地。

24 詳請見《清代苗栗地區街庄組織與社會變遷》，黃國峰，2004，頁 126-136。然而，樟腦事業並沒有持續多久，光煌歲月不足百年，盛於清末也衰於清末。其事業開墾更也傷害了種種寶貴的天然資源，為令人惋惜之事。

2. 日本時代的發展

日本時代的產業情況，可以農業與礦業為例加以說明。農業的部分以稻作的討論為主，由於受到兩流域內的自然因素限制，發展一直受到限制，其中又以「水」的限制最大。也因此，當漢人入墾苗栗兩流域各地區時，都以興建水圳為首要之務，從乾隆至光緒年間築成將近 60 座大小水圳，[25] 灌溉面積遍及苗栗各地區。但這些水圳也常因為種種自然因素，如夏季豪雨與颱風受到重大損害，而失去應有功能。

日人接管臺灣後，開始進行各水圳的調查，並開始進行農田水利工程的建設，從 1902 年（明治 35 年）起至 1906 年（明治 39 年），就全面修繕了舊有之埤圳。時至 1907 年（明治 40 年），日人更將美國鋼筋混凝土的建築技術用於農田水利工程中。1940 年（昭和 15 年）更興建了大湖、銅鑼、苗栗自來水廠，之後更興建了種種大型的水利工程（洪東嶽 2006：344-346）。

除了以上水利設施外，日人所輸入的化學肥料，改善了土地肥力；農業改良技術的帶入，強化作物的生長；續灌法及大區輪灌法的運用，改善下游土地缺水的問題；以及農業組織形成的運作，整合並興建水圳渠道、提供新品種、規範水利細則等，皆有助於苗栗農產業的發展。此時，平原以及一些地勢較平坦的丘陵地，已成為水稻生長區，而山區部分，除了較平坦地區有水稻外，大部分地區也都種植了什糧作物與特用作物（洪東嶽 2006）。

礦業方面，以煤礦和油田為主。油田的開採於 1861 年（咸豐末年）就已開始，由山地通事邱苟在苗栗貓裡溪上游（後龍溪南岸出礦坑）發現油苗和天然氣孔，是臺灣油田的濫觴。但直到 1870 年（同治 19 年），因油田租約糾紛

25 水圳名稱、地點、開發者、設立時間、灌溉面積等詳細內容，可參見《重修苗栗縣志：水利志》（洪東嶽 2006：373-377）。

而結束。另外，1878 年（光緒 4 年）於葉文瀾主持下，以新方法開採後龍溪之石油，並於距離後龍約三哩之貓裡社一處開設油井，但卻因開採工人感染流行病，又因鑽採機損壞，不到一年便停止開採。1887 年（光緒 12 年）劉銘傳於苗栗成立礦油局，但因入不敷出，於 1889 年（光緒 17 年）廢礦油局。由上述可見，這些年裡油礦開採受限於技術等原因，開採情況斷斷續續，對苗栗地區經濟影響不大。

直到日本時期，1895 年日人入臺，除了著手調查地質、探勘油礦，更也積極改修福基道，由後龍北岸山麓闢建，經出礦境、北寮、桂竹林、抵達汶水，並於 1954 年（民國 43 年）拓寬，這段期間出磺坑一地，已鑽有 78 處井和天然氣井，產油 360 公秉，高居臺灣首位。此外，日人入臺後，也積極經營煤礦，其開採以今南庄鄉最多，主要礦廠有義得煤礦（南庄鄉田美）、義興煤礦（南庄鄉田美）、南邦煤礦（南庄鄉南富村）等。[26] 以上資源的開採都加速了苗栗兩流域內山一帶的發展，而其之所以能發展更也因為日人技術的引進，帶來了新的可能性。

3. 戰後的發展

臺灣光復後，戰爭雖對苗栗經濟造成嚴重影響。然而日本時期，種種基礎建設的修建、教育的發展，以及資本主義生產方式的引入，已對臺灣產業發展造成某種程度的影響。在這些基礎上，配合著政府政策，以及本土的中小企業與人民刻苦耐勞勤奮工作的傳統精神，更加上 50 年代全球經濟急速發展，苗栗兩流域地區除了原本即有的農業、礦業，更發展出種種輕工業。[27]

---

26 以上整理自《苗栗的開拓與史蹟》（黃鼎松 1998：84；100-104）。

27 至於林業，由於太平洋戰爭的關係，日人濫伐森林，未予復原，又因為民國 40 年代至 50 年代之間，世界對臺灣香茅油需求大漲，導致森林濫伐。其都造成森林極大的傷害，至此之後，苗栗地區林業的發展開始以保育為主，大力推動造林計劃，並轉向森林遊憩結合休閒為主的產業。

農業發展，從漢人入墾時就已開始，但因自然條件而有所限制。然而不同時期的漢人與日人相繼帶來種種可能性，例如清代水圳的開築，日本時期的稻米品種、農業技術，以及水利設施的改善與建設。之後，可能性漸多，農產發展漸漸出色。到了 40 年代，「以農養工」的經濟政策，加上三七五租約、公地放領，以及耕者有其田的政策，農業發展更有了穩定基礎，其中以水稻、香水茅、甘藷、茶樹等作物為主，而又以香水茅最具特色。香水茅可提煉「香茅油」，是煉製香水的重要原料，外銷行情佳。民國 40 年代至 50 年代之間，臺灣香茅油占世界市場產量的 70%。

不過，香茅美夢卻因南洋一帶新產區的出現，以及人工合成香料的開發，受到嚴重打擊。自此以後，香茅事業不復存在。但大湖農民又於民國 66 年推出草莓，成為大湖一帶新的契機。大湖草莓於民國 47 年由蘆洲引進，起初植種成效不彰，但經多年研究改善品種，才栽培成功，至民國 66 年，產地有 50 公頃，70 年有 75 公頃，至 75 年達 130 公頃，而且種植範圍更蔓延到泰安、獅潭、公館等地，種植面積日見增多。[28] 至於茶業，一直具有相當重要性，而且栽培技術更在光復後長足發展。苗栗茶產區大致在頭屋、公館二鄉，以白毫烏龍、壽眉茶以及包種茶為主，其中白毫烏龍最負盛名，最具外銷市場潛力。

礦業方面，光復後的發展相當重要。前文討論中已提到，煤於日據時期開墾，並成為苗栗兩流域地區重要收入之一。光復後開發的煤田，包括有獅頭山、上坪、南庄、八卦力、出礦坑、細道邦等處，近年因開採成本過高，市場漸漸衰退。至於油礦的部分，於清中葉發現，但因受技術、經費等因素的限制，開

28 其中一半又產於大湖鄉，為大湖鄉與苗栗縣山區的農民帶來了大量財富，貴為山城之寶。而香茅之所以能成為苗栗山城的寶，除了世界市場的需求外，最為根本的原因還是因為苗栗地區的氣候、土壤條件極適合香茅草生長。詳見《苗栗的開拓與史蹟》（黃鼎松 1998：115-117；128-129）。

採規模一直不大。直至日本時代，才全面開採長達40多年。國民政府接臺後，原本99口油井僅剩36口。直至民國50年代，中油人員在苗栗各處積極探勘，在出礦坑一帶才又開發出新油井。天然氣的開發，地點也在出礦坑一帶、三灣鄉大河底附近、紙湖、後龍溪以北坊寮坑附近等地，以及錦水附近。其中出礦坑的天然氣產量，約占全臺產量的45%左右（黃鼎松 1998：102-103；苗栗縣政府 1991a：3-37）。

光復後還有一項新的礦產被開採，即玻璃砂，為苗栗兩流域最具特色的自然資源，主要分布於出礦坑、獅頭山、八卦力等地構造上的福基砂岩區，另一部分布於白沙屯附近的沖積砂層。其於日據時期有零星開採，直至光復，因國內外市場需求，才有大量開採，產量約占全臺一半，為一項不可忽視的經濟來源（苗栗縣政府 1991a：3-37）。

工業方面，戰後臺灣漸漸進入輕工業化時代，而苗栗地區的工業主要以機械、窯業、木製品、紡織、化學、食品、帽蓆等製造業為主，並集中在苗栗、竹南、頭份，三處皆有工業區。其製造產業包括了食品製造業、紡織業、成衣與服飾品製造業、木竹製品及非金屬家具製造業、造紙業、塑膠製品、金屬製品製造業、電力及電子機械器料製造業等（苗栗縣政府 1991b：1-45）。

4. 近年產業的發展：小結

戰後苗栗地區的產業發展大致抵定。從明鄭至戰後的發展來看，漢人入墾、日人治臺，帶來了種種可能性，以至於原本山區的阻隔、土地的貧瘠、水源的不足、交通不便、原住民的「番害」等等，限制漸漸得到解除，苗栗兩流域發展的可能性逐漸展開，並通過產業的多樣化展現出來。

若從一級、二級、三級產業來看兩流域各地區的產業發展，那麼明鄭至清代都是以一級產業的發展為主；日本時代雖仍以一級產業的發展為主，但對二級產業的發展也相當重視；戰後苗栗兩流域的產業發展，則漸漸轉向二級產業，其中以製造業、礦業及土石採取業最為重要，至於三級產業則於民國 71 年起，重要性超過一級產業，且近年來，苗縣兩流域以本身自然環境的優勢，致力推廣三級產業，其已逐漸與二級產業一般，成為經濟發展的主力之一。

以近幾年產業人口的比重來看，製造業所占人口比重最大，接著為服務業，至於農林漁牧業人口有明顯下降現象，由民國 67 年 90,394 人減少至民國 94 年的 18,925 人，人口比重由 36.15% 減至 7.54%；相反地，製造業人口逐年提高，由民國 67 年 70,560 人增加至民國 94 年 117,116 人，比重由 28.22% 提高至 46.66%，其一再說明著苗縣二級產業在臺灣經濟產業地位的重要性。至於服務業人口在民國 94 年時為 114,958 人，所占比重為 45.8%，顯示苗縣服務業的成長已經逐漸與製造業相當（苗栗縣政府 1991b：1-56-1-57）。

整體看來，目前苗栗兩流域內的產業發展是以製造業及服務業為主，而原本的一級產業，也開始與休閒產業結合，配合著週休二日的實施，也帶動了種種觀光農園、果園、休閒農場、林場、生態公園等的發展，漸漸轉為服務業，並為自身找到新的可能性，其發展也極具可行性。

## 五、結論

本文討論了自然環境與條件對產業發展的影響，以及人們長期以來與自然互動後所發展出來的種種產業，這些產業的發展過程與族群人口分布的過程，便可見到「具族群特性」的產業。

閩南人居住於沿海，往內山是客家人，再次是原住民，不同的地理空間、不同的產業、不同的族群，雖然不是層次分明，但仍可看出這種現象是那些承載著不同文化、技術的人群與自然環境之間，經過長期互動而漸漸定位、形成。具族群特色的產業並不是先天的，也非僅是因為某種族群的特性使然，不過也不是說某種族群的文化沒有發揮作用，以下以客家人及其族群產業為例說明。

客家人入墾的內山，其自然環境的條件雖不適於水稻的植種，但卻有利於茶樹的生長，為茶業發展提供了最根本的基礎。而再從自然資源的分布來看，流域內有樟樹與礦產，所以也是樟腦業與礦業發展的根本基礎。然而客家人要開創出這些產業，並使其成為自身的特色，仍得面對許多限制，並得經過一段長時間的開墾，帶著族群的智慧、文化與努力才能完成，換成其他的人群，結果可能不同。例如地勢，地勢是阻隔一切的自然力量，這點前文在人口分布與開墾時間點時已經提過，內山因人口有限，開闢困難，闢墾總是晚於沿海平原，愈往山區更為明顯。又如原住民，在他們尚未漢化前，對外來入侵者總是不客氣，「出草」時有所聞。有些是因為技術，例如水利技術、採礦技術，技術的不足限制了產業的發展，相反的新技術則帶來新的可能性。市場與交通也是變項，產品是否有人買？是否有市場？若有市場，但交通是否方便？道路是否發達？皆是客家人入墾兩流域時得面對的問題。

從產業發展過程中來看客家族群如何運用或發明作法，也就是在與自然環境長期互動的過程中，客家族群如何從中發展出種種新技術（或因為外人所傳入），克服自然條件的限制，漸漸開闢出茶園、採出大量的樟腦，並且開鑿出種種礦產資源，並使其成為自身的產業，長久發展之後，漸漸地才成為具有「客家特色」的產業，這樣的產業歷史，就是一種「情勢的歷史」。

整體來看，客家族群於清代大量入墾兩流域內山地區，但卻因為地勢及種種自然條件，常為水疲於奔命，以興建水利設施為首要之務。直到清末，水利設施較為完善的情況下，農業才較有穩固的基礎。不過這些水圳也常因為種種自然災害而失去功能，還得等到日人接管臺灣，全面修繕舊有埤圳，以及帶入鋼筋混凝土修築水利工程及種種大型的水利工程之後，再加上日人所輸入的化學肥料、農業改良技術、灌溉技術、灌溉管理的方式，以及農業組織的形成之後，其農業才有出色的表現。

林業與礦業的發展也是如此，其發展一開始也受到極大的限制，地勢的險惡、「生番」仍居住在丘陵、技術不足、自然災害等，都一再限制了林業與礦業的發展，新技術的出現以及種種客家族群為主的人群活動，正是客家人同自然對話的歷史，其結果自然具有客家族群特色。

以上產業的發展除了受到人為活動與新技術出現的影響外，其發展仍受到一個重要的中時段因素所影響，即世界市場的需求，特別是對茶葉、樟腦、米、糖的需求。若沒有當時世界市場的需求，客家人是否仍會如此積極主動入墾山麓地帶？不管如何，客家族群已入墾內山地區，並面對兩流域內的自然資源與條件，發展出具有自身特色的產業：茶業、樟腦業、礦業等。客家族群之所以從事茶業、樟腦業、礦業，實受到其分布所在地的自然條件與資源影響，而其之所以成為其族群特色的產業，更是因為客家人長期與自然互動，並努力於開創有關。事實上，客家人在內山從事茶業、樟腦業與礦業，這點與〈臺灣閩南與客家的社會階層之比較分析〉（黃毅志、張維安 2000）一文中的發現有相當大的相似性。該文指出，客家族群初、現行業主要以農牧獵業、林業、礦業為主，而閩南則是漁業與商業；客家人初、現職為農林漁牧工作百分比高於閩南人，而閩南在買賣工作上的百分比高於客家人，一直以來這些差異變化不大。

「具有族群特色」的產業發展，不能僅單單從先天的族群特色來解釋，其形成深受入墾地區的自然條件與資源所影響，更需承攜著文化的人群長期努力與自然環境進行互動才能形成。

## 參考文獻

周婉窈，1997，《臺灣歷史圖說史前至 1945 年》。臺北：聯經。

林滿紅，1997，《茶、糖、樟腦業與臺灣之社會經濟變遷》。臺北：聯經。

施添福，2001，《清代臺灣的地域社會：竹塹地區的歷史地理研究》。竹北：新竹縣文化局。

施雅軒，2003，《臺灣的行政區變遷》。新店：遠足文化。

柯志明，2001，《番頭家：清代臺灣族群政治與熟番地權》。臺北：中央研究院社會學研究所。

洪東嶽，2006，《重修苗栗縣志：水利志》。苗栗：苗栗縣政府。

苗栗縣政府，1991a，《苗栗縣綜合發展計畫：總體及部門計畫（一）》。苗栗：苗栗縣政府。

______，1991b，《苗栗縣綜合發展計畫：總體及部門計畫（二）》。苗栗：苗栗縣政府。

張維安等，2000，《臺灣客家族群史：產經篇》。南投：臺灣文獻館。

郭慈欣，2003，《清代苗栗地區的開發與漢人社會的建立》。南投：暨南大學歷史學研究所論文。

陳亦榮，1991，《清代漢人在臺灣地區遷徙之研究》。臺北：東吳大學。

陳運棟，2007，《重修苗栗縣志：卷首》。苗栗：苗栗縣政府。

黃叔敬，1957，《臺海使槎錄》。臺北：臺灣銀行。

黃國峰，2004，《清代苗栗地區街庄組織與社會變遷》。南投：暨南大學歷史學研究所論文。

黃鼎松，1998，《苗栗的開拓與史蹟》。臺北：常民文化。

黃毅志、張維安，2000，〈臺灣閩南與客家的社會階層之比較分析〉。頁 306-338，收錄於《臺灣客家族群史：產經篇》。南投：臺灣文獻館。

詹素娟等，2001，《臺灣原住民史：平埔族史篇（北）》。南投：臺灣文獻館。

潘　英，1996，《臺灣平埔族史》。臺北：南天。

______，1998，《臺灣原住民族的歷史源流》。臺北：臺原。

蔣師轍等，1962，《臺灣通志》。臺北：臺灣銀行。

賴典章等編，2007，《重修苗栗縣志：自然地理志》。苗栗：苗栗縣政府。賴盈秀，2004，《誰是「賽夏族」？》。新店：向日葵文化。

Braudel, Fernand， 2002，《地中海史》，曾培耿等譯。臺北：商務。

______，2006，《15 至 18 世紀的物質文明、經濟和資本主義：卷一》，施康強等譯。臺北：左岸。

# 客家族群的遷徙與經濟發展：
## 以新竹關西與高雄美濃地區為例 *

賴玉玲

## 一、前言

1985 年以後，臺海兩岸的客家研究逐步推展，隨客家論述的勃興，讓客家議題逐漸受到注目，研究課題也有多元發展。透過文化、社會基本調查的落實和資料的建立，客家研究進而得以進行跨區域、族群、文化間的比較，促使客家文化特質愈加清晰。以往研究者多從區域開發、文化發展等面向著手，由經濟層面對臺灣客家人群關係的探索，也漸漸受到關注；然而各不同時期臺灣客家人群的移動，配合遷入地域的不同自然環境特質觀察，可以釐清臺灣客家社會建立的性質，因此人群發展與地方社會相互間的關鍵性影響，值得進一步關注。

自清代移民墾殖，歷經日本統治，客家人群在臺灣的發展，大致建立在島內多次移民基礎上。[1] 人口遷徙與地區拓墾密不可分，客家的遷徙先後形成有：

---

* 本文原刊登於《臺灣史學雜誌》，2005，1 期，頁 186-225。因收錄於本專書，略做增刪，謹此說明。作者賴玉玲現任國立故宮博物院南院處副研究員。

1 參閱賴志彰，〈從二次移民看臺灣族群關係與地方開發〉，《客家文化研究》第 2 期（1996 年 6 月）。賴文根據民宅調查資料，將臺灣整個內部移民遷徙分為三個階段：道光咸豐年間戴潮春之亂的前期，即內山撫番政策下所產生的人口遷徙；日據初期或清代末期，政治動盪的遷徙；以及日據時代，以經濟開發為主導的遷徙。

移民較晚、分類械鬥結果、原鄉生活方式選擇等論證，對於人口分布趨近山區發展的解釋，以及有茶、樟腦、菸草等近山作物作為客家經濟象徵的印象。本文就清代北臺灣的鹹菜甕地區，以及日治時期南臺灣的瀰濃地區為例，透過不同時期、不同區域客家人群的移動和生產活動，檢證向來被視為客家經濟表徵的樟腦產業和菸作文化與客家人群的關係。

## 二、客家人群的移動

自羅香林先生《客家研究導論》、《客家源流考》問世，形成客家研究典範，也使客家研究的焦點環繞繼承中原漢族正統的見解進行理解，偏重客家源流、遷徙、方言、歌謠、文化和民系特性等等追本溯源工作。近年來受臺灣意識抬升的影響，關注漸擴及臺灣客家人的活動，包括宗族發展、閩客社會文化比較、地區墾殖，以及族群與政治關係等議題。客家人群分布與移動，往往被放置於拓墾的角度思考；清代客家人自渡海墾殖臺灣後，就在臺灣歷經多次的島內移動。

### （一）清代客家人群的移動

清代客家人在臺灣的拓墾，如同藍鼎元《平臺紀略》所述：

> 廣東潮惠人民，在臺種地傭工，謂之客子。所居莊曰客莊。人眾不下數十萬，皆無妻孥，時聞強悍。然其志在力田謀生，不敢稍萌異念。往年渡禁稍寬，皆于歲終賣穀過粵，春初又復之臺，歲以爲常。[2]

2 藍鼎元，〈粵中風聞臺灣事論〉，《平臺紀略》（南投：臺灣省文獻委員會，1997），頁63。

移墾社會早期，客籍移民來臺多採取季節性或週期性拓墾，且多扮演「傭工」雇佃角色。儘管〈粵中風聞臺灣事略〉記：

> 臺灣始入版圖，爲五方雜處之區，而閩粵之人尤多。先時鄭逆竊踞海上，開墾十無二三。迨鄭逆平後，招徠墾田報賦；終將軍施琅之世，嚴禁粵中惠、潮之民，不許渡臺。蓋惡惠、潮之地素爲海盜淵藪，而積習未忘也。[3]

清代臺灣移墾時期存在客籍移民在臺人數不及閩人現象，但是康熙年間清廷對客籍移民頒布渡臺禁令之事，業已經兩岸臺灣史學者提出質疑，[4] 客家人移墾臺灣的時間，應不至落後其他人群太多。因此，有關清代客家人群的移動，包括連文希、盛清沂、莊英章、陳運棟、湯熙勇、石萬壽、尹章義等等學者，均有從區域墾殖的角度進行探討。根據西方學者 William Petersen 對人口遷徙類型的討論，以及陳亦榮對清代漢人遷徙形態的分類，[5] 臺灣移墾社會初期，

---

3 黃叔璥，〈理臺末議〉，《臺海使槎錄》（臺北：臺灣銀行經濟研究室，1957），頁 92。

4 如廈門大學李祖基，〈兼評曹著《中國移民史》第六卷第八章「臺灣的移民墾殖」〉，《海峽兩岸臺灣移民史學術研討會論文集》（福建漳州：福建閩臺交流協會，1999 年 12 月）；李祖基曾查閱康熙之後各種版本的《靖海紀事》，均未發現〈論開海禁疏〉（即〈海江底定疏〉）中有「嚴禁粵中潮惠之民，不許渡臺」之語或類似內文。如臺灣學者楊熙，《清代臺灣：政策與社會變遷》（臺北：天工書局，1983），頁 69，斷言：「施琅不曾嚴限移民入臺。否則清初各官守的招徠政策就毫無意義可言了，更不會有『入籍者眾』或『流民歸者如市』的現象」。

5 William Petersen, "A General Typology of Migration," *American Sociological Review*, 23,1958,pp.256-265.Petersen 歸類的人口遷徙五種類行為：原始的遷徙（primitive migration）、強制的遷徙（forced migration）、被迫的遷徙（impelled migration）、自由的遷徙（free migration），以及大眾的遷徙（mass migration）。陳亦榮，《清代漢人在臺灣地區遷徙之研究》，第三章「遷徙的形態」（臺北：東吳大學中國學術著作獎助委員會，1991），頁 81-168。漢人移動形態被區分為農墾性遷徙、商業性遷徙、災荒與遷徙，以及分類械鬥、民變與遷徙等四大類。

對於農業為取向的客家人群而言，移動因素就大致可以歸類為：被動和主動兩種不同性質的移動。

1. 被動移動

包括有：災荒和分類械鬥、民變造成的人口被動移動。清代臺灣是以農業為主的移墾社會，自然的變異對農業的發展造成直接影響；舉凡水災、旱災、地震等等天災發生，都衝擊到移民的生計和生存，除去戰爭等人為因素所形成的移動外，自然的災荒與地理環境、天候條件交互作用，往往就成為移民社會改變人口分布的另一個被動式變數。當大自然的挑戰大過人類的抵抗力，將促使人口移動的情節不斷在人類歷史中被選擇，表 1 就說明清代臺灣自康熙 22 年（1683）之後，移民渡海來臺，伴隨拓墾過程所遭遇的災難。

表 1：清代臺灣災荒統計表　　單位：件

| 時間 | 風災<br>水災 | 地震 | 火災 | 水災 | 旱災 | 疫病 | 總計 | 備註 |
|---|---|---|---|---|---|---|---|---|
| 康熙 | 17 | 7 | 6 | 2 | 1 | 0 | 33 | 自 22 年起 |
| 雍正 | 6 | 2 | 0 | 0 | 0 | 0 | 8 | |
| 乾隆 | 45 | 11 | 8 | 5 | 8 | 0 | 77 | |
| 嘉慶 | 17 | 9 | 7 | 6 | 3 | 1 | 43 | |
| 道光 | 29 | 5 | 3 | 3 | 1 | 0 | 41 | |
| 咸豐 | 6 | 1 | 1 | 1 | 1 | 0 | 10 | |
| 同治 | 9 | 6 | 2 | 3 | 1 | 2 | 23 | |
| 光緒 | 32 | 7 | 7 | 1 | 5 | 0 | 52 | |
| 總計 | 161 | 48 | 34 | 21 | 20 | 3 | 287 | |

資料來源：參閱陳亦榮，〈清代漢人在臺灣地區遷徙之研究〉（臺北：東吳大學中國學術著作獎助委員會），1991，頁 127-128。

自康熙年間臺灣收歸清朝版圖，以迄光緒末轉換政權，212年間天災不斷，自然災害發生率達每年平均 1.4 次，並且造成農地的破壞，以及歉收、飢饉、疫癘、人口流亡等現象，影響民生甚鉅。[6]不論何種災荒，都會促成區域環境壓力改變，以及逃離被破壞環境的選擇，形成建立在自然與人之間，拉力與推力之「原始的遷徙」（Primitive migration）[7]。

自然災害之外，人口被動移動的力量，還來自分類械鬥、民變等社會壓力。清代陳盛韶《問俗錄》記：

> 閩、粵分類之禍，起於匪人。其始小有不平，一閩人出，眾閩人從之；一粵人出，眾粵人和之；不過交界處擄禁爭狠，而閩、粵頭家，即通信於同鄉，備豫不虞。於是臺南械鬥，傳聞淡北，遂有一日千里之勢。匪人乘此，播爲風謠，鼓動全臺，閩人曰：「粵人至矣！」粵人曰：「閩人至矣！」結黨成群，塞隘門，嚴竹圍，道路不通，紛紛搬徙。匪人即乘此焚其廬舍，搶其家資；哭聲遍野，火光燭天；互相鬥殺，肝腦塗地。[8]

6 參閱廖正宏《人口遷移》（臺北：三民書局，1985），頁 110；曾永和，〈清代灣之水災與風災〉，《臺灣早期歷史研究》（臺北：聯經出版事業公司，1985），頁 433-441；臺灣銀行經濟研究室編印，《臺灣之自然災害》，臺灣研究叢刊第 95 種（臺北：臺灣銀行，1967 年 10 月）；以及朱瑪瓏，〈近代颱風知識的轉變：以臺灣為中心的探討〉，臺灣大學歷史研究所碩士論文，2000。

7 參閱 William Petersen, "A General Typology of Migration," *American Sociological Review*, 23,1958,pp.256-265. 根據 Petersen 的解釋：原始遷徙的遷徙壓力，來自區位環境的壓力。

8 陳盛韶，〈問俗錄〉，《噶瑪蘭廳志》，臺灣文獻叢刊第 160 種（臺北：臺灣銀行經濟研究室，1963），頁 194。（1852）

由於移墾社會人際關係的建立主要以地緣關係作為樞紐，土地開發的需要，包括募丁墾殖、水利興建，大多以原鄉的「祖籍」關係為基礎，[9] 但依祖籍組成的共居村落，造成不同人群間的區隔，也往往產生偏狹的地域觀念。而後各人群村落共同經營農務，也共同抗拒因祖籍、地緣觀念所造成的人群畛域，產生在拓墾活動中爭地、爭水，彼此各分氣類的分類械鬥衝突。始自康熙中葉以來，因同族共居關係，已形成客庄、漳泉、興化福州等不同族群：

> 自下茄冬至斗六門，客庄、漳泉人相半，稍失之野。……斗六以北客庄愈多，雜諸番而各自爲俗……。凡流寓，客庄最多，漳泉次之，興化福州又次之。……[10]

加上移墾社會土地、水源、農具等生活物資有限的背景下，當發生利益衝突，就往往強化了各族群間的對立；包含分省、分府、分姓，甚至分職業的「分類」意識形成，以致「臺之民不以族分，而以府為氣類；漳人黨漳，泉人黨泉，粵人黨粵，潮雖粵而亦黨漳，眾輒數十萬計」[11] 情況。就清代臺灣方志、文獻的記載，臺灣大規模的分類械鬥事件，至少有60次之多；從清康熙22年（1683）臺灣收歸版圖以迄光緒 20 年（1894）割臺，清朝兩百多年統治期間，涉及粵籍與其他籍貫移民的械鬥達 16 次，約占全部分類械鬥的 0.4%（參見表 2），包括暫時性和永久性的走避，對於人群移動仍具有相當影響。[12]

9 李亦園，〈臺灣傳統的社會結構〉，《臺灣史蹟源流》（南投：臺灣省文獻委員會，1981 年 11 月），頁 215-216。

10 周鍾瑄，《諸羅縣志》，卷八〈風俗志〉，「漢俗」、「雜俗」，臺灣文獻叢刊第 141 種（臺北：臺灣銀行經濟研究室，1963），頁 136-137、145。（1717）

11 姚瑩，《東槎紀略》，卷四「答李信齋論治臺書」，清光 12 年刊本（臺北：成文出版社，1984 年 3 月），頁 239。

表 2：清代臺灣分類械鬥種類

| 種類 | 時間 | | | | | | | | 合計 |
|---|---|---|---|---|---|---|---|---|---|
| | 康熙 | 雍正 | 乾隆 | 嘉慶 | 道光 | 咸豐 | 同治 | 光緒 | (件) |
| 閩粵械鬥 | 1 | 2 | 2 | 0 | 5 | 2 | 1 | 2 | 15 |
| 漳泉械鬥 | 0 | 0 | 2 | 1 | 3 | 6 | 0 | 0 | 12 |
| 泉粵械鬥 | 0 | 0 | 0 | 1 | 0 | 0 | 0 | 0 | 1 |
| 漳泉粵（番）鬥 | 0 | 0 | 2 | 3 | 1 | 0 | 1 | 0 | 7 |
| 異姓械鬥 | 0 | 1 | 3 | 0 | 0 | 0 | 4 | 1 | 9 |
| 職業團體械鬥 | 0 | 0 | 0 | 1 | 1 | 1 | 1 | 2 | 6 |
| 其他 | 0 | 0 | 4 | 0 | 1 | 0 | 0 | 4 | 9 |
| 總計 | 1 | 3 | 13 | 6 | 11 | 9 | 7 | 9 | 60 |

資料來源：整理自林偉盛，〈清代臺灣分類械鬥之研究〉，政治大學歷史研究所碩士論文，1988，頁 105-108。

說明：「其他」項包含會黨、民變、同姓械鬥等。

以道光年間客籍的移動為例：道光 6 年（1826），苗栗中港溪一帶發生閩、粵械鬥；[13] 道光 13 年（1833），由桃園一帶「閩粵各莊，造謠分類，互相殘殺」，波及苗栗銅鑼一帶，衍生出「靠山粵匪，無故焚毀閩莊，公然掠搶」[14] 情事；到道光 14 年（1834），再蔓延至八里坌、新莊一帶，造成閩、粵人群長達 6 年的纏鬥。直到道光 20 年（1840）因中、英鴉片戰爭期間，英艦的進窺臺灣，造成臺北情勢緊急，客家人遂紛紛變賣田業，遷到今桃園、新竹、苗栗一帶客籍人數較多地區，北臺的閩、粵衝突才告停止。[15]

12 參閱施添福，《清代在臺漢人的祖籍分布和原鄉生活方式》，地理研究叢書第十五號（臺北：臺灣師範大學地理學系，1983），頁 77-79。

13 陳培桂，《淡水廳志》，卷 15〈祥異考・兵燹考〉，乾隆 52 年 5 月 8 日（臺北：臺灣銀行經濟研究室，1959）。

14 陳培桂，《淡水廳志》，卷 15〈文徵附婁雲所撰「莊規禁約」〉，頁 164。

15 陳培桂，《淡水廳志》，卷 15〈祥異考・兵燹考〉，道光 14 年。以及尹章義，〈閩粵移民的協和與對立〉，《臺灣開發史研究》（臺北：聯經出版事業公司，1989 年 12 月），頁 376。

另一方面，清代的民變所造成的人口移動，但桃竹苗地區客家人群的移動，影響又有限。以林爽文事件為例，清廷治臺政策的運用上，早在康熙末年朱一貴事件中，透過南部客家人的六堆組織，已然察覺義民角色的重要，進而在林案之後詔令：

……自康熙年間廣東莊義民因剿賊有功，經總督滿保賞給懷忠、效忠等匾額，是以民人等咸知嚮義，踴躍自效，但前次匾額祇係總督所給，伊等已知如此感激奮勵，今將廣東莊、泉州莊義民，朕皆特賜匾額，用旌義勇，伊等自必倍加鼓舞，奮力抒忠。……[16]

頒賞褒忠、旌義、效順等匾額，藉由對義民的褒獎，冀望各籍人民咸知感激，加以籠絡。因此不僅清代南部客家人因經歷朱一貴事件，始自下淡水粵莊形成擁清保鄉組織的「六堆」鄉團，讓「堆」成為屏東平原客家人自治和自我認同標誌，同時出現臺灣史上第一次的義民團體後，[17] 北部客家人也在林爽文事件中，藉由清廷對「義民」的褒獎，提升在北臺灣人群間的地位。在清廷有意的籠絡和分化政策驅使下，林爽文事件中組設的義民軍進而成為常設性的鄉團組織，並且在同治年間的戴潮春事件中，再次發揮平亂的功能，[18] 讓臺灣客家人在民變中，生成多選擇擁清保鄉而助官平亂的傾向。因而，客籍人口受民

---

16 臺灣銀行經濟研究室編，《臺案彙錄庚集》（下），「乾隆五十二年十一月初一日上諭」，臺灣文獻叢刊第 200 種（南投：臺灣省文獻委員會，1997（1964）），頁 617。康熙年間的廣東莊義民剿賊有功，指的是南部六堆地區的義民組織，助官平定朱一貴事件。

17 參閱林正慧，〈清代客家人之拓墾屏東平原與六堆客庄之演變〉，國立臺灣大學歷史研究所碩士論文，1997。

18 參閱莊英章，〈新竹枋寮義民廟的建立及其社會文化意義〉，《第二屆國際漢學會議論文集，民俗與文化組》（臺北：中央研究院民族學研究所，1989）。

變影響而遷徙的移動幅度較小；另一方面，因民變多發生臺灣中、南部地區，清代北部客家人集中的竹塹地區則呈現較少移出情況。[19]

2. 主動移動

西方學者 Petersen 指出人口移動有「自由的遷移」（free migration）形態，著眼於人類意志的選擇。在此定義下，清代人口遷徙去除天災、人禍等被動式移動，還包括受農業性與政策性影響，而形成的主動移動。

（1）農業性移動

清康熙 31 年（1692），臺廈道高拱乾的《臺灣府志》曾經提到：

> 臺壤僻在東南隅，地勢最下，去中州最遠，故氣候與漳、泉已不相同，大約暑多於寒，恆十之七，鍾鼎之家，獸炭貂裘無所用之，細民無衣無褐亦可卒歲。花卉則不時常開，木葉則歷年未落，瓜蒲蔬茹之類，雖窮冬華秀；此寒暑之氣候不同也。[20]

說明閩、粵移民冒險渡過黑水溝的意圖，在獲得更有利生活的憑藉。如同廣東鎮平的《鎮平縣圖志》記載：

> （鎮平）田少山多，人稠地狹，雖有健耜肥牛，苦無可耕之地；群趨臺灣，墾闢成家。臺中客子莊數十萬眾，皆程、大、平、鎮人民；而鎮平尤依賴之，竟以臺灣爲外宅。[21]

19 范瑞珍，〈清代臺灣竹塹地區客家人墾拓研究：以族群關係與產業發展兩層面為中心所做的探討〉，東海大學歷史研究所碩士論文，1995 年 6 月，頁 34。

20 高拱乾，《臺灣府志》，卷七〈風土志〉「氣候」（臺北：臺灣銀行經濟研究室，1960），頁 647-648。

清代移民在歷經種種險阻抵達臺灣，汲汲營營為投注新天地耕墾的同時，家族藉由分支減輕人口壓力考量的土地投資，[22] 為取得更好的耕地，移民者或移民第二代在多半尚未形成有固定田業的情況下，也會產生地理上的游離，亦即移向充滿機會的地方之發展。[23] 以農為取向的農業性移民，就表現出由臺灣沿海港口地區作為臨時性、暫時性居處，而後轉遷徙到其定居地的再移動過程。特別是配合臺灣政治、經濟重心逐漸由北向南移動，從平原往近山區活動，以及區域內依循自河谷平原向臺地、丘陵和山地再發展的態勢。以北臺灣信仰中心的義民信仰輪祀祭典為例，15 個祭典區代表（爐主）除了展現由客家地方家族採取「公號」作為家族、宗族共同對外稱號的特色外，都是經由渡海來臺後的再次移墾，作為家族發展的契機。[24]

表 3：十五聯庄代表公號家族公號設置表

| 序號 | 聯庄名稱 | 代表家族 | 祖籍地 | 來臺時間 | 公號名稱 | 移動情況 |
|---|---|---|---|---|---|---|
| 1 | 六家聯庄 | 林屋 | 廣東潮州府饒平縣 | 乾隆 14 年（1749） | 林貞吉 | 來臺祖林先坤等人，由彰化遷移竹北六家；又道光年間林國寶一房移墾噶瑪蘭地區。 |

21 引自連文希，〈客家之南遷東移及其人口的流布：兼論述其開拓奮鬥精神〉，《臺灣文獻》23：4（1972），頁 4。

22 劉翠溶，〈明清人口之增殖與遷徙：長江中下游地族譜資料之分析〉，《第二屆中國社會經濟史研討會論文集》（臺北：漢學研究資料及服務中心印行，1983），頁 313-314。

23 參閱廖正宏《人口遷移》（臺北：三民書局，1985），頁 100，引自俄國社會學者顧里社（Eugen M. Kulischer）的人口理論論述。

24 拙著，〈新埔枋寮義民爺信仰與地方社會的發展：以楊梅地區為例〉，國立中央大學歷史研究所碩士論文，2001，頁 61、79-172。

表 3：十五聯庄代表公號家族公號設置表（續）

| 序號 | 聯庄名稱 | 代表家族 | 祖籍地 | 來臺時間 | 公號名稱 | 移動情況 |
|---|---|---|---|---|---|---|
| 2 | 下山聯庄 | 鄭屋 | 廣東潮洲府揭陽縣 | 嘉慶 13 年（1808） | 鄭振先 | 入墾舊港地區，後沿內陸河流墾居芎林鄉下山村。 |
| 3 | 九芎林聯庄 | 曾屋 | 廣東惠州府陸豐縣 | 乾隆中葉 | 曾捷勝 | 由舊港上岸，行商至九芎林石壁潭崁頂定居。 |
| 4 | 大隘聯庄 | 姜屋 | 廣東惠州府陸豐縣 | 乾隆 2 年（1737） | 姜義豐 | 由新竹縣新豐移居九芎林，姜秀鑾時再拓墾北埔地區。 |
| 5 | 枋寮聯庄 | 林屋 | 廣東潮洲府饒平縣 | 乾隆 41 年（1776） | 林六合 | 由六張犁遷至枋寮。 |
| 6 | 新埔聯庄 | 潘屋 | 廣東嘉應州梅縣 | 乾隆 30 年（1765） | 潘金和 | 自平鎮遷居新埔石頭坑，並在新埔街發展。 |
| 7 | 五分埔聯庄 | 陳屋 | 廣東嘉應州鎮平縣 | 乾隆 45 年（1870） | 陳茂源 | 自桃園南崁移墾新竹縣五分埔。 |
| 8 | 石岡聯庄 | 范屋 | 廣東惠州府陸豐縣 | 乾隆 7 年（1742） | 范盛記 | 以新社庄為根基，乾隆中葉後以范汝舟為首，溯鳳山溪向關西發展。 |
| 9 | 關西聯庄 | 羅屋 | 廣東嘉應州平遠 | 乾隆 16 年前後（1751） | 羅祿富 | 道光 16 年（1826）由淡水阿里磅搬移入現今關西地區。 |
| 10 | 大茅埔聯庄 | 吳屋 | 廣東惠州府陸豐縣 | 不詳 | 吳廖三和 | 清末自關西牛欄河移住大茅埔。 |
| 11 | 湖口聯庄 | 張屋 | 廣東惠州府陸豐縣 | 乾隆 5 年（1740） | 張六和 | 在舊港上岸，墾居鳳山崎大排村，嘉慶 16 年（1811）移居湖口上北勢。 |

表 3：十五聯庄代表公號家族公號設置表（續）

| 序號 | 聯庄名稱 | 代表家族 | 祖籍地 | 來臺時間 | 公號名稱 | 移動情況 |
|---|---|---|---|---|---|---|
| 12 | 楊梅聯庄 | 陳屋 | 廣東惠州府陸豐縣 | 康熙末葉 | 陳泰春 | 由楊梅崩坡外移到龍潭，再又遷回楊梅發展。 |
| 13 | 新屋聯庄 | 許屋 | 廣東嘉應州梅縣 | 乾隆中葉 | 許合興 | 由桃園大園至中壢山東，爾後移墾新屋犁頭州。 |
| 14 | 觀音聯庄 | 黃屋 | 廣東惠州府陸豐縣 | 乾隆初年 | 黃益興 | 由嘉義縣下林仔庄北移墾淡水廳白沙墩，再移居觀音白玉村。 |
| 15 | 溪南聯庄 | 徐屋 | 廣東惠州府陸豐縣 | 乾隆初年 | 徐國和 | 最初在麻園拓墾，後遷徙新庄子。 |

資料來源：整理自賴玉玲，〈新埔枋寮義民爺信仰與地方社會的發展——以楊梅地區為例〉，附錄，中央大學歷史研究所碩士論文，2001 年；以及筆者新竹、桃園地區田野調查資料。

（2）政策性移動

早在荷蘭統治時期，臺灣就展開農產輸出，作為經濟作物的甘蔗，已然受到荷蘭東印度公司矚目。[25] 入清以後，主要出口大宗的米、糖讓經濟重心在中南部的嘉南平原，[26] 並受商業利益所致，甚至出現種蔗不種稻的「惟利是趨」傾向。[27] 清咸豐年間英法聯軍後，西方以強大政治、軍事和經濟力為後盾，迫使清廷開港通商； 1860年後，臺灣陸續開放雞籠（基隆）、淡水、府城（臺南）與打狗（高雄）為出口港。米、糖、樟腦、煤等物資極具市場需求的商業利益，

25 參閱郭廷以，《臺灣史事概說》（臺北：正中書局，1959），頁 55-60。
26 林滿紅，〈貿易與清末臺經濟社會之變遷〉，《食貨》9：4（1979 年 7 月），頁 18。
27 高拱乾，《臺灣府志》，頁 250-251。

促使臺灣經濟中心北移，且市場從供應中國，轉遍及全球。[28]「惟利是趨」傾向同樣表現在茶、樟腦等山區經濟作物的栽植和開採上。吳子光《臺灣紀事》記：「村人業樟腦者，起山寮，做土灶，偵樟腦堅光微臭者，削令成片。今錐刀之末，民爭恐後，牛山濯濯，頓改舊觀。」[29]不僅僅地貌的改變，影響所及尚擴及交通網絡的變遷、買辦和豪紳地位的提升、外商在臺灣的活動，社會動亂和人群衝突的形成。特別是山區土地的開墾，以及新市鎮的興起，諸如清代的大科崁（今桃園市大溪區）、三角湧（今新北市三峽區）、咸菜甕（新竹縣關西鎮）、樹杞林（新竹縣竹東鎮）、貓裡（今苗栗市）、八份（今苗栗縣大湖鄉）、南庄（苗栗縣南庄鄉）、三義河（苗栗縣三義鄉）、東勢角（臺中縣東勢鎮）、集集（南投縣）、林杞埔（南投縣竹山鎮）等，均是應和樟腦與茶等經濟作物開發，而新興的山區城鎮。[30]

開港後的產業經濟，無疑是晚清臺灣經濟發展的重要關鍵，伴隨臺灣北部茶、樟腦等山區經濟的開發與輸出，往往同時吸引外地移民和勞動力的移入；[31]上述新城鎮的產生多由客家人群移住，人口結構上就呈現以客家移民為主體的態勢。自經濟重心由南而北遷移，北部山區經濟漸次開發後，不僅產生閩南、客家與原住民各人群頻繁的接觸，也促使客家人向山區移動，體現配合產業經濟發展的「惟利是趨」特色。

---

28 林滿紅，《茶、糖、樟腦業與臺灣之社會經濟變遷》（臺北：臺灣銀行經濟研究室，1978），頁 4-15。

29 吳子光，《臺灣紀事》，臺灣銀行經濟研究室編（南投：臺灣省文獻委員會，1996）。

30 林滿紅，《茶、糖、樟腦業與臺灣之社會經濟變遷》，頁 170-171。

31 參閱馬偕著、林耀南譯《臺灣遙寄》（南投：臺灣省文獻委員會，1959），頁 84。以及 *The Inspector General of Customs, Decennial Report 1882-1891* First Issue, Shanghai p.436。轉引自馬若孟（R. Myers）著，陳其南、陳秋坤編譯，《臺灣農村會經濟發展》（臺北：牧童出版社，1979），頁 95。

此外，自清同治6年（1867）美國Rover號船在七星岩（今屏東縣）觸礁，船員在琅璚龜仔角鼻山登岸，卻遭到原住民殺害，引發美國駐廈門領事李仙得（Le Gendre）派艦隊討伐；[32] 又同治10年（1871），琉球漁船漂流至八瑤灣（今屏東縣滿州鄉），致使54名船員被牡丹社「生番」殺害，致使日本藉牡丹社事件，在同治13年（1874）4月以「保民」為由，出兵臺灣。[33] 牡丹社事件後，清廷派遣沈葆楨抵臺加強防務，並為有效約束原住民，由沈氏提出開山撫番辦法：一面以軍隊開闢通往後山的道路，一面討平不服開山的兇番。基於興利和防患目的的考量下，清朝在臺灣打通南、中、北三條通道，同時鼓勵漢人入墾山地。[34]

沈葆楨後繼的巡撫丁日昌、劉銘傳也延續開山撫番政策，積極招撫臺灣前、後山各路未漢化土著，同時配合開山工作，解除漢人偷渡、入山、娶原住民為妻等禁令，並在東部的埤南（臺東市）、秀姑巒，以及花蓮港三處成立撫墾局，招攬西部漢人和平埔族群進墾，造成大規模的人口移動。清代客家人群也就隨招墾政策陸續移住後山，包括：高屏一帶客家人聚集南路的卑南一帶；桃竹苗客家人聚集北路的奇萊（花蓮市）；中路樸石閣（玉里）一帶的客家人，則大部分是北路奇萊的客家人，以及少部分南路客家人再行遷入。[35]

不論是開港抑或開山，都造成臺灣人群的再移動，並且根源於外力作用，促使清廷採用政策以對，產生臺灣島內人口分布的再次調整。

---

32 參閱黃嘉謨，《美國與臺灣（1784-1895）》，專刊第14種（臺北：中央研究院近代史研究所，1979）。

33 庄司萬太郎，賀嗣章譯，〈牡丹社之役與李善德之活躍〉，《臺灣文獻》10：2（1959），頁65-77。

34 謝碧連，〈沈葆楨〉，《文史薈刊》復刊6（2003年12月），頁60-81。

35 參閱馮建彰，〈東部客家產經活動〉，《臺灣客家族群史・產經篇》（南投：臺灣省文獻委員會，2000年11月），頁218。

## （二）日治時期客家人群的移動

進入日本統治時期，臺灣總督府為對殖民地進行統治，不僅調節日本國內過剩人口，也基於國防、民族同化等多方面的考慮，擬定農民移殖政策。在殖民政策主導下，由官方安排日本農民移殖，在臺灣建立移民村，企圖作為臺灣農村的示範，也加速臺人的同化，以達成內臺共存共榮的目標；[36] 同時積極發展農業，供應日本本島糧食和原料，使日本朝向工業發展，取得與西方國家平等地位。日本政府早在明治 27 年（1894）就制訂有《移民保護規則》，在明治 28 年（1895）治理臺灣，使日本躍升為亞洲第一個殖民帝國，福澤諭吉就同時意識到日本國內的人口過剩壓力，便極力鼓吹「移民殖產論」政策。[37] 明治 38 年（1905）日俄戰爭後，由於日本的對外擴張使歐美國家產生排日戒心，讓日本在美國、加拿大及澳洲等地區的移民遭受到限制，移民方向因此積極轉向臺灣、朝鮮等殖民地，以及東南亞地區。[38]

日本對於殖民地的治理，著眼在熱帶地區具備有殖產開發的雄厚潛力，但是卻將人民視為沒有能力經營富源的「蠻民」，需要引入文明人進行開發；[39] 日治時期的臺灣就被定位為經濟殖民地，著重「資本主義的殖民政策」的推行。[40] 因此日本政府基於：一、日本對臺灣統治、國防上，以及同化的理由。二、日本對熱帶地的開展。三、使過剩人口調節，以及母國過少農業的弊

36 臺灣總督府殖產局農務課，《臺灣の農業移民》，〈總說〉，昭和 13 年（1938）；東鄉實，《臺灣農業殖民論》（東京：富山房，1915），頁 520-521。

37 吳密察，〈福澤諭吉的臺灣論〉，《臺灣近代史研究》（臺北：稻鄉出版社，1990），頁 86-89。

38 張素玢，《臺灣的日本農業移民（1909-1945）：以官營移民為中心》（臺北：國史館，2001 年 9 月），頁 2-5。

39 同註 37。

40 臺灣總督府殖產局，〈臺灣總督府官營移民事業報告書〉，臺灣總督府殖產局，1919，頁 17。

害等指示，[41] 在明治28年（1895），由臺灣第一任民政局長水野遵向總督樺山資紀提出執政方針報告，內容包括：1. 從事農林殖產事業必須移住日本內地人。2. 未開發的東部蕃地為最理想的移住地區，開發臺灣利源無一不與蕃地有關，因此對蕃民要先加以招撫教化。3. 除殖民興利目的外，移民有移風易俗之效，同化漢人蕃民之責。4. 移民事業需由企業資本家經營，企業地不宜狹小重疊。5. 所有企業開發案件，須待調查測量工作完成以後才能申請。6. 對山林原野實施調查，將確為民有地之外林地，全數收為官有，並頒布林野放領規則。7. 為革除農業弊病，實行改良，以日本農民移住臺灣，散居各處作為示範。8. 對內地農業移民要多加保護。[42] 從此展開了日治時期移民政策的施行，並分為四個時期展開：第一期、明治39年至明治41年（1906-1917），為初期私營移民獎勵時代。第二期、明治42年至大正6年（1909-1917）為花蓮港廳下的官營移民時代。第三期、大正5年之後（1916-），為臺東廳下的私營移民時代。第四期、昭和7年之後（1932-）為官營移民再興時代。[43]

統治初期，臺灣總督府將移民政策寄託在私人資本企業上，由政府給予必要的保護與協助，允許日本大資本家豫約開墾臺灣土地，但只限招募日本農民前來開墾。截至大正元年（1912）日人在臺獲得許可者達38件，耕墾面積達有38,145甲，其中以阿緱廳16件最多，[44] 如：日人資本家愛久澤直哉經營的阿緱廳港西上里吉祥庄、龍肚庄、中壇庄、金瓜寮庄，以及手巾寮庄的南隆農

41 臺灣總督府殖產局，〈臺灣總督府官營移民事業報告書〉，頁18-20。

42 張素玢，〈移民與山豬的戰爭：國家政策對生態的影響（1910-1930）〉，《東臺灣鄉土文化學術研討會》（臺東：臺東師範學院，2000年10月），頁168-172。

43 井出季和太著，郭輝編譯，《日據下之臺政》（二）（南投：臺灣省文獻委員會，1956），頁674-676。《日據下之臺政》（二）（臺北：海峽學術，2003），頁1093-1098。

44 參閱張二文，〈日治時期美濃南隆農場的開發與族群的融合〉，《客家文化學術研討會論文集》（臺北：行政院客委會，2002），頁223-262。

場計有日本移民 34 戶；鹽水港製糖株式會社經營的阿緱廳港西上里手巾寮庄的移民地 7 戶等。[45] 而後明治 42 年（1909）高砂製糖株式會社渡讓給鹽水港製糖會社經營，只剩下 2 戶；[46] 明治 43 年（1910），南隆農場收容同為愛久澤直哉所經營的源成農場日本移民，共 34 戶 157 人。但由於移民生活未見起色，導致日本移民離散，出現不出兩三年而失敗，農場轉賣他人或改臺人移民，轉變成招徠臺人移民為主，[47] 並且主要引進桃、竹、苗客家人，經營稻作、甘蔗種植，兼輪作其他雜糧情況。[48]

另一方面，自明治 42 年（1909）4 月，日本以敕令第九〇號制定從事移民事務的定員，在花蓮港廳豆蘭社，試行移植日本德島農民 9 戶 20 人；隔年（明治 43 年，1910）以訓令第一一四號，作為對於移民之保護及實施移民的依據，並整理東部臺灣移民土地為目的的土地整理案。[49] 到大正 10 年（1921），政策開始轉向針對臺灣人進行農業移墾，開放並鼓勵西部地區農民自行前往東部，產生日治時期東部的移民高潮。約自 1906-1930 年間，配合政策進入東部的移民，形成以當時新竹州和臺北州為主的趨勢（參見表 4），含括新竹以北所有客家聚落，也成為花東縱谷墾闢的主力。

45 井出季和太著，郭輝編譯，《日據下之臺政》（二），頁 514。

46 臺灣總督府移民課，《官營移民事業報告書》，頁 13。

47 臺灣總督府殖產局移民課，《臺灣總督府官營移民事業報告書》，頁 13。以及井出季和太著，郭輝編譯，《日據下之臺政》（二），頁 514。到大正 6 年（1917）南隆農場收容、合併源成農場之後的日本移民只剩 2 戶。

48 旗山郡役所，《旗山郡要覽》，南報商事社，1938，頁 79。

49 井出季和太著，郭輝編譯，《日據下之臺政》（二），頁 555-562。

表 4：日治時期花東地區外來移民人口原籍比例一覽表　　單位：%

| 時間 | 地區 | 臺北州 | 新竹州 | 臺中州 | 臺南州 | 高雄州 | 臺東州 |
|---|---|---|---|---|---|---|---|
| 1920 | 花蓮 | 44.62 | 39.00 | 3.58 | 2.5 | 5.95 | 4.34 |
| | 臺東 | 7.89 | 7.54 | 5.09 | 7.22 | 50.54 | |
| 1930 | 花蓮 | 41.92 | 41.74 | 4.67 | 1.56 | 4.69 | 5.42 |
| | 臺東 | 9.45 | 17.26 | 8.13 | 10.46 | 31.81 | |
| 1940 | 花蓮 | 32.36 | 51.16 | 8.42 | 1.66 | 3.36 | 1.99 |
| | 臺東 | 7.08 | 28.06 | 17.28 | 16.97 | 24.57 | |

資料來源：《後山客家映像，客家文化種子營導覽手冊》整理自 1920《第一回臺灣國勢調查表》、1930《臺灣國勢調查表》，以及 1940《臺灣省第七次人口普查結果表》。

此外，臺灣總督兒玉源太郎及其民政長官後藤新平任內（1898-1906），為投資建設物質基礎設施與社會基礎設施，開始對鴉片、鹽、樟腦、煙草、釀酒等實行壟斷，以保證稅收。明治 32 年（1899）就有日人賀田金三郎的「賀田組」，在官方鼓勵下開墾花蓮新城、壽豐、鳳林，從事製糖和樟腦業，引客籍為主的漢人開發。大正 5 年（1916）總督佐久間左馬太施行理番政策，開始對臺灣原住民進行討伐，因大正 8 年（1919）令南澳番 27 戶 128 人移住東澳（蘇澳郡）頗見成效，旋即大正 11 年（1922）在各地遍行。截至昭和 9 年（1934）6 月底，[50] 全臺「奧番」（蟠踞深山之番人）普遍有移住情況：

50 井出季和太著，郭輝編譯，《日據下之臺政》（一），頁 219-220。

表 5：1919-1934 臺灣原住民移住一覽表

| 移出區 | 處數 | 戶數 | 人數 |
| --- | --- | --- | --- |
| 臺北州 | 12 | 568 | 3,295 |
| 新竹州 | 13 | 766 | 3,295 |
| 臺中州 | 12 | 711 | 4,828 |
| 臺南州 | 1 | 39 | 262 |
| 高雄州 | 3 | 353 | 1,872 |
| 臺東廳 | 6 | 276 | 1,599 |
| 花蓮港廳 | 8 | 680 | 3,947 |
| 合計 | 55 | 3393 | 18504 |

資料來源：整理自井出季和太著，郭輝編譯，《日據下之臺政》（臺中：臺灣省文獻會，1956），頁 219-220。

理番政策也造成一時山區的平靜，促使西部移民的紛紛東進，讓日本政府的移民政策得以遂行，增加了山區和東部土地利用及經濟價值，也促使客家人的移動。綜觀日治時期殖民政策下，大規模的人口移動，包括有：統治初期（1896）《任臺人自由國籍選擇》辦法造成約 6000 餘人離臺、[51] 源自福澤諭吉「移民殖產論」而來的移民政策，以及大正年間番人移住。然而對於客家人的二次移民而言，移動人口不論從事土地的耕作，或者糖、樟腦的生產，在性質上都是配合日本殖民政策，所形成的一種政策性的主動選擇。

51 井出季和太著，郭輝編譯，《日據下之臺政》（一）（南投：臺灣省文獻委員會，1956），頁 285-286。

## 三、客家族群的經濟發展

客家人群在臺灣的移民活動，呈現有多次移動的情況，移動的結果則每每造成新地域墾闢，經濟發展。關於臺灣客家人群經濟發展，已經有從企業經營角度出發的討論，最早發表、集結於民國 83 年（1994）行政院文建會主辦，客家雜誌社承辦的「八十三年度全國文藝季系列活動：客家文化研討會」；[52] 另外臺灣省文獻委員會編印的《臺灣客家族群史》「產經篇」，收羅包括：張維安、黃毅志的〈臺灣客家族群經濟的社會學分析〉，黃紹恆的〈客家族群與臺灣的樟腦業史〉，張翰璧〈桃、竹、苗茶產業與客家族群經濟生活的關係〉，洪馨蘭〈南部地區、美濃客家、原料菸草之產經關係〉，馮建彰〈東部客家的產業經濟〉等文章，[53] 直接針對向來作為客家經濟象徵的茶、樟腦、香茅油等產業經濟進行論述，均注意到客家人群與經濟發展的關係，並且在舊有影響人群分布與經濟發展的論點，特別是原鄉生活論的理論基礎下，提出經濟學、社會學，以及人類學等學科研究的修正。諸如：社會學的經濟分析，「鑲嵌」論點解釋，[54] 或者對客家民性強調的策略。[55]

---

52 會後集結出版《客家文化研討會論文集》，另包括彭作奎、彭克仲的〈新竹客家地區農業經營理念〉；梁憲初〈客家人的企業經營理念〉；張典婉〈客家工商人的文化理念〉等三篇文章。

53 張維安等纂，《臺灣客家族群史【產經篇】》（南投：臺灣省文獻委員會，2000）。

54 另參閱洪馨蘭〈客家、美濃、菸草文化之過程〉，徐正光主編，《第四屆國際客家學術研討會論文集》（臺北：中央研究院民族學研究所，2000），頁 213；作者提出「情境性嵌入」解釋美濃菸作盛行原因，指整體社會結構受到歷史、生態環境連結，猶如一塊不斷變動的拼圖，會呈現恰到好處（如一凸一凹，一反一正）的某種契合。或張維安、黃毅志〈臺灣客家族群經濟的社會學分析〉，徐正光主編，《第四屆國際客家學術研討會論文集》（臺北：中央研究院民族學研究所，2000），頁 184-185，對族群資源的討論。

55 黃紹恆〈客家族群與臺灣的樟腦業史〉，張維安等纂，《臺灣客家族群史【產經篇】》，頁 55，作者認為：「清代臺灣社會，臺灣客家的經濟地位相對的低下，因然而見諸文獻，《諸羅縣志》所記載：「各莊傭丁，山客十居七、八，靡有室家；漳、泉稱之曰客仔。客稱庄主曰頭家。頭家始藉其力以墾草地，招而來之。」[56] 說明並非所有地方閩、客關係都必定呈現緊張的狀態。新竹地區土地開墾的相關資料和研究，已經透露出閩粵共同合作的情況，以及竹塹閩粵人群的和睦關係。[57] 因而就清代以來到日治時期客家人群的移動而言，移民所選擇的經濟活動種類或許與以往的生活經驗有關，地理環境所提供的自然資源與人群活動關係，是值得關注的問題。[58] 以下分別以清代的鹹菜甕地區客家人群移動與樟腦產業發展，和日治時期舊稱「瀰濃」的美濃地區拓墾與菸作生產進行考察，[59] 以釐清臺灣客家人群移動與產業經濟的關係。

## （一）鹹菜甕地區的移民與經濟發展

鹹菜甕，今新竹縣關西鎮，位在新竹縣東北，鳳山溪中上游；[60] 地形上以臺地為主，次為丘陵山地；包括西南側的飛鳳山丘陵，東北側的馬武督山地，形成四周高，中央低的地勢，但僅僅由鳳山溪貫流，而在境內中央部分受及其大小支流侵蝕所造成的狹小河谷地形，構成主要的農業生產地帶。[61] 作物除了

---

而冒著生命危險於榛莽山林從事樟腦的製造。而終能勝任可能又與臺灣客家的『強悍』作風有關。」

56 周鍾瑄，《諸羅縣志》，臺灣文獻叢刊第 141 種（臺北：臺灣銀行經濟研究室，1962（1717）），頁 148。

57 吳學明，〈閩粵關係與新地區的土地開墾〉，《客家文化研究》通訊，第 2 期（1996 年 6 月），頁 15-19。

58 張翰璧，〈茶產業：桃、竹、苗客家人之象徵性產業〉，《竹塹文獻》雜誌 11（1999），頁 33。

59 按《鳳山縣志》、《鳳山縣采訪冊》等方志記「彌濃」，學者疑引用清代墾首林豐山、林桂山所立開基碑文，多作「瀰濃」，本文採以瀰濃進行論述。

60 林朝棨，〈臺灣地形〉，《臺灣省通志稿》「卷一」（南投：臺灣省文獻委員會，1957），頁 58。

61 李鹿苹，〈鳳山溪及頭前溪地區聚分布的地理基礎〉，《臺灣小區域地理研究集》

稻作，以蕃薯、芋頭、茶、柑橘等旱作為重，加以地區隸屬副熱帶多雨、溫和氣候，使盛產樟樹，形成山區特殊經濟特色。[62]

漢人聚落形成前，「咸菜甕」原為原住民泰雅族居住、活動地。清朝為防範臺灣漢人窩藏番地，防止生番逸出危害，康熙60年（1721）朱一貴事件後，經過雍正至乾隆25年（1760）幾次釐清番界，[63]從而確立：「於生番出沒之隘口立石為表」，或者「酌量地處險要，即以山溪為界；其無山溪處，亦一律挑溝堆土，以分界限」[64]作為漢、番區隔的土牛溝、土牛景觀。但是移民社會生齒日繁，加上渡臺禁令時弛，漢人非墾地取食不可，致使侵界偷墾勢不可制止。乾隆51年（1786）林爽文事件發生，因平埔社土著隨清廷官軍平亂，事後閩浙總督福康安奏請獎勵，並仿四川屯練之制實施番屯制：

> 查臺灣地方，番民間處，當逆匪滋事之時，該處熟番，均能奮勇出力，現在事竣，自應酌量挑補兵弁，分給田畝，以示撫綏，以資捍衛。[65]

---

（臺北：國立編譯館，1984），頁288。李明賢，《鹹菜甕鄉街的空間演變》（新竹：新竹縣立文化中心，1999），頁6。咸菜甕鄉街即形成於關西地區的河谷盆地中。

62 邱瑞杰，《清末關西地區散村的安全與防禦》（新竹：新竹縣立文化中心，1999），頁6-8。

63 計有：雍正初年到乾隆3年（1738）三次釐定番界；乾隆15年（1750）、25年（1760）分別釐清臺灣府和彰化縣、淡水廳邊界。參閱余文儀，〈楊觀察北巡圖記〉，《續修臺灣府志》，臺灣文獻叢刊第121種（臺北：臺灣銀行濟研究室，1962），頁814。

64 臺灣銀行經濟研究室編，《清高宗實錄選輯》，臺灣文獻叢刊第186種（南投：臺灣省文獻委員會，1997），頁126-127。

65 戴炎輝，《清代臺灣之鄉治》，「第六編屯制養贍及屯田」（臺北：聯經出版事業公司，1969），頁468。

此後近山區由熟番（平埔族）充任屯丁，駐守番界，防範生番出擾，並制定出將近山未墾的荒埔撥作養贍用的辦法；另一方面，考量屯番不善農事，官方准許熟番招漢佃開墾，收番租以充實屯務。據乾隆 55 年（1790）奏議（第十一款）：

> 臺灣近山之地，照舊設立隘丁；但從前或分地授耕，或支給口糧，均係民番自行捐辦。今該處地畝歸屯，應以官收租銀內抽給；仍責成各隘首督率隘丁實力巡查，與營汛屯丁相爲表裡，番民益得安心耕鑿等語……。

耕民為保護生命、田園和牛隻，也會自行設隘防範生番；官方便以屯與隘「相為表裡」的理由，同時設置作為保護屯番、漢民農種的措施，並且除設官隘防番，原則上也允許人民自行設民隘。[66] 乾隆 56 年（1791）逼近生番居所的咸菜甕地區就開始實施番屯制，由竹塹社衛阿貴擔任隘丁首（屯丁首），逐步進行邊區的開墾：先招佃開墾石岡仔，繼而又渡鳳山溪開墾坪林、下南片、下橫坑。乾隆 58 年（1793）又有泉州籍漢墾陳智仁設「連際盛」墾號，奉憲示諭獲准召募隘丁，設隘開墾坎下、河背等地方，同時也以衛阿貴為隘首，經營咸菜甕地區，名為「美里庄」。[67] 因而咸菜甕的形成，始自清乾隆末年泉州

---

66 臺灣銀行經濟研究室編，《清代臺灣大租調查書》，臺銀文叢刊第 152 種（臺北：臺灣銀行經濟研究室，1963），頁 1022。戴炎輝，《清代臺灣之鄉治》，「第七編隘制及隘租」，頁 502-535。吳學明，《金廣福隘墾與新竹東南山區的開發》（臺北：國立臺灣師範大學歷史研究所，1986），頁 25-26。

67 施添福，〈清代臺灣竹塹地區的土牛溝和區域發展：一個歷史地理學的研究〉，《臺灣風物》40：4，頁 30。新竹文獻委員會編，《新竹文獻會通訊》5（新竹：新竹文獻委員會，1953），頁 2。戴炎輝，《清代臺灣之鄉治》，「第五編番社組織及其運作」，頁 393。根據戴炎輝的研究指出：今日臺北、桃園、新竹及苗栗各縣，墾

籍陳智仁沿山設隘防番，經過墾闢而建立墾區莊，而後再經歷不斷越過土牛番界的開墾而來。[68]

而後在乾隆 59 年（1794）陳智仁放棄墾權，嘉慶年間經過公議，由衛阿貴繼承墾務；[69] 道光元年（1821）衛阿貴因病歿，由其子衛壽宗繼任墾戶。自乾隆末年衛阿貴擔任番屯丁和連際盛墾號的拓墾，清代咸菜甕地區的拓墾大致沿著鳳山溪形成河谷盆地，再溯支流溪谷墾殖。光緒 15 年（1899）東北山地區的十寮一帶闢建，咸菜甕的墾戶除陳智仁、衛阿貴、衛壽宗，還包括曾在南河建立「合興庄」的泉州籍墾戶陳長順、陳福成父子，平埔族衛榮欽、衛國賢，客家籍彭玉卿、姜殿邦、徐樹芳、鄭國樑、連日昌。[70] 至光緒 21 年（1895）逐漸發展出：咸菜甕街、老焿寮、大旱坑、石崗仔、茅仔埔、水坑、坪林、下南片、下橫坑、上橫坑、老社寮、石門、苧仔園、燥坑、新城、三墩、湖肚、滴湖、十六張、十寮、店仔崗、上南片、牛欄河、拱仔溝等一街二十三庄規模。[71]

---

戶係自行建隘而給頒墾照之人；設隘不僅是官方允許墾戶墾地、設庄的先決條件，同時也是墾戶得以招佃開墾的依據。

68 新竹文獻委員會編，《新竹文獻會通訊》5，頁 1-3。施添福，〈清代臺灣竹塹地區的土牛溝和區域發展：一個歷史地理學的研究〉，《臺灣史論文精選》（上）（臺北：玉山社，1996），頁 183-185；〈清代竹塹地區的「墾區莊」：萃豐莊的設立和演變〉，《臺灣風物》39：4（1989），頁 33-35。邱瑞杰，《清末關西地區散村的安全與防禦》，頁 13。李明賢，《鹹菜甕鄉街的空間演變》，頁 11-12。

69 關於陳智仁放棄墾權的原因，多有不堪原住民泰雅族騷擾的解釋；而衛阿貴繼承墾權，據李明賢的田野調查研究，衛的職銜仍為隘（丁）首，而非墾戶，推測並未有稟官核准，僅是眾佃私約承認。參閱李文註釋 11；原來的「美里庄」改稱為「新興庄」；衛壽宗繼任墾戶，在道光 30 年（1851）再改「新興庄」為「咸菜甕（或硼）」；此後到日治大正 9 年（1920）市街改正之前，咸以「咸菜甕」指稱關西地區。

70 參閱李明賢，《鹹菜硼鄉街的空間演變》「表 2-3. 清代咸菜甕墾戶的更迭」，頁 27。新竹文獻委員會編，《新竹文獻會通訊》5，頁 2-3。

71 邱瑞杰，《清末關西地區散村的安全與防禦》，頁 10。

竹塹社衛阿貴家系的番屯，以至漢佃的入侵番地，是咸菜甕近山地區開發的關鍵。而清代閩粵移民在新竹地區的開墾日久後，易墾地業漸漸墾盡，逐步由沿海平原往內陸深入，漢、番接觸愈增加，必定將導致衝突加劇，藉由隘寮、隘丁做安全防護設置勢不可免，但是開墾所需的資金非一般移民可承擔。鹹菜甕地區早期多由居竹塹城經商的閩南人出資雇丁守隘：先是同治年間平埔族衛家自衛阿貴起有墾戶（墾首）職銜，但因漢佃墾租紛爭，遭稟官斥革；[72] 泉州籍墾戶陳智仁在入墾崁下、河背地區後，旋即放棄墾權；嘉慶25年（1820）間，陳長順拓墾包括九鑽頭庄到新興庄一帶，因生番時常出沒沿處擾害，前後自備工本三萬餘金後仍隘糧不敷，賠累不堪而稟請退辦。[73] 除陳長順的墾業部分由其子陳福成繼承，並在道光29年（1849）與衛壽宗、戴南仁、黃露柏等人組成「新合和」墾號，共同開墾老社寮外，[74] 平埔族和泉州人先後退出咸菜甕地區的拓墾主導位置。

表6：清代咸菜甕地區墾戶一覽表

| 墾戶 | 時間 | 拓墾區 | 備註 |
|---|---|---|---|
| 連際盛 | 乾隆末年 | 崁下、上南片、雙口塘 | 1. 泉州籍。<br>2. 以竹塹社衛阿貴為隘首。<br>3. 塹城殷戶。 |

72 參閱新竹文獻委員會編，《新竹文獻會通訊》5，頁3。

73 淡新檔案校註出版編輯委員會編輯，〈淡新檔案〉（臺北：臺灣大學，1995），編號17337-7。以及參閱吳學明，〈「金廣福」墾隘與新竹東南山區的開發（1834-1895）〉，頁27。

74 參閱新竹文獻委員會編，《新竹文獻會通訊》5，新竹：新竹文獻委員會，1953，頁3。以及光緒25年「同立盡歸墾底契券字」，收錄於臺灣銀行經濟研究室編，《臺灣私法物權編》（南投：臺灣省文獻委員會，1994），頁471-472。

表 6：清代咸菜甕地區墾戶一覽表（續）

| 墾戶 | 時間 | 拓墾區 | 備註 |
| --- | --- | --- | --- |
| 衛阿貴 | 嘉慶 5- 嘉慶 25 年（1800-1820） | 老焿寮、大旱坑、坪林、下南片、石崗仔、下横坑、上横坑、茅仔埔、水坑、深坑仔、高橋坑、火庚寮坑、拱仔溝 | 1. 平埔族。<br>2. 衛阿貴乾隆 56 年擔任番屯丁開始拓墾關西地區。 |
| 陳長順<br>陳福成 | 嘉慶 25- 光緒 12 年（1820-1886） | 上横坑、燥坑、老社寮 | 1. 泉州籍。<br>2. 陳長順開墾南河地區，命名為「合興庄」；咸豐年間衛壽宗請墾的苧仔園、新城、中城、石門、赤柯坪等歸合興庄轄下。<br>3. 陳福成繼承父陳長順墾業，道光 29 年與衛壽宗、戴南仁、黃露柏組成新合和墾號，開墾老社寮。 |
| 衛壽宗 | 嘉慶 25- 道光 25 年（1820-1845） | 三墩、十六張、湖肚、暗潭、柑仔樹下、湳湖、八股、苧仔園、新城、中城、石門、赤柯坪、上横坑 | 1. 平埔族。<br>2. 為衛阿貴之孫 —— 衛阿貴子福星之子。 |
| 彭玉卿 | 道光 25-30 年（1845-1850） | （加強隘防線防番工作） | 1. 客家籍。 |
| 衛榮宗 | 道光 30- 咸豐 5 年（1850-1855） | | 1. 平埔族。<br>2. 道光 30 年自彭玉卿處取回墾戶權<br>3. 被控廢隘害民，以姜殿邦取代。 |
| 姜殿邦 | 咸豐 5- 同治 7 年（1855-1868） | 湳湖、八股、十股、柑仔樹腳 | 1. 客家籍。 |

表 6：清代咸菜甕地區墾戶一覽表（續）

| 墾戶 | 時間 | 拓墾區 | 備註 |
|---|---|---|---|
| 衛國賢 | 同治 7- 同治 9 年（1868-1870） | | 1. 平埔族<br>2. 為衛福星之孫。同治 9 年鄭其華等十佃人恐其陞租過重，稟官斥革，由徐芳樹接任。 |
| 徐芳樹 | 同治 13 年（1874） | | 1. 客家籍。<br>2.《淡新檔案》記徐芳樹廢弛，鄭國樑接任。 |
| 鄭國樑 | 同治 13- 光緒 4 年（1874-1878） | | 1. 客家籍。<br>2.《淡新檔案》記鄭國樑短丁廢隘，去職。 |
| 連日昌 | 光緒 4- 光緒 12 年（1878-1886） | | 1. 客家籍。 |
| 金廣成 | 光緒 13- 光緒 21 年（1887-1895） | 四寮、七寮、八寮、十寮、糞箕窩 | 由張秀欽、周源寶、蔡華亮、徐連昌共組。 |

資料來源：整理自新竹文獻委員會編，《新竹文獻會通訊》5（新竹：新竹文獻委員會，1953），頁 1-3。以及李明賢，《鹹菜硼鄉街的空間演變》「表 2-3. 清代咸菜甕墾戶的更迭」（新竹：新竹縣立文化中心，1999），頁 27。

原掌握在泉州籍、平埔族業主的鹹菜甕墾權，於是漸轉入受招募且實際從事耕墾的客家籍佃戶手中，墾首之職大抵也在同治 13 年（1874）之後，持續由客家籍移民接續。

不論由何籍貫、族群者掌握墾權，墾戶在取得墾權後，都採取招雇客家人墾殖方式拓墾，形成客家人群往近山地區的移動。再就清代客家人在鹹菜甕地區的移動觀察，又具體呈現近山墾殖特點：一、清代咸菜甕漢人拓墾和移殖處，原為原住民活動地域，歷過土牛、番界的區隔，而後設置番屯到開官、私隘歷程，為獲得土地利用，平埔族、漢人逐步越界開墾，表現出移民及其後裔無論業農經商，向待開發的宜墾區、邊際土地輾轉遷徙的農墾性遷徙態勢。[75] 其二，根據鹹菜甕地區客籍族譜的記載，清代客家人群在鹹菜甕的發展，往往歷經在區域內再次搬遷的情況，即是往近山區調整居地的現象；說明茶、樟腦產業對客家人的移動，具有主動性的誘因。[76]

清代方志記載：「淡防廳所屬為竹塹、淡水二保。竹塹建城栽竹，修衙署、設營防，市廛漸興，人煙日盛。淡水內港戶頗繁衍，牧笛漁歌，更唱疊和，油油於熙皞之天。風俗樸實，終年鮮鬥毆、爭訟之事」，[77] 鮮少鬥毆、爭訟之事的描述，顯示竹塹地區的人群適應和互動較佳，也反映在近山地區的開墾，多採閩粵合股方式進行，如：新竹東南山區的「金廣福墾隘」，樹杞林地區的「金惠成」墾號、九芎林地區的「金仝興」墾號、金山面的「林合成」墾號、塹北萃豐庄墾區庄的設置等等，[78] 也就給予其他地區客家人躲避分類衝突，重建家園較適宜的選擇。此外，還包括藉由移動，減輕人口壓力的土地投資取向考量，[79] 使得清代客家人群在鹹菜甕地區的移動展現與近山區有未墾闢土地的吸引力有關；另一方面，卻也必須正視：自乾隆末年以後，咸菜甕地區接近番地，設隘防生番逸出危害層出不窮的問題。在漢、番接觸衝突上，不僅咸豐 5 年（1855）番業主衛榮宗因被控廢隘害民而去職，單光緒 4 年（1878）《淡新檔案》登載的鹹菜甕地區漢民遭番殺害案件，就高達十件之多，[80] 因而咸豐年

---

75 參閱陳亦榮，《清代漢人在臺灣地區遷徙之研究》，第三章「遷徙的形態」，頁 81。

76 參閱拙著，〈清代咸菜甕的經濟發展與客家人的拓墾〉，《客家文化學術研討會論文集》（臺北：客家事務委員會，2002）。

77 劉良壁，《重修福建臺灣府志》，卷六〈風俗〉，臺灣文獻叢刊第 174 種，根據 1961 年臺灣銀行經濟研究室編印，（南投：臺灣省文獻委員會，1993）頁 93。

78 參閱拙著，〈新埔枋寮義民爺信仰與地方社會的發展：以楊梅地區為例〉，表 2-1「新竹、桃園北部客家地區合股經營之土地開發一覽表」，頁 58-60。

79 劉翠溶，〈明清人口之增殖與遷徙：長江中下游地族譜資料之分析〉，《第二屆中國社會經濟史研討會論文集》，頁 313-314。

80 淡新檔案校註出版編輯委員會編輯，〈淡新檔案〉，編號 17318-13。

間以後，墾戶在職司上，被要求承擔防止生番逸出危害任務上，顯而更勝積極墾拓荒地。[81]

在缺乏新耕地的推力下，使客家人無畏生番出沒危害，積極向咸菜甕地區墾殖的拉力為何？由北部近山地區著名的茶和樟腦產業考察，不僅是清末以來臺灣出口大宗，維繫對外貿易發展的茶、樟腦等山區經濟命脈，正位在客家人活動區域。臺灣北部經濟發展的奠定，與客家人的活動有著重大的關連，近山區的茶、樟腦業，也就成為咸菜甕地區，以及客家人群的象徵性產業。依循開發史研究上，普遍影響人群分布討論的「原鄉生活方式」論點，[82] 日治昭和元年（1926）日本當局對在臺漢民的調查：

表 7：昭和元年（1926）關西地區臺灣在籍漢民族調查　　（單位：百人）

| 福建省 | | | 廣東省 | | | | 其他 | 合計 |
|---|---|---|---|---|---|---|---|---|
| 漳州府 | 汀州府 | 合計 | 潮州府 | 嘉應州 | 惠州府 | 合計 | | |
| 3 | 1 | 4 | 50 | 129 | 28 | 207 | 1 | 212 |

資料來源：整理自陳漢光，〈日據時期臺灣漢民族祖籍調查〉，《臺灣文獻》23：1，「3. 本島人（臺灣在籍漢民族）鄉里別人口」，1972，頁 94。

顯示清代鹹菜甕以廣東嘉應州籍移民為主體。又依據《本草綱目》記載：「樟腦出於韶州、漳州，狀似龍腦，白色如雪，樟樹之膏脂也。」[83] 查閱清代

81 邱瑞杰，《清末關西地區散村的安全與防禦》，頁 54-56。

82 施添福，《清代在臺漢人的祖籍分布和原鄉生活方式》。其他人群分布討論，還有移民時間先後、分類械鬥、水源取得論點，包括：陳漢光，〈臺灣移民史略〉，《臺灣文化論集》（臺北：中華文化出版事業委員會，1953），頁 65-66。尹章義，〈閩粵民的協和與對立〉，《臺北文獻》74：8（1985）。林偉盛，〈清代臺灣分類械鬥之研究〉，國立政治大學歷史研究所碩士論文，1988。

福建漳州府、汀州府，廣東潮州府、惠州府，以及嘉應州等幾種中國方志的「物產」（或「土產」）卷，普遍見可見有關樟木的記錄，[84] 並已知：「樟樹枝葉扶疏可蔭數畝，沿海之地多取以造船兼雕鏤器物。」[85]「擇樟樹細葉者，用刀劃皮手拭，豫知有腦，細細砍碎，以瓶蒸之大火，通油入鍋，浮水面如白蠟者佳。」[86] 等用途和製法。客家原鄉地區經濟，大抵以藍靛、糖蔗、煙草、花生，以及部分花業為主，[87] 因而咸菜甕地區客家移民在「先天上」，或許也不乏樟腦產業的生活經驗。

回顧臺灣樟腦的生產，始自鄭芝龍徒眾的入山開墾、伐樟熬腦，並運銷日本。[88] 進入清朝統治，臺灣樟樹因為作為「軍工料館」所需的官木而受重視，同時為補充造船經費，因此勉強准許製腦；但到乾隆年間余文儀等纂修的《續修臺灣府志》中，除見「柏、樟、楠、桐北路多有」的描述，也開始出現「樟腦，北路甚多」的紀錄。[89] 就清代《臺灣府志》：「樟，大者數抱，四時不凋，其色赤，其材細，其味辛烈，作雕鏤器必用之，熬其汁為樟腦，入藥」[90] 的記

83 李時珍，《本草綱目》卷三十四（香港：商務印書館，1995），頁 123-124。

84 例如：吳宗焯修、溫仲和纂，《嘉應州志》，卷六〈物產〉（臺北：成文出版社，1968），根據清光緒 24 年刊本，中國方志叢書 117，頁 75，「木之屬」，即書寫到有樟。

85 周碩勛纂修，《潮州府志》，卷三十九〈物產〉（臺北：成文出版社，1967），根據清光緒 19 年重刊本，中國方志叢書 46，頁 963。引《水經注》的記錄。

86 孫爾準等修，陳壽祺等纂，《重纂福建通志》，卷五十六〈風俗．漳州府〉，根據清同治 10 年重刊本，中國省志彙編之九（臺北：華文書局，1968），頁 1219。

87 參閱曹樹基，〈客家移民的生產活動〉，《中國移民史》第六卷（福州：福建人民出版社，1997），頁 214-219。

88 連橫，《臺灣通史》，卷三一，列傳三「王世傑列傳」（臺北：幼獅文化公司，1978），頁 621。

89 余文儀，《續修臺灣府志》（臺北：大通書局，1987），頁 616。參閱伊能嘉矩，《臺灣文化志》，第十篇第八章（農工沿革）「腦務」，（中譯本）中卷（南投：臺灣省文獻委員會，1985-1991）。指出《臺灣府志》物產以藥之屬記載樟腦，「北部甚多」。

載，可知樟腦最初確實是伐樟的副產品，主要出於藥用的需求。文獻記載樟腦在中醫用作治療風溼、疹癬、霍亂等疾病的醫療，西醫可用在內科強心劑，以及皮膚病、神經衰落的治療上。此外，也用來防蟲、殯殮，製造煙火、香水，穩定油漆之用，以及製作印度宗教儀式用的香；到 1890 年甚至用作合成塑膠賽璐珞（celluloid）的原料。[91] 由於樟腦所具備的多元用途，全世界又僅臺灣與日本有輸出，貨源單一，利潤極高，[92] 道光 18 年（1838）英人就已經有在基隆利用鴉片走私樟腦的紀錄；[93] 咸豐 10 年（1860）清廷開放淡水通商前後，美商 W. M. Robinet 曾來臺採購樟腦，使得臺灣每年約有一萬擔樟腦輸往香港；而後怡和洋行（Jardine, Metheson & Co.）英商 Jardine Matheson 和鄧德洋行（Dent & Co.）抵臺，與地方官員、人民定訂密約輸出樟腦，[94] 隨後德商美利士洋行（James Milsch & Co.）、寶順洋行（John Dodd & Co.）、怡記洋行（Elles & Co.）等，陸續加入臺灣樟腦的外銷販賣，加速臺灣樟腦的生產。[95]

---

90 劉良璧，《重修福建臺灣府志》，〈物產〉（臺北：成文出版社，1983），頁 346。

91 林滿紅，《茶、糖、樟腦業與臺灣之社會經濟變遷（1860-1895）》，頁 33。

92 參閱王興安，〈殖民地統治與地方菁英：以新竹、苗栗地區為中心（1895 年 -1935 年）〉，「第四章專賣政策與地方菁英：以樟腦專賣為討論中心」，臺灣大學歷史研究所碩士論文，1999，頁 86。引自林滿紅與 Davieson 的論述。

93 黃富三，〈清代臺灣外商之研究：美利士洋行（上）〉，《臺灣風物》32：4，頁 134。

94 參閱臺灣總督府史料編纂委員會編，《臺灣樟腦專賣志》，大正 13 年（1924）12 月，頁 2-3。李國祁，〈閩浙臺地區清季民初經濟近代化初探：傳統農商手工業的改進與產銷關係的演變〉，《國立臺灣師範大學歷史學報》第四期（1976），頁 7。黃紹恆，〈客家族群與臺灣的樟腦業史〉，《臺灣客家族群史：產經》（南投：臺灣省文獻委員會，2000），頁 53-54。同治 2 年臺灣府知府陳懋烈將原來管理樟木事務的軍工料館改為樟腦館，實施實質為包商制的官府專賣制度；同治 7 年源於官府在梧棲沒收英商樟腦，英領事令英艦進襲，迫使簽訂樟腦條約，改採取內地自由採購。

95 James W. Davidson, *The Island of Formosa: Past and Present*. Taipei: Southern Material Center, Inc. reprinted, 1988, pp.402-407；同書見蔡啟恆譯，《臺灣之過去與現在》，臺灣研究叢刊第 107 種（臺北：臺灣銀行經濟研究室，1972），頁 278-281。

《淡新檔案》同治6年（1868）稟文：「臺地樟腦一件，多有勾結洋商私相買賣……緣卑職初到艋舺，即聞洋人美利士，在卑屬鹽（咸）菜甕添設腦館一所，並請海關護照，入山採辦。嗣復訪查，鹽（咸）菜甕三角地方有腦長郭丹貴，串同地棍黃五萬，冒穿官役號甲，任意走私……將私腦挑運紅毛港，賣與美利士……。」[96]；又同治8年（1869）福建分巡臺灣兵備道曉諭：「……鹽（咸）菜甕……等處，及未開各港口，竟有華民私租房屋，或假洋人為名，或勾引洋人多住，名為洋人行棧，意在自便私圖……。」[97] 顯示咸菜甕地區的樟腦製造，早在開港以前。但是同治9年（1870）自臺灣府會同淡水同知設關卡、抽收樟腦釐金（腦釐）後，[98] 統計同治11年（1872）全臺樟腦總出口的10,281擔中，鹹菜甕的樟腦年產量就已經高達3,600擔之多，[99] 顯然開港通商的結果，加速了鹹菜甕樟腦產業的發展；隨著樟腦的生產，樟樹倒下之後，鹹菜甕地區茶產業逐漸興起，甚至1872年以後，樟木砍伐殆盡，製腦地位較為沒落，種茶、製茶取而代之成為咸菜甕的重要產業。

## （二）美濃地區的移民與經濟發展

高雄縣美濃鎮，舊稱瀰濃（或彌濃），位在屏東平原最北端；地形三面環山，由東北向西南緩緩傾斜，周圍中央偏右有橫山山系，其餘屬於平緩的山麓平原，並有由美濃、竹仔門、羌仔寮三溪流會合的美濃溪水系貫流。[100] 地理

---

96 淡新檔案校註出版編輯委員會編輯，〈淡新檔案〉，編號14304-8。

97 淡新檔案校註出版編輯委員會編輯，〈淡新檔案〉，編號14304-12。

98 參閱陳培桂，《淡水廳志》，頁114。

99 林滿紅，《茶、糖、樟腦業與晚清臺灣》，臺灣研究叢刊第115種（臺北：臺北銀行經濟研究室，1978），頁30。

100 參閱李允斐等著，《高雄縣客家社會與文化》，〈瀰濃地區的拓墾〉（高雄：高雄縣政府，1997），頁18。以及美濃鎮誌編纂委員會，《美濃鎮誌》上冊（高雄：美濃鎮公所，1997）。

空間上原是原住民傀儡社遊獵地，位屬清代漢番界外；經過清乾隆年間客籍為主的移民拓墾，在日治大正 9 年（1920）由日人改為「美濃庄」。[101]

文獻記載：清乾隆元年（1736），因與里港附近的武洛原住民衝突、水源取得的問題，以及受朱一貴事件和吳福生之亂影響，境內漳、泉籍人結怨，又遭遇隘寮溪年年洪水的困擾，由六堆中的右堆統領廣東嘉應州客籍林豐山、林桂山率領四十餘同籍人，包括張、徐、黃、劉、曾、鍾、陳、余、李、林、廖、何、邱、左、盧、宋等十六姓，自武洛入墾瀰濃。隨著客家人群的移墾，美濃地區的瀰濃、龍肚、九芎林、竹頭背、中壇等地方，在清領時期即已演變出具規模的建庄，並且由林豐山、林桂山二人繼任右堆總理、副總理，擔任六堆鄉團自治組織的統領，同時擔任大租戶管事，協助徵收大租、錢糧，以及維護地方秩序。[102]

乾隆元年的移墾外，自林豐山二人移入瀰濃後，嘉應州客籍就隨之不斷接踵而至，如下表所示：

101 盧德嘉，《鳳山縣采訪冊》，〈地輿（二）〉（臺北：臺灣銀行，1960），頁 36：「傀儡山（地屬生番界，俗呼生番為傀儡，故曰傀儡山）……，外支（謂沿傀儡山麓一帶附近民居者）為旂尾、彌濃、龍渡、龜山、蛇山，……」，因而傀儡社根據洪馨蘭的推論，應為平埔族和南鄒族。並參閱石萬壽，〈乾隆以前臺灣南部客家人的墾殖〉，《臺灣文獻》37：4（1986）。

102 美濃庄役場，《美濃庄要覽》，（美濃：美濃庄役場編，1938），頁 3-4；鍾壬壽，《六堆客家鄉土誌》，「瀰濃庄開庄碑文」（屏東：長青出版社，1973）。以及李允斐，〈清末到日治時期美濃聚落人為環境之研究〉，中原大學建築系碩士論文，1989。

表 8：清代瀰濃地區漢人移墾表

| 時 間 | 地 點 | 籍 貫 | 率 領 人 | 人 數 |
|---|---|---|---|---|
| 乾隆 1 年（1736） | 瀰濃 | 廣東嘉應州鎮平 | 林豐山、林桂山 | 40 餘人 |
| 乾隆 2 年（1737） | 龍肚 | 廣東嘉應州鎮平 | 涂百清 | 20 餘人 |
| 乾隆 3 年（1738） | 竹頭角 | | 劉玉衡 | 150 人 |
| 乾隆 13 年（1748） | 中壇 | | 李九禮 | |

資料來源：整理自美濃庄役場，《美濃庄要覽》，〈沿革〉（美濃：美濃庄役場編，1938），頁 3。

大致清代的瀰濃，就始自乾隆年間，由今屏東縣里港鄉武洛村和高樹鄉大路關村的廣東嘉應州客家人，歷經島內的二次移動後所墾闢；至清末瀰濃地區已經形成瀰濃庄、龍肚庄、竹頭角、九芎林、中壇、金瓜寮、牛埔、埤頭下等各大小庄，隸屬鳳山縣港西上里。[103]

然而在日治之前，瀰濃地區只有在地勢較高的金瓜寮、手巾寮、和興庄、清水港、吉洋等地方有零星的住戶形成，[104] 直到日本統治，臺灣總督府為調節日本國內過剩人口，以及同化政策考量，採取計畫性殖民入墾。在日本殖民政權的主導下，透過官方經營，移植日本農民建立移民村，也就在抱持統治、國防及同化的目的，基於開發熱帶地、調節日本過剩人口、增加母國農業等立意，有計畫移民拓墾美濃。包括先在明治 41 年（1908）興築竹子門發電所，利用官方發電餘水設置獅子頭圳，灌溉美濃、旗尾與手巾寮地區農田四千餘甲；從獅形頂與大小龜山間建造荖濃溪防水堤防，有效防止洪水氾濫。[105] 到明治 42 年（1909），進而允准日本資本三五公司社長愛久澤直哉以南隆農場名義申請開

103 盧德嘉，《鳳山縣采訪冊》，〈地輿（一）〉，頁 1-12。
104 美濃鎮誌編纂委員會，《美濃鎮誌》上冊，頁 58。
105 美濃庄役場，《美濃庄要覽》，頁 117。

墾瀰濃，同時許可同地的官有原野1500餘甲之預約開墾，並促成買收地域內的民有田地及原野930餘甲成為農場區域；其後又應允買入官有林1700餘甲合併經營，擴充農場經營範圍。此外，配合臺灣製糖業的興盛和未墾地經營農場的開發，發達了美濃地區的發展，卻也因而衍生農業勞力的不足，以致又產生自日本內地及臺灣其他地區移民的需求。[106] 換言之，在國家重大工程建設與私人資本合作的前提下，農場開墾發展了美濃農業，也造成勞動力的移入；除從舊部落招佃農入墾外，更遠赴新竹州招募客籍佃戶，亦有少數來自高樹、內埔、竹田的六堆客家人，以及岡山、田寮、旗山一帶的閩南人共同開發，[107] 大力促成了島內客家人群的再次移民。

在產業發展上，儘管美濃在地形上三面環山，但自日治總督府公布《官有林野取締規則》後，山林便全部收歸官有。以九芎林庄的尖山為界，東側茶頂山系歸屬林務局經營，種植以製炭相思樹林為主的經濟林木；而西側月光山系則屬於保安林，只許入山採樵不准砍伐，未能形成林木業發展，[108] 可見臺灣總督府對美濃地區的移民與重大工程的建設，朝向發達以米、糖為主的農業發展。然而始自兒玉源太郎總督時期針對臺灣產業經濟發展提出的產業政策中，就曾經提到：

> 煙草之栽培：本地氣候，頗適合栽培煙草。而其出產至少，其品種不甚又佳。有此天然之好地土，而其需要之大部分竟須仰賴外國貨，

106 高雄州役所，《高雄州要覽》（高雄：高雄州役所，1922（大正11年版）），頁48。

107 張二文，〈日治時期美濃南隆農場的開發與族群的融合〉，《客家文化學術研討會論文集》，頁223。

108 參閱李允斐，〈清末至日治時期美濃聚落人為環境之研究〉，中原大學建築研究所碩士論文，1989，頁27。

> 可謂愚甚。如廣爲栽培，選擇良種，致力生產佳品，不特供給本省之需要，且可運銷海外，而列爲臺灣各產之一也。[109]

受兒玉總督政策的影響，明治38年（1905）開始在臺灣實施菸專賣制，日治時期的18個官營移民村中，包括瑞穗（今花蓮縣瑞穗鄉，1933年設）、日出（屏東縣九如鄉，1935年設）、千歲（屏東縣里港鄉，1936年設）、常盤（屏東縣鹽埔鄉，1936年設），朝專業栽培菸葉發展，[110]在昭和14年（1939）臺灣總督府專賣局公布《臺灣專賣法規》後，「美濃庄」也出現在官定的「菸草耕作區域」登載記錄。[111]迄今美濃不僅以90%以上客籍人口的客家庄著稱，由於氣候長年溫和，地下水源充沛，農產豐富，在「高雄米倉」之名外，美濃所在的屏東平原從日治開始的菸葉種植量，一度占全臺四分之一強，是臺灣主要菸葉生產區，因而讓「菸草王國」的美稱，成為美濃人的集體意識。即使面對菸草產業的凋零，由於美濃過去「菸作經濟」上的輝煌，因而讓菸草產業與「客家文化」劃上等號，客屬文化的表徵。[112]

109 井出季和太著，郭輝編譯，《日據下之臺政》（一），頁412。

110 參閱吳田泉，《臺灣農業史》（臺北：自立晚報社，1993）。

111 參臺灣總督府專賣局，《臺灣專賣法規》下冊，第六編，臺灣總督府專賣局，1939，頁33-34。

112 參閱洪馨蘭，《菸草美濃：美濃地區客家文化與菸作經濟》（臺北：唐山出版社，1999），頁1-7。

表 9：臺中盆地與屏東平原菸草地種植面積表較表

| 地區 | 1930 | | 1940 | | 1950 | | 1955 | | 1959 | |
|---|---|---|---|---|---|---|---|---|---|---|
| | 面積 | % | 面積 | % | 面積 | % | 面積 | % | 面積 | % |
| 臺中盆地 | 196 | 24 | 550 | 17 | 1960 | 36 | 2500 | 40 | 2200 | 26 |
| 屏東平原 | 2 | 0 | 1030 | 32 | 840 | 15 | 1600 | 26 | 2500 | 30 |
| 全省合計 | 820 | 100 | 3184 | 100 | 5452 | 100 | 6245 | 100 | 8391 | 100 |

資料來源：引自李允斐等著，《高雄縣客家社會與文化》，〈瀰濃地區的拓墾〉（高雄：高雄縣政府，1997），頁 184。

菸作之作為美濃客家人的表徵，其生活方式的考量為何？根據日治昭和元年（1926）對在臺漢民的調查：

表 10：昭和元年（1926）美濃地區臺灣在籍漢民族調查　（單位：百人）

| 福建省 | | | 廣東省 | | | | 其他 | 合計 |
|---|---|---|---|---|---|---|---|---|
| 漳州府 | 汀州府 | 合計 | 潮州府 | 嘉應州 | 惠州府 | 合計 | | |
| 2 | 0 | 2 | 0 | 171 | 0 | 171 | 0 | 180 |

資料來源：整理自陳漢光，〈日據時期臺灣漢民族祖籍調查〉，《臺灣文獻》23：1，「3. 本島人（臺灣在籍漢民族）鄉里別人口」，1972。

經過清乾隆年間以右堆統領林豐山為首的廣東嘉應州籍移民，其及後裔就衍生出美濃地區人口結構的主體，並且是絕對多數人群，從清代《嘉應州志》也可見：

> 烟草，烟今世所謂菸也，按菸雖音烟，無訓為烟之說，說文殘也，博雅□也。宋玉九辨葉菸色，而無色皆作□字用，惟廣韻訓爲臭草。

> 方氏物理小識，萬曆未有攜至漳泉者；馬氏造之曰淡肉果，肉字當是白字之訛。白果即淡巴菰之轉音也，漸傳至九邊，□啣長管而火點，吞吐之，有醉仆者。崇禎時嚴禁之不止，其本似春不老，而葉大於菜，曝乾以火酒炒之，曰金絲□，可以去濕發散，然人服則肺焦，能熊人霖，地緯粵中有仁草，一曰八□草一，曰金絲□，治驗亦多，其性辛散食己氣令人醉，故曰□酒，始斷其莖曬乾曰□骨，用以糞田謂之塞，□骨性辣能死蟲，俗以將有求於人而先饋送者，亦謂之塞，□骨其先費本錢□，後日收成之利，故戲以爲名也。[113]

方志有官煙草的記載，顯示煙草產業之於美濃人，源自原鄉生活方式的選擇，確實有跡可循。依據相關文獻記載，菸草傳入臺灣，實則可以上溯到明朝末葉：始自1624年，以爪哇巴達維亞為據點的荷蘭東印度公司占領澎湖以外的臺灣本島，在安平及臺南築城執政時期，就有菸草的傳入；[114] 只是歷經荷蘭統治，明鄭、清朝各時代卻未見發展。從清代方志資料，可一窺清代臺灣的製菸業情況，《諸羅縣志》記載：

> 煙草，一名淡巴菰，種出東洋，莖葉皆如牡菊。取葉晒乾，細切如絲，置少許管中，燃吸其煙，令人微醉。不食輒思，亦名相思草。有生煙、熟煙，出漳州者甚佳。北路生而不殖。[115]

---

113 吳宗焯修、溫仲和纂，《嘉應州志》，卷六〈物產〉，「草之屬」（臺北：成文出版社，1968），根據清光緒24年刊本，中國方志叢書117，頁76。文中“□”為資料上文字無法確認者，暫以符合代之，待之後有更清楚的版本進行修定。

114 參閱稅所重雄著、吳萬煌譯，《臺灣菸草栽培變遷史》（中譯本），臺灣文獻叢刊第141種（南投：臺灣省文獻委員會，1993），頁27。

115 周鍾瑄，《諸羅縣志》，卷十〈物產志〉（臺北：臺灣銀行經濟研究室，1962（1717）），頁224。

又如《重修臺灣縣志》記：

> 煙草，種出東洋，名淡巴菇，莖葉皆如牡菊。取其葉製細，燃火吸其煙，令人醉。片時不食輒思，故亦謂之相思草。臺產無多，味亦遜。所販賣皆自內地運至者。或云食可辟瘴。[116]

而有關美濃的相關文獻，在清治末期不僅未能見有關於菸草的記錄，截至日本治初期臺灣總督府甫實施菸專賣之際，對於臺灣菸草種植區域的調查結果中，同樣沒有美濃菸草的蹤跡。

表 11：清末日治初臺灣菸草種植地區一覽表

<table>
<tr><th>時間</th><th colspan="2">區域</th></tr>
<tr><td>清末</td><td colspan="2">北部：擺接堡、三貂堡、文山堡、竹北一堡、竹北二堡、竹南一堡<br>中部：楝東上堡、藍興堡、斗六堡、他里霧堡、溪州堡<br>南部：長興下里、嘉義東堡、大目根堡<br>宜蘭：頭圍堡、四圍堡、員山堡、浮州堡、清水溝堡、羅東堡、紅水溝堡、利澤簡堡<br>臺東：南鄉、廣鄉、奉鄉、新鄉、蓮鄉</td></tr>
<tr><td rowspan="6">日治初<br>（1905之前）</td><td>深坑廳文山堡</td><td>大坪林庄</td></tr>
<tr><td>宜蘭廳四圍堡</td><td>礁溪庄、十六結庄、匏均崙庄</td></tr>
<tr><td>頭圍堡</td><td>金面庄</td></tr>
<tr><td>員山堡</td><td>大湖庄</td></tr>
<tr><td>浮州堡</td><td>溪州庄、大州庄、叭哩沙庄、阿里史庄、紅柴林庄</td></tr>
<tr><td>紅水溝堡</td><td>元山庄</td></tr>
</table>

116 王必昌，《重修臺灣縣志》，卷十二〈番俗志〉（南投：臺灣省文獻委員會，1993），頁 413。

表 11：清末日治初臺灣菸草種植地區一覽表（續）

| 時間 | 區域 | |
|---|---|---|
| 日治初（1905之前） | 新竹廳竹北一堡 | 青草湖庄 |
| | 苗栗廳苗栗一堡 | 南湖庄 |
| | 臺中廳藍興堡 | 塗城庄、頭汴坑庄、大平庄、車籠埔庄 |
| | 棟東上堡 | 新社庄、大茅埔庄、水底寮庄 |
| | 彰化廳農會 | |
| | 南投廳埔里社堡 | 水尾庄 |
| | 斗六廳斗六堡 | 九老爺庄 |
| | 嘉義廳打貓堡 | 大甫林庄 |
| | 嘉義東堡 | 鹽館庄、樹頭埔庄、下六庄、頂六庄、龍山腳庄、頂埔庄、白芒埔 |
| | 鹽水港廳哆囉東項埔 | 前大埔庄 |
| | 臺南廳永康下里 | 後甲庄、三分仔庄 |
| | 臺東廳蓮鄉 | 吳全城庄 |

資料來源：整理自稅所重雄著、吳萬煌譯，《臺灣菸草栽培變遷史》（中譯本）（南投：臺灣省文獻委員會，1993），頁 31、56-57。

日治時期學者稅所重雄嘗試描繪臺灣菸草的變遷過程，指出：臺灣北部和中部菸草產地，因樟腦和製茶事業受到臺灣巡撫劉銘傳獎勵，致使菸草漸次衰退，同時舉清代著名菸草產地罩蘭為例，陳述種植菸草的山地經常遭遇原住民侵襲，因樟腦業和番害問題而導致一蹶不振。[117] 但是樟腦和製茶產業並未出現在美濃，並且美濃境內除部分低於一千公尺的山丘，多為廣闊低平的臺地堆積層和沖積平原，移民多致力於土地的耕墾。到日本統治時期，也僅有研究論述及大正元年（1912），手巾寮三五公司南隆農場曾經有雪茄菸草的試種，且

117 稅所重雄著、吳萬煌譯，《臺灣菸草栽培變遷史》（中譯本），頁 31。

因為是初次試辦，成績欠佳。[118]因此在昭和14年（1939）美濃成立菸草輔導區，並隸屬臺灣總督府專賣局屏東支局之前，仍以稻米生產為經濟重心，包括總督府為提高美濃的農業生產而展開建設，如明治41年（1908）發布律令第四號，在荖濃溪畔竹仔門建設提供發電和灌溉的水力發電廠；又明治44年（1911）創設獅子頭圳官埤，灌溉大部分美濃平原，積極實施其「工業日本、農業臺灣」政策。[119]直到日治後期，配合菸專賣，美濃才在米生產之外，試行菸草的種植，始擴充生活方式的選擇，並又再度擴大成為國家經濟政策的一環。

表12：日治時期美濃地區農業戶口及比率（1938）

| 區域 | 總戶數 | 農業戶 | | | | 比率（%） |
|---|---|---|---|---|---|---|
| | | 自耕農 | 自佃農 | 佃農 | 總計 | |
| 美濃 | 1,226 | 135 | 412 | 247 | 794 | 64.8 |
| 竹頭角 | 541 | 79 | 291 | 114 | 484 | 89.5 |
| 龍肚 | 644 | 96 | 286 | 136 | 518 | 80.4 |
| 中壇 | 673 | 95 | 165 | 224 | 484 | 71.9 |
| 金瓜寮 | 267 | 6 | 39 | 222 | 267 | 100 |
| 吉洋 | 506 | | 4 | 502 | 506 | 100 |
| 總計 | 3,897 | 411 | 1,197 | 1,445 | 3,053 | 78.3 |

資料來源：整理自美濃庄役場，《美濃庄要覽》（美濃：美濃庄役場，1938），頁81。

比較同樣以嘉應州籍移民為主體的清代鹹菜甕地區，卻沒有以菸草種植為生活方式選擇來看，清代鹹菜甕的樟腦產業與日治美濃的菸作經濟發展，就顯現分別因應清代帝國主義和日本殖民主義的結果。[120]

118 稅所重雄著、吳萬煌譯，《臺灣菸草栽培變遷史》（中譯本），頁107。
119 美濃庄役場，《美濃庄要覽》，頁98-101。

有關清代臺灣的發展問題，向來有著眼漢人經濟生活的「市場取向」、「惟利是趨」性格，[121] 以及拓墾活動中「功利精神」、「企業精神」的討論；[122] 限於傳統對客家人群近山耕墾的印象，論述較集中以閩南籍移民為考察對象。自荷蘭統治開始，就有不少中、日商人以臺灣作為轉口貿易據點，明鄭時期亦積極進行對大陸與世界各國的貿易；但是到 19 世紀中，由於列強強力打開中國門戶，透過 1858-1860 年天津、北京條約簽訂的開港通商，使臺灣正式成為世紀經濟的一員。然而在開港前，外人即已開始在臺灣進行勘查、收購，因而配合市場需求，包括臺灣北部的茶、樟腦，在開港之後很快便進入國際市場。咸菜甕的產業活動發展，從樟木的砍伐、樟腦的製造，到茶樹的栽種，是一頁客家移民不斷越過番界拓墾的歷史；而樟腦和茶葉成為極具經濟價值商品，為取得樟腦和茶葉以應和帝國主義擴張下的需求，就成為客家人群越界墾殖的重要「拉力」；促使咸菜甕地區客家人在移民發展上，不斷移動再調整居地，也使得樟腦產業成為北部客家人群的經濟表徵。

清代的美濃是朝向容易取得耕地（荒地）之區的移動，人群關係壓力、自然災害是造成美濃客家人群遷徙的「推力」和「拉力」；[123] 進入日本統治時期，

120 關於「帝國主義」根據王世宗，〈新帝國主義與新世界文明〉，《臺灣殖民地史學術研討會論文集》（臺北：海峽學術，2004），頁 381：「當歐洲列強紛紛加入殖民地爭奪戰時，帝國主義的現代詞義便開始出現，並且帶有一點貶抑之意，它常專指 1871 年至 1914 年間歐洲列強的帝國侵略擴張運動」。

121 林滿紅，〈貿易與清末臺灣經濟社會之變遷〉，《食貨月刊》9：4（1979），頁 18-20。薛化元，〈開港貿易與清末臺灣經濟社會變遷的探討（1860-1895）〉，《臺灣風物》（1983），頁 4。

122 陳秋坤，〈十八世紀上半葉臺灣的開發〉，臺灣大學歷史研究所碩士論文，1975。溫振華，〈清代臺灣漢人的企業精神〉，《臺灣史論文精選》（上）（臺北：玉山社，1996），頁 321-355。

123 參閱黃富三，〈清代臺灣之移民的耕地取得問題及其對著的影響〉（上），《食貨復刊》10：12（1981），頁 25。施添福，《臺灣人口移動和雙元性服務部門》（臺北：臺灣師範大學地理學系，1982），頁 6-7。認為一地的經濟、社會發展水準遠

則使美濃的經濟發展進入殖民政策的一環。殖民統治，誠如臺灣殖民經驗研究的論述：「殖民統治之特質是，殖民母國為了本身的利益及經濟發展，將殖民地編入帝國的從屬位置，進行雙重剝削，一方面由殖民地取得經濟發展所需的原料及資源，另一方面則向殖民地輸出剩餘商品。」[124]配合日本殖民統治政策，美濃的經濟在昭和年依循殖民母國作為主體規劃方針發展，包括初期為調節日本國內過剩的人口，以及國防、民族同化考慮，移植日本農民的政策，使美濃地區致力於米、糖業的開發；明治 38 年（1905），又配合菸專賣進行全島菸區與合適栽種區調查，繼而以府令第五十二號設置菸草栽培區，昭和 14 年（1939）成立菸葉輔導區辦理種植事宜，讓美濃再度被納入國家體制，漸漸失去其原屬的「地方社會」性質，亦即殖民化的發展過程中，地方的發展呈現與國家化欲將區域納為己用的趨勢密不可分，從而淪為日本殖民帝國從屬的「殖民社會」。[125]

## 四、結論

誠如西方環境史家 William Cronon 所言：「不同的人們選擇不同方式與周遭環境互動，這些選擇衍生的後果不僅存於人類社群，並朝向更廣的生態系中

---

高於彼等原居地及其他可遷居之地，而作為遷徙依據的「推拉論」解說，廣為學者用於解釋臺灣人口移動的因素。

124 李文良，〈日本在臺灣之殖民經驗〉，《臺灣殖民地史學術研討會論文集》，頁395。

125 參閱洪廣冀，〈殖民化與地方化的辯證：日治時期山林治理架構的轉化與「中部」區域特性的形成（1895-1945）〉，《臺中縣開發史學術研討會論文集》（清水：中縣文化局，2003），頁 325-436，洪文在探討日治時期轉為國有林中心的中部地區，如何在資本主義與國家化的力量下，保持其獨樹一格的地景；顯示出：殖民化與地方化應視為相互辯證的過程理解，如果真有一種地方性存在的話，也是與資本主義及國家化欲將區域差異抹去或納為己用的趨勢密不可分。

擴散。」[126] 綜觀清代至日治時期臺灣南、北客家經濟的發展歷程：北臺灣客家人選擇往近山地區移動，以迎合帝國主義、重商主義，在國際市場需求與番害威脅的互動下，交織出一頁樟腦產業開發史；並通過清代的開港通商，以及其後的開山撫番政策，促成北臺灣客家人群的島內二次移動，也建構出樟腦成為客家人產業的圖像和生活經驗。美濃的菸作文化，出自日本殖民政策的經濟導向。美濃的移民始自對人群關係壓力、自然災害因應而移動；稻作之外，同時深受日本殖民經濟政策與國際市場、價格利誘的交互作用，在政策的推動下，菸作文化在日治末登上美濃的歷史舞台，取代成為美濃人的集體記憶。亦即透過清代咸菜甕樟腦產業的供需，以及日治美濃菸草作物的產銷，兩個以客家人群為主體的地域，就一北一南為客家產業文化做了代言，建構出象徵客家經濟的表徵。

地理環境所提供的自然資源，明顯的牽引移民經濟活動種類的選擇，並且影響人群的移動；而在國家、政策作用下，一種新經濟經驗的重建，也往往積極且主動影響人群生活方式的選擇。從清代到日治，歷史上從北到南，代表客家經濟的樟腦、菸作文化，質言之，是透過帝國主義、殖民主義、國家化等外力作用而形成；在作為客家經濟表徵的集體意識和文化的形塑過程中，就形成人群的主動移動與生活方式的重新選擇。

126 William Cronon, *Changes in the Land: Indians, Colonists, and the Ecology of New England*.(New York:Hill and Wang,1983), preface.

## 參考文獻


尹章義，1989，〈閩粵移民的協和與對立〉，《臺灣開發史研究》。臺北：聯經出版事業公司。

井出季和太著，郭輝編譯，1956，《日據下之臺政》。南投：臺灣省文獻委員會。

王世宗，2004，〈新帝國主義與新世界文明〉，《臺灣殖民地史學術研討會論文集》。臺北：海峽學術。

王必昌，1993，《重修臺灣縣志》，卷十二〈物產〉。南投：臺灣省文獻委員會。

伊能嘉矩，1985-1991，《臺灣文化志》（中譯本）中卷。南投：臺灣省文獻委員會。

朱瑪瓏，2000，〈近代颱風知識的轉變：以臺灣為中心的探討〉。國立臺灣大學歷史研究所碩士論文。

庄司萬太郎，賀嗣章譯，1959，〈牡丹社之役與李善德之活躍〉。《臺灣文獻》10：2。

余文儀，1962，〈楊觀察北巡圖記〉，《續修臺灣府志》，臺灣文獻叢刊第121種。臺北：臺灣銀行濟研究室。

吳子光，1996，《臺灣紀事》，臺灣銀行經濟研究室編。南投：臺灣省文獻委員會。

吳田泉，1993，《臺灣農業史》。臺北：自立晚報社。

吳宗焯修、溫仲和纂，1968，《嘉應州志》。臺北：成文出版社，根據清光緒24年刊本，中國方志叢書117。

吳密察，1990，〈福澤諭吉的臺灣論〉，《臺灣近代史研究》。臺北：稻鄉出版社

吳學明，1996，〈閩粵關係與新地區的土地開墾〉。《客家文化研究通訊》2：15-19。

______，1986，《金廣福隘墾與新竹東南山區的開發》。臺北：國立臺灣師範大學歷史研究所。

李允斐，1989，〈清末到日治時期美濃聚落人為環境之研究〉。中原大學建築系碩士論文。

李允斐等著，1997，〈瀰濃地區的拓墾〉，《高雄縣客家社會與文化》。高雄：高雄縣政府。

李文良，2004，〈日本在臺灣之殖民經驗〉，《臺灣殖民地史學術研討會論文集》。臺北：海峽學術。

李亦園，1981，〈臺灣傳統的社會結構〉，《臺灣史蹟源流》。南投：臺灣省文獻委員會。

李汝和，1972，《臺灣省通志》，卷二〈人民志・人口篇〉。南投：臺灣省文獻委員會。

李明賢，1999，《鹹菜甕鄉街的空間演變》。新竹：新竹縣立文化中心。

李時珍，1995，《本草綱目》，卷三十四。香港：商務印書館。

李國祁，1976，〈閩浙臺地區清季民初經濟近代化初探：傳統農商手工業的改進與產銷關係的演變〉。《國立臺灣師範大學歷史學報》4：407-450。

周碩勳纂修，1967，《潮州府志》。臺北：成文出版社，根據清光緒19年重刊本，中國方志叢書46。

周鍾瑄，1962，《諸羅縣志》。臺北：臺灣銀行經濟研究室，臺灣文獻叢刊第141種（1717）。

稅所重雄著、吳萬煌譯，1993，《臺灣菸草栽培變遷史》（中譯本）。南投：臺灣省文獻委員會。

東鄉實，1915，《臺灣農業殖民論》。東京：富山房。

林正慧，1997，〈清代客家人之拓墾屏東平原與六堆客庄之演變〉。國立臺灣大學歷史研究所碩士論文。

林偉盛，1988，〈清代臺灣分類械鬥之研究〉。國立政治大學歷史研究所碩士論文。

林朝棨，1957，〈臺灣地形〉，《臺灣省通志稿》。南投：臺灣省文獻委員會。

林滿紅，1979，〈貿易與清末臺經濟社會之變遷（1860-1895）〉。《食貨》9：4。

______，1978，《茶、糖、樟腦業與臺灣之社會經濟變遷》。臺北：臺灣銀行經濟研究室。

邱瑞杰，1999，《清末關西地區散村的安全與防禦》。新竹：新竹縣立文化中心。

姚　瑩，1984，《東槎紀略》，清光12年刊本。臺北：成文出版社。

施添福，1996，〈清代臺灣竹塹地區的土牛溝和區域發展：一個歷史地理學的研究〉，《臺灣史論文精選（上）》。臺北：玉山出版社。

______，1983，《清代在臺漢人的祖籍分布和原鄉生活方式》。臺北：國立臺灣師範大學地理學系，地理研究叢書第十五號。

______，1982，《臺灣人口移動和雙元性服務部門》。臺北：國立臺灣師範大學地理學系。

洪廣冀，2003，〈殖民化與地方化的辯證：日治時期山林治理架構的轉化與「中部」區域特性的形成（1895-1945）〉，《臺中縣開發史學術研討會論文集》。臺中：臺中縣文化局。

洪馨蘭，2000，〈客家、美濃、菸草文化之過程〉，徐正光主編，《第四屆國際客家學術研討會論文集》。臺北：中央研究院民族學研究所。

______，1999，《菸草美濃：美濃地區客家文化與菸作經濟》。臺北：唐山出版社。

美濃庄役場，1938，《美濃庄要覽》。高雄：美濃庄役場編。

美濃鎮誌編纂委員會，1997，《美濃鎮誌》。高雄：美濃鎮公所。

范瑞珍，1995，〈清代臺灣竹塹地區客家人墾拓研究：以族群關係與產業發展兩層面為中心所做的探討〉。東海大學歷史研究所碩士論文。

孫爾準等修，陳壽祺等纂，1968，《重纂福建通志》。臺北：華文書局，根據清同治 10 年重刊本，中國省志彙編之九。

高拱乾，1960，《臺灣府志》。臺北：臺灣銀行經濟研究室。

高雄州役所，1922，《高雄州要覽》。高雄：高雄州役所，大正 11 年版。

張二文，2002，〈日治時期美濃南隆農場的開發與族群的融合〉，《客家文化學術研討會論文集》。臺北：行政院客委會。

張素玢，2000，〈移民與山豬的戰爭：國家政策對生態的影響（1910-1930）〉，《東臺灣鄉土文化學術研討會》。臺東：臺東師範學院。

______，2001，《臺灣的日本農業移民（1909-1945）：以官營移民為中心》。臺北：國史館。

張維安、黃毅志，2000，〈臺灣客家族群經濟的社會學分析〉，徐正光主編，《第四屆國際客家學術研討會論文集》。臺北：中央研究院民族學研究所。

張維安等纂，2000，《臺灣客家族群史【產經篇】》。南投：臺灣省文獻委員會。

張翰璧，1999，〈茶產業：桃、竹、苗客家人之象徵性產業〉。《竹塹文獻》11：32-49。

淡新檔案校註出版編輯委員會編輯，1995，〈淡新檔案〉。臺北：國立臺灣大學。

連文希，〈客家之南遷東移及其人口的流布：兼論述其開拓奮鬥精神〉。《臺灣文獻》23：4。

陳亦榮，1991，《清代漢人在臺灣地區遷徙之研究》。臺北：東吳大學中國學術著作獎助委員會。

陳秋坤，1975，〈十八世紀上半葉臺灣的開發〉。國立臺灣大學歷史研究所碩士論文。

陳培桂纂，1984，《淡水廳志》。臺北：大通書局，臺灣文獻叢刊第172種，根據清同治10年刊行。

陳盛韶，1963，〈問俗錄〉，《噶瑪蘭廳志》。臺北：臺灣銀行經濟研究室，臺灣文獻叢刊第160種，（1852）。

陳漢光，1953，〈臺灣移民史略〉，《臺灣文化論集》。臺北：中華文化出版事業委員會。

曾永和，1995，〈清代灣之水災與風災〉，《臺灣早期歷史研究》。臺北：聯經出版事業公司。

馮建彰，2000，〈東部客家產經活動〉，《臺灣客家族群史・產經篇》。南投：臺灣省文獻委員會。

黃叔璥，1957，《臺海使槎錄》。臺北：臺灣銀行經濟研究室。

黃紹恆，2000，〈客家族群與臺灣的樟腦業史〉，《臺灣客家族群史【產經篇】》。南投：臺灣省文獻委員會。

黃富三，1982，〈清代臺灣外商之研究：美利士洋行（上）〉。《臺灣風物》32：4。

黃嘉謨，1979，《美國與臺灣（1784-1895）》，專刊第14種。臺北：中央研究院近代史研究所。

新竹文獻委員會編，1953，《新竹文獻會通訊》5。新竹：新竹文獻委員會。

溫振華，1996，〈清代臺灣漢人的企業精神〉，《臺灣史論文精選》（上）。臺北：玉山社。

廖正宏，1985，《人口遷移》。臺北：三民書局。

旗山郡役所，1938，《旗山郡要覽》。南報商事社。

臺灣銀行經濟研究室編，1997，《清高宗實錄選輯》，臺灣文獻叢刊第186種。南投：臺灣省文獻委員會。

______，1997，《臺案彙錄庚集》。南投：臺灣省文獻委員會，臺灣文獻叢刊第200種，1964。

______，1967，《臺灣之自然災害》，臺灣研究叢刊第95種。臺北：臺灣銀行。

臺灣總督府史料編纂委員會編，1924，《臺灣樟腦專賣志》，大正13年12月。

臺灣總督府專賣局，1939，《臺灣專賣法規》下冊，第六編。

臺灣總督府殖產局農務課，1938，《臺灣の農業移民》。臺北：臺灣總督府殖產局，昭和13年。

臺灣總督府殖產局移民課，1919，《臺灣總督府官營移民事業報告書》。臺灣總督府殖產局移民課編。

劉良壁，1983，《重修福建臺灣府志》。臺北：成文出版社。

劉翠溶，1983，〈明清人口之增殖與遷徙：長江中下游地族譜資料之分析〉，《第二屆中國社會經濟史研討會論文集》。臺北：漢學研究資料及服務中心印行。

盧德嘉，1960，《鳳山縣采訪冊》，〈地輿（二）〉。臺北：臺灣銀行。

賴玉玲，2002，〈清代咸菜甕的經濟發展與客家人的拓墾〉，《客家文化學術研討會論文集》。臺北：客家事務委員會。

______，2001，〈新埔枋寮義民爺信仰與地方社會的發展：以楊梅地區為例〉。國立中央大學歷史研究所碩士論文。

賴志彰，1996，〈從二次移民看臺灣族群關係與地方開發〉。《客家文化研究通訊》2：20-27。

戴炎輝，1992，《清代臺灣之鄉治》。臺北：聯經出版事業公司。

鍾壬壽，1973，《六堆客家鄉土誌》。屏東：長青出版社。

# 北埔與峨眉茶產體制之比較 *

潘美玲

## 一、前言

北埔和峨眉鄉是客家移民集中的聚落，位於中港溪支流的峨眉溪流域，地形上屬於竹東丘陵，相對高度達 186 公尺，是中港溪流域七個鄉鎮當中，唯一屬於新竹縣的兩個鄉鎮。北埔和峨眉的開發時間相當，由於地理相鄰，從樟腦開採、水旱田稻作、到茶葉種植和製作產銷，呈現類似產業經濟的發展軌跡。

茶葉生產自日治中期開始成為北埔和峨眉兩地居民重要收入來源之一。由於具有氣候土壤等自然環境的特殊性條件，北埔和峨眉兩地所產製的烏龍茶類頂級茶品「白毫烏龍」，產量有限而維持高價位，兩地都極力推廣並標榜為個別的在地特色茶產，峨眉鄉以「東方美人茶」為名，北埔鄉民則堅持具有傳統古味的「膨風茶」[1] 或「椪風茶」為名。兩地除了對於茶的名稱沒有共識之外，茶產業的發展軌跡也歷經消長，原先北埔居產銷領導地位的茶產業，戰後漸漸被峨眉鄉超越，尤其頂級烏龍茶「東方美人茶」的製作產量，遠超越北埔的「膨

---

* 本文原刊登於《客家研究》，2013，6 卷 1 期，頁 69-108。因收錄於本專書，略做增刪，謹此說明。作者潘美玲現任國立交通大學客家文化學院人文社會學系教授。

1 2004 年新竹縣政府農業局為求茶名統一化，要求北埔的「膨風茶」更名為「東方美人茶」，但北埔農民認為「膨風茶」代表在地產業的歷史與鄉土文化，而拒絕縣府的要求（聯合報，2004／11／15）。

風茶」並維持農業鄉的特色。然而從 1990 年代之後，北埔原先以農業為主的經濟型態，已經轉變為強調歷史文化古蹟特色的觀光產業。

問題是北埔和峨眉鄉同樣是客家人口集中的地區與白毫烏龍的茶區，如何在不同階段的歷史發展中，構成現今地區產業發展的差異？有哪些因素的作用促使客家地區經濟產業的共同性或產生分化？本文透過歷史比較分析的方法，針對北埔和峨眉茶生產體制的變遷與產業消長的現象，說明這兩個客家地區產業經濟發展的過程，並試圖理解其產生分化與整合的機制。

## 二、文獻回顧與研究方法

### （一）漢人移墾的地域社會：清代大隘與竹塹地區的研究

由於族譜和古文書資料等歷史文獻提供豐富的研究素材，北埔與峨眉所在的竹塹地區，學術界已經累積許多有關清代臺灣區域研究的成果。兩地的拓墾歷史以吳學明對金廣福隘墾研究論文成果的兩本著作為代表（2000a；2000b），主要涵蓋的地理範圍為「新竹東南山區」包括北埔、峨眉、寶山三鄉，及竹東一部分地區。吳學明利用北埔姜家的史料，建構金廣福隘墾事業的史實，時間上是以清代為主。透過這些金廣福進墾新竹東南山區的時間和路線的歷史研究，北埔、峨眉就隨著客家人移墾路徑，也同時浮現在歷史舞台，成為客家族群所在的區域。以同樣的地理區域為主體，吳育臻（2000）的《大隘地區聚落與生活方式的變遷》，從跨越清代到戰後經濟和社會生活的變遷，從人口、產業、宗教和婚姻等各層面，指出大隘地區的峨眉和寶山鄉以北埔為中心所構作的區域性層級發展關係，呈現人文地理的整合性景觀。

另一個包含北埔和峨眉的區域研究，是歸屬於一個更大的「竹塹地域社會」範圍，南自中港溪北迄南崁溪一帶，其中以施添福針對竹塹地區土地拓墾組織與聚落發展研究為代表，主要的論文收錄在 2001 年由新竹縣文化局出版的《清代臺灣的地域社會：竹塹地區的歷史地理研究》，[2] 從歷史地理與人文生態的取向，提出竹塹地區如何成為漢人的移墾社會與地區性特色。林玉茹（2000）接續該地區的研究，但超越過去研究集中在家族和墾戶為主體的取向（莊英章、陳運棟 1986），朝向社會經濟史的議題發展，呈現在地商人與在竹塹地區經濟活動角色與互動關係。她指出從康熙到清末割臺（1710-1895）將近 200 年間，北自社子至中港溪的地域所發展成以竹塹城的範圍，能夠維持一個傳統的經濟地域型態的原因，是因為沒有重要的港口而免於受到西方資本的侵入，因此得以完整地保留住既有的社會體系。

大隘地區或竹塹地區研究從地域社會的性質與在地社會經濟發展的面向，提供理解自清代以來與峨眉和北埔區域有密切關聯的竹塹市場圈所形成的聚落特色以及在地傳統的歷史，立基於這些研究基礎，我們得以建構北埔和峨眉兩地所發展茶產業的社會基礎。

## （二）臺灣茶產業歷史與社會發展

1. 茶業發展與在地社會

對於臺灣茶業的研究一直是臺灣社會經濟史重要的一環，有關臺灣茶業發展的相關研究與資料，在臺灣銀行經濟研究室所出版《臺灣銀行季刊》有一系列的專文討論，以臺茶外銷興盛的 1950 到 1960 年代最集中（金宏淵 1957；

---

2 收錄的施添福相關論文包括：
1990，〈清代臺灣竹塹地區的土牛溝和區域發展：一個歷史地理學的研究〉。《臺灣風物》40（4）：1-68。
1991，〈竹塹地區傳統稻作農村的民宅：一個人文生態學的詮釋〉。《國立臺灣師範大學地理研究所「地理研究報告」》17。
1992，〈清代臺灣竹塹地區的聚落發展和形態〉。頁 57-104，收錄於陳秋坤、許雪姬主編，《臺灣歷史上的土地問題：中央研究院民族學研究所集刊臺灣史田野研究室論文集（I）》。

李伯年、金宏淵 1957；1958；姜道章 1961；鄧善章 1966；吳振鐸 1966），以及 1980 年代末內銷市場興起而出現茶葉市場結構的研究（楊和炳 1989）。而戰後有關臺茶的專書著作更是數量繁多，來自於同業公會的部分，在 1965 年由當時的臺灣區茶輸出業同業公會編著的《臺茶輸出百年簡史》，1992 年由臺北市茶商業同業公會出版《臺灣茶葉發展史》（范增平 1992），2009 年臺灣區製茶工業同業公會顧問徐英祥[3]撰寫的《臺灣之茶》等，以全臺灣的茶業為對象，從製茶技術在清代傳到臺灣開始，歷經日治到戰後到現今階段的發展，提供茶產統計資料呈現，包括茶農、茶園產區、製茶、外銷等茶產銷各個面向，就全臺灣茶產銷的歷史資料而言，尤其是從市場結構與進出口貿易的經濟面向，累積了相當豐富的背景資料。

有關臺灣茶業與在地社會經濟發展的變遷，幾個主要的茶產區都有研究專著討論，林滿紅的研究指出 1860 至 1895 年間茶、糖、樟腦成為臺灣三大主要的出口商品，當時受到外國資本的影響，臺灣茶業的發展集中在北部，當時的大稻埕（今臺北市延平區）是茶的集散與加工中心，崛起成為全臺第二大城，人口僅次於臺南。1860 至 1895 年間臺灣茶出口不但居冠，由於產製過程的高度勞力密集，也是扶養人口數最多的產業，根據 1905 年的統計資料，當時雇用的採茶女就有 20 萬人，再加上加工部分包括粗製工人和再製從業者（茶農、茶商、茶販、揀手、畫手、茶師、箱工等）應總共有 30 萬人，比當時的糖從業人口整整多出一倍（林滿紅 1997：150-151）。臺灣的北部因為製茶事業的勃興，而達到充分就業，從而構成臺灣歷史重心北移的重要條件。陳慈玉的研究（1994）聚焦在臺北縣從清代到戰後的茶業發展及其所在的臺灣茶業發展脈絡的角色，其後則分別有針對各縣市鄉鎮的個別研究，如深坑發展與茶業關係

3 曾任臺灣省茶業改良場研究員。

（陳秀春等 1999）、清代石碇的茶業研究（施雅軒，2000）、1945 年之前的臺北文山區茶產業（詹瑋 2003）等。從 1990 年代之後，除了茶產業和地方社會經濟關係的研究，增加了茶文化產業面向的討論議題（廖姿婷 2004；楊宏茹 2005），提供我們理解茶的產銷在各地區所扮演的角色，及其如何隨著臺灣社會經濟的發展而持續或變遷。

有關北埔和峨眉的茶產業歷史，以新竹縣文化局所出版的《新竹文獻》第 27 號的專號為主，對於新竹地區的茶業有詳盡的介紹（范明煥 2007：29-61），有關北埔茶業有兩篇（古武南 2007：91-123；陳志豪 2007：62-71），峨眉地區茶業是邱顯明對富興茶廠興衰歷史的回顧（2007：72-83）。針對北埔茶業發展，邱顯明也另有發表（2008：37-76）。這些作品較偏重茶業發展歷史的討論，而傾向描述北埔和峨眉的同質性，對於 1990 年代之後，兩地產業分化的部分並沒觸及。

臺灣茶的生產與運銷的商品化性格雖然在清代就已經確立，但茶樹的種植與製茶過程，都無法如工業製品的標準化，而是受到在地的生態、風土民情而產製出有各地風味的特色茶，尤其 1980 年代之後，臺灣茶從出口轉型到內銷市場為主之後，更凸顯產地的獨特性以吸引消費者的注意，略舉幾例如文山的包種茶、木柵的鐵觀音、南投的凍頂茶、阿里山烏龍茶、花蓮的天鶴茶，以及新竹縣的白毫烏龍茶等。即使都屬於烏龍茶、包種茶或綠茶等品種，因地方而產生不同的「品牌」，也從而使茶產成為當地人在地認同的一部分。

因為國人飲茶蔚為風尚，飲茶品質日漸講究，除了學術研究論文之外，引發了茶書出版熱潮，這些書介紹茶樹栽培、茶葉品種、品茶文化等知識，偏重對大眾傳播的目的，作者群主要具有農業改良廠的茶葉專業技術人員經歷（廖慶樑 2010；徐英祥 2009；林木連等 2009），雖都有論及臺灣茶業歷史，但只作為背景資料，不是這些出版品的論述主題。對本文關注的議題而言，這些出版品有關茶區和茶葉種類的介紹，可對照出新竹茶產頂級烏龍茶的獨特性。而有關客家聚落最獨特的白毫烏龍茶專著，則偏重歷史典故和風土民情的介紹（薛雲峰 2003），目的和形式並未超越上述茶書的範圍。

2. 茶鄉的生產與勞動

茶產業的生產包括種茶、採茶、做茶和賣茶，雖然日治時期引進機械化生產的技術，但產製過程仍須高度的勞力密集，包含了茶園的管理、土壤、氣候的好壞、還有製茶者的製造與烘焙技術，但如果沒有把握時機及時採摘，將影響到炒製的過程，損及茶葉的風味，因此勞動力的供給相當關鍵，也會影響到茶葉的品質。謝國雄針對北部茶鄉社會進行漢人民族誌的社區研究時，關注的問題是從工資和勞動力對價的角度討論茶農和茶工的雇傭關係，從茶農作為自營作業者、雇主與受雇者，一人飾三角的階級位置和工資經驗，呈現茶鄉社會的「勞動」文化建構（謝國雄 2003：68-71）。張翰璧（2000：87-123）在調查客家人集中桃竹苗的茶生產活動時，著重在處理族群文化與產業形態的關係，指出地理環境加上世界市場的需求，是客家族群選擇種茶的主要原因。在這個有關茶生產的經濟生活研究，族群作為主要觀察變項，但對象主要是茶農和男性的製茶工，而未及於女性的採茶工。臺灣茶產業的經營和生產，尤其是被定義茶葉風味最重要的產製技術或技藝時，勞動的中心就在男性為主的茶農和製茶師傅的「父親輩」身上（余舜德 2013：146），而女性茶工只能出現在產業圖像的邊緣或甚至被略而不論。

茶業生產勞動力的配置大致依循傳統的兩性分工，早期的農家種茶是由副業開始，種植水稻之餘的荒地或山坡地栽種茶樹，當男性忙於田間農事之際，茶園的採摘工作就由女性負責（陳慈玉 1994：64），但在茶園講技術功力的製茶和花費體力的搬運工作，還是由男性擔任，女性因為被認為細心雙手靈巧，採茶工作效率較高，所以專職於採茶的工作，構成了茶鄉生產的性別化勞動。由於女性茶工在茶產業所扮演角色，因著茶業由農家副業到成為地方重要產業的發展，引發婦女參與薪資勞動的工作和父權體制關係的議題，主要的提問關注女性在小農家戶經濟作為無酬家屬工作者的角色，是否因為參與採茶工作成為薪資雇傭者，而使女性在其家戶的傳統性別角色有所改變？同樣以南投茶鄉的採茶婦女勞動作為觀察的對象，呂玫鍰（1988）得到的結論是女性因為能夠有薪資收入，即使只是季節性的工作，卻還是有助於提升婦女在其家庭的地位。但黃淑鈴（1998）從資本主義核心部門的全職工作來看，採茶的薪資勞動仍不足以改變婦女的從屬角色，反而季節性的彈性化勞動力是資本主義結合父權制度剝削婦女勞動力的再生產機制。潘美玲和黃怡菁（2010）則透過峨眉客家地區一個採茶班婦女的生命史資料，從女性勞動者自身的角度來理解茶鄉婦女的勞動，發現她們並非是父權體制與資本主義共謀下的邊際性勞動力，也不是背負著族群文化傳統的價值觀而扮演著勞動和犧牲的角色，採茶、摘橘子等工作是個人經濟自主的機會，也提供家庭之外的人際互動場域，當家庭再生產不再成為負擔時，積極從事各種勞動，獲取薪資而證明自己是一個有用的人。這些研究成果，提供我們在比較北埔、峨眉的茶產業體制時，所必須關注的性別化勞動場域，以及女性茶工與在地經濟的角色。

### （三）研究架構與資料來源

在有關漢人移墾的地域社會研究成果或出版作品中，對於北埔和峨眉兩地的發展，一則視之為相同的地域社會或茶產區位，二則各成主體，就個別的地理歷史或產業單獨論述（梁宇元 2000；范明煥編纂 2005；溫政隆編 2002）。雖然累積了豐富的材料，卻未從比較的觀點對兩地的發展進行觀察或討論。對於本文所關切的問題：同樣是白毫烏龍茶產區的北埔和峨眉兩地茶產業體制發展的差異？本文所採取的研究架構可以分為三個面向：首先是茶產業貿易運銷與市場的結構的面向，這是林滿紅（1997）在《茶、糖、樟腦業與臺灣之社會經濟變遷（1860-1895）》一書中所使用的產業研究架構，包括臺灣茶產業在清末進出口資料和運銷組織，從傳統經濟到世界市場的過程，以及對臺灣社會產生的影響。我們在討論茶產業與北埔和峨眉發展的條件，以及不同時期茶業產銷結構變遷時，將沿用相關的資料與分析架構。

其次，在產業體制的研究中關注不同作物間的關聯性。例如日治時期的臺灣就出現「米糖相剋」的現象，由於殖民經濟以日本母國需求為重心，臺灣對外貿易重心被轉到米和糖的生產和出口而產生兩種作物的連動關係（柯志明 2003）。即使臺灣茶並非這類研究討論的對象，卻啟發我們從事臺灣經濟產業研究時，對不同作物間如何在生產要素上存在關連的可能想像。潘美玲和黃怡菁（2010）所呈現出的茶鄉婦女勞動的經濟生活，也不只是採茶，也包括摘橘子、種草莓等作物，因此必須理解不同作物在當地生產體制的運作是否也可能存在著關聯。

第三種取向是透過田野調查理解茶產業各種行動者的經濟理性，例如謝國雄的研究《茶鄉社會誌：工資、政府與整體社會範疇》（2003），提供了對茶產社區的民族誌描述、茶農經濟的理性思考，以及茶工的工資作為社會經濟運作範疇的角色，提示本文探討茶產業生產體制時必須特別深究的方向。

本文針對北埔和峨眉兩個地區茶產業的比較，就從茶產貿易圈的產銷結構作為分析取向，從官方的調查統計資料，如《工場名簿》、《新竹州統計書》，戰後則以新竹縣政府和農政單位的各項統計，呈現產業的變化與消長。並針對雇用不同數量茶工的茶廠，分為大、中、小三種規模類型，分別進行訪談，理解其掌握茶工的策略與經濟邏輯，以釐清北埔和峨眉茶生產體制的變遷與產業消長過程中分化與整合的機制。

## 三、竹東丘陵的開墾（清末到日治初期）

新竹縣北埔和峨眉鄉在地理空間上，同屬於中港溪流域和竹東丘陵，地形的分布主導了本區漢人移民拓墾的路徑，北埔地區為墾戶姜秀鑾家族發展的根據地，成為峨眉溪流域的重要核心；相較之下，地理位置更接近山區的峨眉鄉開發較晚；在行政建置上，也遲至日治初期才有峨嵋街的出現。

### （一）大隘墾區

在拓墾過程中，北埔和峨眉同屬於「金廣福」隘墾組織，和寶山鄉統稱為「大隘三庄」。在漢人入墾之前是原住民賽夏族的棲地。1834 年「金廣福」墾號的南興庄成立，漢人全面開墾竹東丘陵，由閩粵紳商共同投資開設店鋪，墾首戶姜秀鑾統率隘丁與當時居住山區的賽夏族歷經十餘載，而在北埔一帶墾成田園，連西南方的月眉（今新竹縣峨眉鄉）、草山順興庄（今新竹縣寶山鄉）等地段也都闢成田園（莊英章、陳運棟 1986：17-18）。

由於屬於同一墾號下的墾區，而有共同的開墾歷史。根據吳學明的研究，這一帶開發具有兩個特色：首先是深受河流系統等地理因素的影響，從外圍近城地區開墾，再進到北埔為根據地，再順著中港溪往下游的中興、月眉（峨眉）、赤柯坪、富興庄等地區開拓，再逆上游及其支流開墾，直墾至中港溪源頭五指山區。內山的樟腦之利是促使金廣福不斷向內拓墾的重要原因（吳學明 2000a：186-188）。這種土地與腦籐之利也因此吸引了各處的冒險者與趨利之徒，造成了本區開墾第二個特徵，即本區住民渡臺之後均曾在他處謀生、或謀生不易，或累積資金後欲另謀創業，再進入本區加入墾闢活動，包括由竹塹舊港上陸後散居竹塹各地，再移至本區；或由臺北淡水上岸定居以後，再循大溪、龍潭、咸菜甕的路線進入本區；或有中部的港口上岸再輾轉進入大隘地區。北埔和峨眉兩庄的移民組成主要惠州、嘉應州和潮州構成，峨眉另有 3% 來自汀州的移民，則是來自頭份的汀州府移民（2000a：205-209）。至於姜秀鑾先祖是從廣東惠州於紅毛港登岸，後搬遷到九芎林加入當時漢人開墾的前線，累積實力之後以金廣福墾隘事業而達頂峰（2000b：53-57）。

在 1850 年之後，因為金廣福墾號的設立，墾民以北埔為起點，陸續往中港溪下游的中興、月眉（峨眉）、富興開墾（吳學明 2000a：216-217），而與中港溪下游的三灣、斗換坪、頭份地區連成一線，中港、頭份地方與竹塹城關係變為相當密切，並納入竹塹地區的市場圈。此外，官方也因為開山撫番以及製腦的需要，開鑿內山官路，使得沿山的鄉街得以連成一線，北埔往北可接樹杞林街、鹹菜甕街，往南則與三灣街和南庄街形成交通網絡，北埔街早在道光年間就已經成為中港溪流域重要鄉街，有米、柴、木炭、樟腦的交易，而月眉（峨眉）成街的時間則直到 50 年以後的日治時期才見於史料的記載（林玉茹 2000：89），詳述的路線如圖 1 所示。

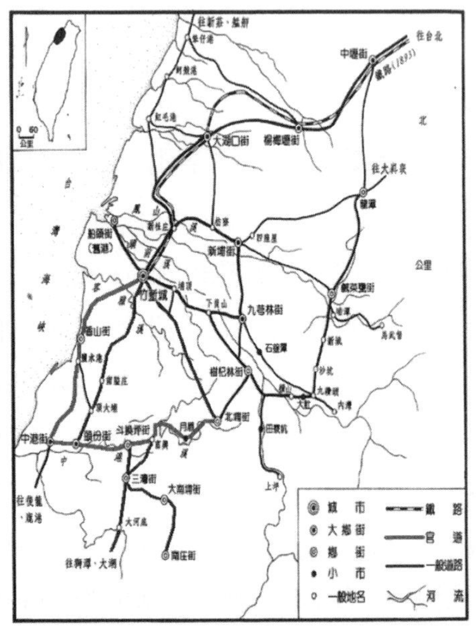


圖 1：清末中港溪流域街市道路（引自林玉茹 2000：95）

## （二）水利開發與稻米生產

由於地處丘陵並非有利於水稻種植的地形，水資源的開發隨著金廣福隘墾的設立，位於中港溪流域內山的峨眉與北埔水利興修也隨著進行，從清道光、同治到光緒年間而有中興莊圳、花草林圳、藤寮坑口圳、赤柯坪陂、月眉圳、南埔圳、南埔溪底圳、北埔嵌下圳、南埔圳、北埔圳等十個埤圳的構築，闢成田園，兩個地區灌溉面積相當都大約在 200 甲的範圍，但在開墾時間上北埔較峨眉先行完成，峨眉的水田化過程較晚（蔡志展 1998：43-49）。

日治臺灣時期的臺灣總督府於 1921 年頒布水利組合令，凡公共埤圳，官設埤圳，均交由水利組合養護開發，至此 16 年間，則稱為「水利組合時期」。金廣福墾號所築之北埔圳、小分林圳、中興圳、峨眉圳、南埔圳、赤河圳等六圳沿其所設竹塹東南防禦之名號為「大隘水利組合」，灌溉面積 224 甲以達到節省用水，實行農業水利合理化，期盼藉此提升灌溉效益（王榮春等 2000：49）。此時北埔和峨眉的水田皆為能兩期稻作，惟因地形之故仍是以旱田為主，根據《新竹州統計書》的資料，表 1 這兩地區的水、旱田面積相當。

表 1：1921、1925 年的水田與旱田面積　　單位：甲

| 北埔庄 | | | |
|---|---|---|---|
| 時間 | 田（水田） | 畑（旱地） | 計 |
| 1921 | 624 | 1,378 | 2,002 |
| 1925 | 643 | 1,674 | 2,317 |
| **峨眉庄** | | | |
| 年代 | 田（水田） | 畑（旱地） | 計 |
| 1921 | 625 | 1,409 | 2,034 |
| 1925 | 626 | 1,769 | 2,395 |

資料來源：《新竹州統計書》（1922、1926 年），新竹：新竹州。

由於水利開發，稻米為主要的糧食作物，因此隨之帶動碾米業的發達，由表 2 統計 1931-1939 年間的碾米業家數，雖然地處丘陵數量不多，北埔庄比峨眉庄的碾米工場數持續較多家數。

表 2：1931-1939 年北埔與峨眉碾米業工場家數

| 年代 | 1931 | 1932 | 1934 | 1935 | 1936 | 1937 | 1938 | 1939 |
|---|---|---|---|---|---|---|---|---|
| 峨嵋庄 | 3 | 2 | 3 | 2 | 0 | 2 | 3 | 3 |
| 北埔庄 | 5 | 4 | 7 | 4 | 5 | 5 | 5 | 5 |
| 總計 | 8 | 6 | 10 | 6 | 5 | 7 | 8 | 8 |

資料來源：根據《工場名簿》（1932-1940 年）資料整理。

## （三）從甘蔗到茶的種植

道光中葉以降，客家移民入墾竹東和竹南丘陵，除了取得樟腦利益，更重要的是煮蔗熬糖，以獲得出口鉅利。例如道光中葉參與金廣福大隘開墾月眉的陳拔運，即「耕種兼圖糖生理」（陳煌霖，《陳姓族譜》[ 月眉 ]，1973 年寫本，臺灣分館微卷 1365472 號）。又如北埔姜家第五世姜榮華（姜華舍），同治年間也參與糖的直接出口（《淡新檔案》第 33503-2 號）。由此可知竹東丘陵與竹南丘陵河谷的生產價值，除了是在低地種稻之外，更重要的是生產出口市場所需要的蔗糖（林玉茹 2000：59）。

茶是清末臺灣外銷的最大宗商品，主要銷往美國（90%）和歐洲，由於洋商熟悉其母國市場以及掌握關係的優勢，進而控制臺灣茶在世界貿易的重要角色（林滿紅 1997：4；50-52），但當時主要的茶產集中在北部地區，直到光緒中葉以降，中港溪流域的茶葉栽種才成為商品，從 1894 年到 1897 年，茶葉在竹東丘陵栽種始逐漸取代甘蔗，遍布於丘陵和台地。此後竹東丘陵茶業迅速發展，透過英美商人在臺北大稻埕的洋行收購，輸出到美國等世界市場。根據調查顯示，當時新竹縣中等茶園面積一甲的收益是 68.34 圓，甘蔗是 21.8 圓、落花生是 31.2 圓，蕃薯是 18.3 圓（邱顯明 2008：49）。選擇在樟腦砍伐之後的北埔和峨眉丘陵地種茶，加上氣候、土壤條件合適，是符合經濟理性的自然選擇。於是平原河谷之處種植水稻，丘陵地形就種茶，是當時一般農戶的維生方式。

## 四、北埔、峨眉外銷茶產體制的建立與變遷

### （一）政府管制製茶、外商茶販決定茶產（1921-1970）

1. 交通建設與茶產擴張

日治時期兩地發展的農業特色是水利開發，水旱田面積相當，但農產加工業與工商發展則是北埔漸漸超越峨眉。北埔、峨眉茶業興盛，透過臺北茶行進入外銷市場，而政府的茶業政策則有助於北埔茶產核心地位。

日治初期北埔茶業的銷售路線受限於交通因素，成長相當緩慢，只能用人力的挑運或牛車載送等簡便交通工具挑至竹塹城販售，再由竹塹舊港轉運出口到中國大陸，峨眉地處更偏山區，運輸更形困難，直到大正年間北埔地區聯外交通設施陸續完成，如輕便軌道、公路橋梁的修築，都提升了北埔地區交通的便利性，山中的茶葉得以方便運輸，促成北埔地區成為當時中港溪流域最重要的茶產區（范明煥 2005：560-592）。表 3 根據歷年《新竹州統計書》資料整理比較，1921 年北埔、峨眉兩地茶葉種植面積相當，但從 1925 年開始北埔的種植面積幾乎達峨眉的兩倍。表 3 也呈現了兩地的製茶戶數持續成長，北埔最高峰達五百多家，峨眉則將近四百家。當時主要種植烏龍茶、包種茶，茶農也是粗製茶業者，由來自臺北大稻埕的茶販收購而後外銷。

表 3：1921 到 1940 年北埔、峨眉茶葉生產之比較

| 地區＼時間 | | 1921 | 1925 | 1930 | 1936 | 1940 |
|---|---|---|---|---|---|---|
| 北埔 | 茶園面積（甲） | 344 | 1,276 | 1,305 | 1,374 | 1,533 |
| 峨眉 | | 338 | 560 | 575 | 無資料 | 849 |
| 北埔 | 製茶戶 | 440 | 437 | 445 | 518 | 3 |
| 峨眉 | | 307 | 322 | 324 | 371 | 1 |

資料來源：《新竹州統計書》（1922-1941 年），新竹：新竹州

2. 殖民經濟茶產政策與北埔紅茶

日治時期，臺灣成為日本殖民地，日本對臺灣經濟的滲透與支配主要集中在流通的領域，也就是將臺灣的國際及島內貿易納入日商手中，並由日資侵入並取代本地商業資本，從而配合日本消費需求的導向（柯志明 2003：52-60）。1915 年日本政府實施保護重要產業政策，也將茶業列入臺灣重要保護產業。日本資本來臺開拓茶園，創建新式紅茶工廠，為臺灣生產紅茶濫殤，並以提供日本本國需要為主，昭和年間世界市場紅茶需求強盛，[4] 日本政府乘機積極獎勵紅茶增產促進出口貿易。然而為了避免和日本國內茶產造成競爭，日本政府並不鼓勵臺灣綠茶生產（陳慈玉 2004）。

臺灣茶業發展在 1930-40 年間因為政府政策產生重大改變，其中（1）臺灣總督府推動製茶機械化，而使得北埔、峨眉紅茶生產進入機械化；（2）由於中日戰爭的影響，臺灣總督府為有效控制臺灣茶業資源而推動茶業統制政策，使得兩地的茶業納入竹東茶業統制政策的一環。

4 1933 年由於當時世界三大茶產區：印度、錫蘭與爪哇決議減少茶葉輸出量以維持茶價，結果造成世界茶葉市場對臺灣紅茶需求大增，臺灣茶業界於是大量申請設置製茶工場。

1934 年姜阿新與三井農林會社合作，斥資於北埔建設當時最新設備的紅茶工場，帶動北埔紅茶的輝煌時期。臺灣總督府當局為加強對製茶工場的管理和對茶業的控制，於 1940 年頒布「茶製造業取締規則」，規定只有申請許可的製茶工場才能從事製茶，其餘茶農只能單純供應茶菁，不復有粗製茶身分。北埔庄只有三家製茶工廠包括：「北埔庄茶業組合北埔工場」、「北埔庄茶業組合大坪工場」，以及姜瑞昌的「北埔瑞昌茶業組合」。1941 年四月竹東郡轄內竹東、北埔、峨眉、寶山、芎林、橫山等各街庄所有茶廠，整合成為「竹東茶業株式會社」，由姜阿新擔任社長，由此確立北埔茶業的核心地位（邱顯明 2008：57-61）。至於峨眉就只剩一家「峨眉庄茶業組合」。由表 4 可知當時兩地茶產都已經由日本資本所支配。

表 4：1940 年北埔、峨眉茶產業資料

| 工場名稱 | 工場所在地<br>新竹州竹東郡 | 工場主人名稱 | 主要產品 | 西元 |
|---|---|---|---|---|
| 北埔瑞昌茶業組合 | 北埔庄 | 姜瑞昌 | 紅茶、包種茶 | 1934 |
| 北埔庄茶業組合 | 北埔庄 | 平間秀顯 | 紅茶、包種茶 | 1934 |
| 北埔庄茶業組合大坪工場 | 北埔庄 | 平間秀顯 | 紅茶 | 1937 |
| 峨眉庄茶業組合 | 峨眉庄 | 鈴木清司 | 紅茶 | 1936 |

資料來源：《工場名簿》茶工場資料（1940：322）

1940 年北埔的茶葉種植面積達到歷史的高峰，之後由於二次大戰的影響，部分茶園被迫轉作糧食作物，茶園面積縮小，戰後雖有恢復，但隨著臺灣經濟農工轉型而盛況不再。表 5 描述的是 1930 年代當時從事各種職業的人口分布，其中農業從事人口占各兩庄的絕大多數，是當時主要的經濟活動，工業和商業

才剛剛萌芽。值得注意的是，延續清末街市發展的趨勢，北埔在工商業和交通的發展都比峨眉發達。

表 5：1930 年北埔、峨眉兩庄人口職業分布

| | 農 | 水產 | 礦 | 工 | 商 | 交通 | 公務自由 | 家事其他 | 無業 | 總計 |
|---|---|---|---|---|---|---|---|---|---|---|
| 北埔 | 3,235 | 2 | 21 | 287 | 308 | 62 | 90 | 31 | 5,182 | 9,218 |
| 峨眉 | 2,600 | 0 | 2 | 82 | 109 | 6 | 115 | 9 | 3,736 | 6,659 |

資料來源：根據第五次國勢調查結果表 11 整理

3. 戰後外銷市場消長（1950-1970）

1945 年戰後臺灣經濟與社會變遷，工商業開始發展，對北埔和峨眉的產業經濟同樣產生影響。1980 年代之前，北埔和峨眉主要的作物以稻米和茶葉為主，1980 年以後臺灣開放國外糧食進口，對本島稻米產生替代作用，稻米產量過剩，生產價格因而偏低，農民紛紛轉作或休耕，造成農業人口流失和勞動力不足，構成整個糧食作物種植面積與產量明顯減少的原因。

茶業部分，1950 年臺灣省政府承襲日治後期的茶業政策，頒布「臺灣省製茶業管理規則」，姜阿新成立「永光公司」，專門製造並銷售紅茶，在三井株式會社與怡和洋行的協助下，姜阿新擁有六家茶廠，紅茶事業到達高峰（范明煥 2005：452）。而當時峨眉三個較具規模的製茶工廠之一，就屬永光公司的峨眉製茶工廠最大，而由峨眉人曾新鵠於 1944 年所創製造粗製紅茶的富興製茶廠雖然規模遜於永光公司的峨眉廠，在產能和實際產量上卻是峨眉第一，也是當地首座機械製茶工廠。表 6 呈現兩地茶產狀況，可見茶產在北埔所占重要地位，峨眉不論在生產面積、茶農戶數都只及北埔的一半，而北埔的茶廠規模比峨眉大了兩倍多。

表 6：1953 年北埔與峨眉茶產狀況

| 地區 | 北埔 | 峨眉 |
|---|---|---|
| 茶園面積（公頃） | 1,282 | 611 |
| 茶園占耕地面積比例 | 64.5% | 21.9% |
| 茶農戶數 | 890 | 467 |
| 茶農戶數占農戶之比例 | 74.2% | 58.8% |
| 粗製茶工廠（家） | 11 | 3 |
| 粗製兼精製茶廠（家） | 2 | 0 |

資料來源：根據 1953 年農林廳、茶業公司、茶商公會普查（金宏淵 1957：239；李伯年、金宏淵 1957：70）

1950 年之後，印度、錫蘭、爪哇等重要茶產區已經從大戰的破壞中恢復，成為臺茶的強勁對手，而銷日的貿易保護也因大戰結束而終結，臺灣紅茶外銷逐漸沒落。此時臺灣也因為臺北茶商開創北非炒菁綠茶市場，[5] 北埔、峨眉茶廠因此在 1950 到 60 年代開始製造外銷的綠茶，直到 1960 年代中國和日本生產的綠茶競爭為止。此時正值日本煎茶市場有所需求，於是北埔、峨眉開始生產外銷蒸菁綠茶，由日本茶商直接駐臺採購。當時大型製茶工場以外銷的紅茶、綠茶為主，小型製茶廠以包種茶和烏龍茶為主。可知戰後北埔、峨眉茶業興盛，[6] 透過臺北茶商進入世界市場，往歐美、北非等地進行貿易，1970 年代之後，則以日本為主的茶貿易市場，並由日本茶商直接採購。

5 1950 年 9 月韓戰爆發，斷絕過去中國出口綠茶到非洲和法屬中東殖民地的摩洛哥、阿爾及利亞等管道，臺灣綠茶價格因為需求大增而高於紅茶售價，於是臺灣茶業興起綠茶熱（范明煥 2007：57）。

6 北埔姜阿新的永光公司於 1965 年結束茶業經營，但當時的北埔製茶業並沒有明顯衰退，因為造成姜阿新事業衰退的原因在於其財務管理不善，而非當時茶業市場環境的變遷（吳學明 2008：21-32）。

由於外銷市場的消長，北埔和峨眉的茶場製茶涵括紅茶、綠茶、烏龍茶、包種茶等種類，生產的茶類視訂單決定，依照臺北茶商的需求製造茶葉。早期茶廠的銷售得透過賣給臺北茶行才能外銷出口，茶商包括洋行、華商和本地茶商，擁有龐大資金和精製茶設備，通常掌握外國茶葉市場訊息與溝通能力，掌握議價優勢，茶工廠經營者則多居於下風（邱顯明 2008）。到了製造外銷日本蒸蕪綠茶時期，日本茶商直接到產地看茶樣下單，臺灣綠茶外銷也不再依賴臺北的洋行（邱顯明 2007）。

## （二）從外銷到內銷（1982-1990）

1980 年代中期，臺灣茶業人工成本提高，無法與國際上相同產品競爭，日本的綠茶市場又因為其國內得以自給自足之後，就不再從臺灣進口。又加上政府將沿用數十年之茶產業法規「製茶管理規則」[7] 廢除，由法人茶廠與自然人茶農契作方式，不同於過去的量產化出口導向，改為茶農自園、自製、自販，開拓了內銷市場。而隨著臺灣經濟繁榮，生活水準大幅提升，內銷量逐年提升，國人每人每年平均飲茶量也逐年增加，1971 年只有 0.27 公斤、1981 年 0.58 公斤、1991 年的 1.07 公斤，到 2001 年約 1.46 公斤，[8] 三十年間成長了 5.4 倍之多。

臺灣人民的飲茶習慣以烏龍茶和包種茶為主，促使原來以生產綠茶、紅茶供應外銷為主的茶區逐漸失去競爭力，這些茶園逐漸荒廢或轉作其他用途，北部茶區漸趨蕭條，臺灣茶園反漸向南部和高山發展，構成茶園空間之變遷。加上新竹科學園區的發展，住宅區與高爾夫球場闢建，茶工廠逐漸淘汰出售

7 當年的製茶是產製銷分開的方式，茶農將茶葉賣給製茶廠製作所謂的粗茶，再賣給南部的精製茶行銷售（內銷），或是賣到臺北洋行外銷，茶廠是無法自行銷售的。

8 臺灣茶葉每人消費量以（生產量＋進口量-出口量）÷（全國人口數）計算所得出的數字。詳細數字可見《臺灣農業年報》（農林廳）、《茶訊》（臺灣區製茶工業同業公會），人口數見內政部網站。

或改業，導致臺北與桃竹苗四縣的茶園面積縮減，產量也日漸減少（陳慈玉 1994：82-91）。

到了 1986 年之後，臺灣茶葉內銷數量已經大於外銷量，中南部茶商直接到峨眉、北埔產地買茶，但由於茶農自行生產茶葉，使得大規模的製茶工廠茶菁供應不穩定，都市化過程又大量吸收農村青壯年從業人口，北埔和峨眉各大茶廠相繼停業，連峨眉的富興茶廠也在 1990 年結束營業。北埔茶園逐漸荒廢，從 1981 到 1991 年間茶園面積從 625 公頃降到 270 公頃，反之峨眉在 1991 年時還有 683 公頃，[9] 北埔曾經遠超越峨眉茶樹種植面積的情況產生逆轉。

## 五、白毫烏龍茶產銷體制（1991 年至今）

### （一）客家人的頂級烏龍茶

北埔、峨眉由於地形和氣候適合茶樹生長，加上以清心大冇茶樹，開始種茶製茶以來就是優良的茶產區。在炎夏六、七月，農曆芒種至大暑間，即端午節前後 10 天，被小綠葉蟬（小綠浮塵子）吸食後長成之茶芽，用手採一心一葉或一心二葉為茶菁，重度發酵後所製造出來的頂級烏龍茶，因為茶心銀白被稱為「白毫烏龍」。

臺灣最早出口外銷的茶葉雖然是以烏龍茶為最大宗，早期外國洋行將臺灣烏龍茶出口分出 22 等級，其中的最高等級被稱為“extrachoice”，就是臺灣茶商俗稱的「膨風茶」，但北埔、峨眉茶業發展要到日治時期才開始，況且高級茶葉生產，尤其茶菁是茶的原料，只能採一心一葉或是一心二葉未開面之幼嫩芽葉製作，產量應不多，因此當時的頂級烏龍茶應不專指從新竹地區所生產

9 《新竹縣統計要覽》民國 80 年度，頁 128。

（邱顯明 2008：54）。雖然在外銷為主的時期，製茶工廠生產茶葉得依照市場和茶商的要求而定，但北埔、峨眉頂級烏龍茶的製造技術依然傳承下來。當臺灣茶葉從外銷轉成內銷時，而國人飲茶口味日漸講究，茶葉生產遂往高價位的精製茶發展。峨眉、北埔獨具風味的白毫烏龍成為這兩個山城的地方經濟特色，每年僅夏季生產一季，雖然在臺灣茶的發展歷史當中，茶產業並非專屬於客家人，但在近山丘陵地帶的桃竹苗客家人聚居所在，一方面茶葉生產確實為該地帶來重要的經濟收入，構成當地客家族群的生活集體記憶，另一方面以特定地區的特色茶為品牌，更構成我群與他群的界線，市場上競爭越激烈，將使界線更明顯以突出白毫烏龍產品的秀異特質，因而越強化我群的凝聚，成為當地的客家人認同的象徵，更重要的是種茶、製茶、賣茶的產銷商品鏈都由在地的客家族群所掌握，而有別於外銷時期，客家族群只掌握茶葉的生產製作與其他族群分工的局面。

### （二）北埔文化觀光與「膨風茶」

北埔居民所引以為傲的頂級烏龍茶，雖然對於名稱由來眾說紛紜，但鄉民採信的說法，多以日治年間北埔茶農將自製茶葉拿到臺北參加展售，竟以 10 倍以上的天價將茶賣出給日本人，被鄉民斥之為膨風（意指吹牛誇大），直到日治昭和年間由當時北埔庄長姜瑞昌創設「北埔茶葉組合」加以推廣，以「膨風茶」、「東方美人茶」著稱（范明煥 2005：451）。而當地人士堅持沿用「膨風茶」的原因，應該是當地人對在地茶產業價值引以為傲的象徵，也是對北埔集體記憶的維持。

北埔自清末開墾以來即以農業為主要的經濟活動，居民也以農業維生，雖然從日治時代開始有基礎的工商業發展，但在 1980 年代之前北埔農業戶數占全鄉總戶數的 50-60% 之間，但到 1981 年之後，隨著臺灣經濟發展，農村勞動力外移，農業開始下降到 50% 以下，到了 1994 年就只剩下 12.6%（范明煥 2005：361-362）。北埔發展農業觀光以春夏新茶和秋季的柿餅加工為主，隨著各項古蹟被官方認定，如金廣福公館為國家第一級古蹟，第三級古蹟慈天宮、縣定古蹟姜阿新宅、姜氏家廟等歷史建築，各座古蹟建築以慈天宮的老街為中心點，開啟北埔的文化觀光產業。北埔鄉近鄰新竹科學園區，成為都市的衛星休閒基地，因此地方產業發展朝向地方遊憩觀光休閒產業。

自從 1998 年北埔推廣觀光，觀光客的到來雖然帶動當地傳統農產品的商機，卻因為現有農產業規模有限，而得從外地購買農產以滿足大量觀光客的需求。例如北埔聞名的柿餅全年產量約五到六萬公斤，而北埔觀光客卻有 20 萬公斤以上的需求，於是零售業者紛紛自嘉義縣竹崎、番路、臺中縣東勢、苗栗縣大湖、公館與新埔鎮等地，採購低價產量高的牛心柿充當在地的石柿餅（魏文彬 2010：84）。同樣地，雖然觀光發展帶動膨風茶的需求，但並未帶動茶產業，2010 年北埔茶農約 40 戶，茶樹栽種面積約 46 公頃，每年膨風茶的茶產量約僅 4,500 台斤，但每年參加膨風茶比賽之的茶量高達 15,000 斤，可知北埔當地生產的膨風茶，每季產量和市場上所銷售的不成比例，而得依靠從峨眉、龍潭和關西等地購買（魏文彬 2010：83）。至於為何北埔農業無法藉著觀光商機而擴大規模，將龐大的商機完全在地掌握的原因，主要是農業勞動力不足，也就是人口外流、農業人口老化嚴重等問題。[10]

北埔地區由於近年來觀光產業發展，以及交通的便利性，使得當地工商業活動活躍，如餐飲業、糕餅業等發展，北埔的柿餅和膨風茶因其在地特色而造成品牌，然而觀光客龐大的需求，卻使得北埔在地產品供不應求，而得從外地尋求來源，反而變成了這些外地產品的銷售管道。換句話說，北埔近年來的觀

10 根據行政院主計處編印，1995，《中華民國八十四年臺閩地區農林漁牧普查報告 第 12 卷，新竹縣報告》，頁 24-25。

光發展無助於回復傳統農業的規模，傳統農業和商業經營之間的分工確立，隨著觀光文化產業發展，北埔已經變成商業零售中心，以膨風茶而言，大部分都是鄰近地區供給茶菁所製作出來的，其中峨眉所占比例最高。

## （三）峨眉「東方美人茶」與柑橘

1. 人口老化嚴重的農業鄉

相對於北埔鄉農業部門的沒落，峨眉鄉現今仍維持著傳統以農業為主的鄉村型態。直到 2002 年峨眉鄉可耕地為 1,950.5 公頃，農產品以水稻、茶及柑橘為主，其中稻米僅供自足，桶柑占全國之最大宗。從人口產業分布來看，峨眉鄉農牧人口占總人口數之 52.84%，顯示農牧業在峨眉鄉仍為重要之產業活動；而製造業人口在峨眉鄉也有總人口之 23.45%，主要為製茶場與矽砂工廠，這亦是峨眉鄉的傳統工業，因此峨眉鄉仍維持一個傳統農村型態（溫振隆 2002：158）。

由於臺灣工商業和都市化，農業勞動力快速流失，邊陲聚落的人口紛紛外移都市核心，而核心聚落的人口往本區外較大的核心移動，北埔由於歷史開發的因素，向來就是竹東丘陵（大隘地區）的核心，中心性較強，吸納周圍山區人口，至於峨眉鄉則缺乏較大核心，人口多流向區外，其過程大多是兄弟分家，一子承繼留鄉奉養父母，其餘則向外發展（吳育臻 2000：68；193）。從圖 2、圖 3 所呈現的人口統計可見在 1994-2003 年間，峨眉鄉的人口只剩下 8,344 人，少於北埔的 10,525 人，十年間人口減少比例、扶養比（勞動力層人口負擔幼兒層及老人層人口的比例）以及人口老化指數（老年層人口相對於幼兒層人口的比例）不但都高於北埔鄉，甚至冠於全新竹縣。在新竹縣的鄉鎮中，峨眉鄉老化程度最嚴重，平均十人中有 1.6 人是幼兒層人口，2 人是老年層人口，6.4 人為勞動力人口，老年人口已高於幼年人口。

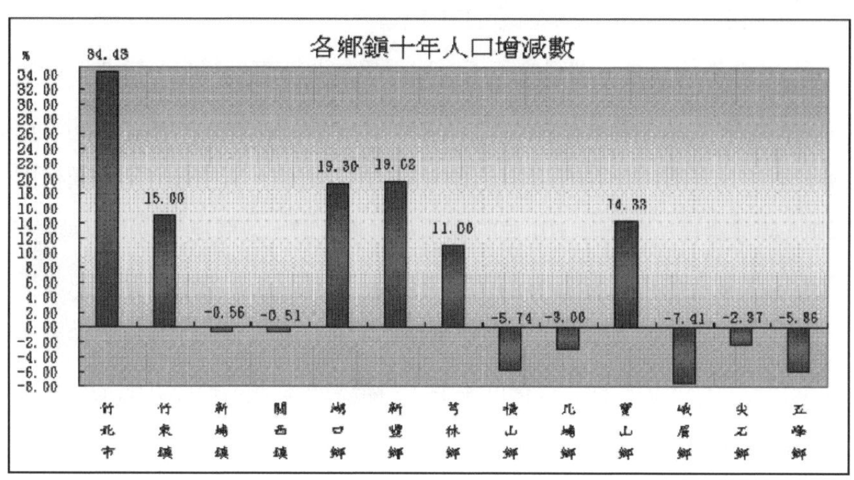


圖 2：1994-2003 年新竹縣十年人口增減數

資料來源：新竹縣政府統計要覽、新竹縣政府民政局

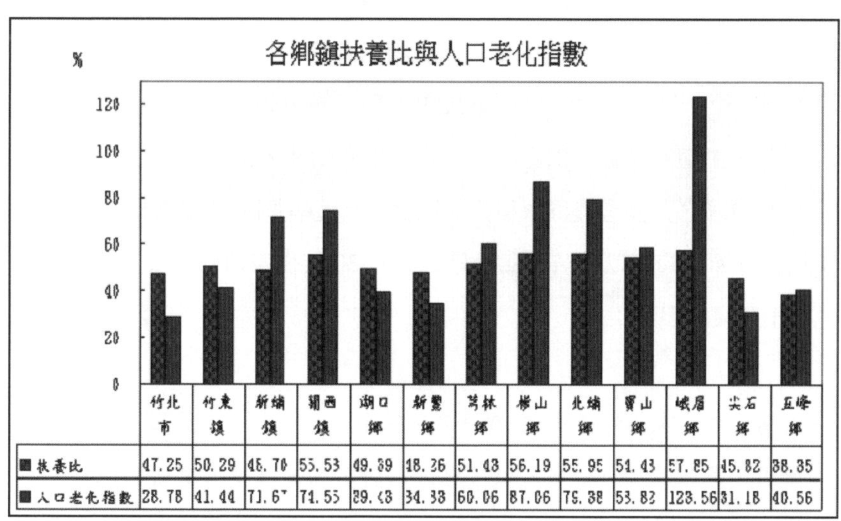


| | 竹北市 | 竹東鎮 | 新埔鎮 | 關西鎮 | 湖口鄉 | 新豐鄉 | 芎林鄉 | 橫山鄉 | 北埔鄉 | 寶山鄉 | 峨眉鄉 | 尖石鄉 | 五峰鄉 |
|---|---|---|---|---|---|---|---|---|---|---|---|---|---|
| ■扶養比 | 47.25 | 50.29 | 48.70 | 55.53 | 49.89 | 48.36 | 51.48 | 56.19 | 55.95 | 51.43 | 57.85 | 45.82 | 38.35 |
| ■人口老化指數 | 28.78 | 41.44 | 71.67 | 74.55 | 39.43 | 34.33 | 60.06 | 87.06 | 79.38 | 53.83 | 123.56 | 31.18 | 40.56 |

圖 3：2003 年新竹縣各鄉鎮扶養比與人口老化指數

資料來源：新竹縣政府統計要覽、新竹縣政府民政局

2. 製造東方美人茶（膨風茶）主要地區

自 1980 年代之後，峨眉的茶產面積就超越北埔直到現在，當北埔以老街等古蹟發展觀光文化產業之後，帶動膨風茶的名聲以及龐大的需求，加上各種比賽分級，凡是得到特等的茶葉，價格都能翻上數倍，其中最傳奇的價格莫過於 2005 年徐耀良所創一斤 101 萬的夏季冠軍茶天價。這種夏季的頂級烏龍茶，因為產區限制在峨眉、北埔以及苗栗的頭份，品種又限於清心大冇，只能採一心一葉或是一心二葉未開面之幼嫩芽葉製作，而且必須以人工採摘心芽肥大具有白毫部分為佳，因此成為高價的茶類，所帶來的利潤當然比其他茶葉要高，也是峨眉茶產的利基所在。

政府統計與調查資料並無法對這個現象提供有效的線索，因此作者針對峨眉鄉不同規模的茶廠進行訪談（附錄 1），以瞭解當今峨眉產製東方美人茶的策略所在。A-1 是峨眉鄉相當具規模且唯一兼具粗製和精製茶的製茶廠，同時生產東方美人茶以及供給飲料茶的粗製茶，雖然東方美人茶產量只占該茶廠的 20%，但利潤卻贏過 80% 的粗製茶。該廠老闆自信地宣稱，該茶廠是臺灣的「東方美人第一家」，指的是產量最大，每年約 10,000 多斤，北埔的膨風茶有 50% 都是由這家茶廠所供應的。要能夠生產如此大量的茶，在於包下 30 多甲茶園與 50 多名茶園老農維持穩定的關係，而這些茶園不單限制在峨眉地區，而跨越到龍潭、關西以及苗栗頭份地區。有 30 年作茶經驗 A-2 產銷班的吳班長也指出同樣的現象：

> 因爲東方美人茶的價格這 10 年來都很平穩，這是一個原因。第二個原因，是因爲愈來愈多人做，結果原料不夠，就搶，搶到外地都在搶。所以峨眉可以說算是做東方美人茶最大量的一個地方。做最大的一個地方，不是生產，而是製造。甚至於北埔，你以爲它做很多

> 嗎？我可以告訴你們，大概 50% 以上的茶葉都是峨眉去的……所以事實上北埔是一個銷售的龍頭，因爲有觀光產業嘛。

這些東方美人茶廠的業者，很清楚地指出北埔和峨眉之間的差異性其實是一種分工關係，峨眉提供貨源，北埔集中銷售，至於茶產區則已經擴大到鄰近的苗栗頭份、桃園龍潭、新竹關西等地，構成一個跨區域的東方美人茶商品鏈。

3. 掌握茶工是關鍵

峨眉的茶廠如何造就東方美人茶的主要製造地區？受訪的廠商一致表示關鍵在於掌握茶工：「擁有工人的人最好賺，……就占有優勢，因為所有的茶菁，就算要製作成茶乾，也要有工人去採下來，擁有採茶工的人是最賺錢的。」一般採茶過程，一旦茶菁成熟，就必須馬上採摘，如果超過時間，茶菁就會過度老化影響製茶。所以採茶所需的人力都是集中在採摘茶葉和製作的過程。採摘下來的茶葉，雇主會到茶園，早上下午各收一次，茶菁採下來以後，必須馬上進行粗製，否則茶菁會壞掉，無法製成茶葉。茶葉一年有六到七個月的採收時期，雖然有各種影響採摘效率的因素，但採茶人力是否充足，以及採摘工本身的熟練度是決定收成茶園收益的關鍵。

雖然機器可以取代部分人力，但高級茶葉生產如東方美人茶，只能採一心一葉或是一心二葉未開面之幼嫩芽葉製作，而且必須以人工採摘心芽肥大具有白毫部分為佳，如果茶菁太老，通常顯現不出心芽的白毫，因此無法以機器取代。一般的高山茶的茶工是「論斤計酬」，以當天所採的量決定所得的酬勞，單只一斤（600 公克）的東方美人茶就要人工採摘 3 至 4 千片嫩芽才能製成，四斤的茶菁作成一斤茶乾，因此捨去按重量計酬的方式，「是算工的，出門就有錢！」（A-1）目前一般是 1,000 到 1,200 元一天工作 8 小時的行情，有的老闆會出點心和提供午餐。除了得獎的冠軍茶有高價的行情之外，東方美人茶販售價格的制訂，就看所採茶葉的品質等級，越是幼嫩芽心，越是費工費時，但品質越好售價也越高。

吳班長給出一個簡單的定價公式：

售價＝茶園管理工（或收購茶菁的成本）＋採茶工＋製茶工＋利潤

上述各項比例都是一比一，也就是售價分成四等分，以茶工產能為標準，如果一個茶工一天採的數量只夠作一斤茶乾，就要定價 4,000 元以上。至於製茶廠利潤就從自己製茶、自己賣茶，以及是否自己有茶園來決定其餘的三份可以拿多少比例。除了茶工一定得付出之外，其他部分掌握越多，利潤就越高。

問題是當北埔農業都面臨到農業勞動力不足的困境時，峨眉這個人口老化更嚴重的鄉鎮，竟然還能夠成為需要大量人力製作東方美人茶的主要地區？小規模的茶廠如 A-3 年產量約 800 斤左右上下，得到三花獎等級的東方美人一斤賣到 4,000 元，更好的可以賣到一萬五，光是老客戶就供不應求，無法擴大經營的理由，就是沒有工人可以採。其實在峨眉能夠使用的茶工，只剩下中老年人，這些採茶人力不但高齡化，人力也相當吃緊，「因為現在真的請不到工人，能請的工人都老了，而且大家都在搶，這一段時間。……主要是搶這段時間，因為你要採大家也要採。」（A-3）產茶季節各地都需要大量的勞動力，於是可以想像在採茶季節，各家茶行搶工人的情形，為了確保茶工來源，茶廠或茶行會事先「下訂」，金額 500 到 3,000 元不等，採茶工根據誰放了訂金，決定幫忙採茶的對象，這種「下訂」甚至得提前至前一年，否則可能在採茶季節會雇不到人。

茶廠生產是否能夠獲利，關鍵在於擁有穩定茶工的供給，尤其是只有在夏季才能採摘東方美人茶，光有茶園沒有茶工就沒有辦法生產。這也是峨眉即使要從其他茶區收購茶葉，也還能夠維持最大製茶區的原因。

我其實這些茶工 60 歲左右、50 歲左右，以前都還有採過，連 40 歲以上的都還有採茶過！（A-1）

像關西、龍潭，像苗栗，也還有一些比較大的茶區，我們就去買它的茶菁，至於雇工，那我們這裡就雇工。（A-2）

像龍潭、關西這些茶產區因為過去並沒有特別生產白毫烏龍，熟練的茶工原就不多，加上製作這種頂級烏龍茶的茶菁要求特別高，因此即使當地能夠找到工人，還是面臨嚴重的勞工不足問題，有些龍潭茶農甚至自己願意出茶葉，由峨眉提供工人，雙方按比例分茶葉以解決工人和茶源的問題，從龍潭茶廠的立場是出茶園抵工錢，以收茶菁為交換條件：

我的茶不用錢給你（新竹縣茶農）採，但是你出工人來採，我再跟你買茶菁或是分茶乾，不用多，50 斤就好，假如夏茶 3,000 斤，我作 50 斤，絕對有成本，你賣茶菁的話賣不了多少錢，夏茶現在我們不作包種茶，我們希望作膨風茶，差不多一台斤 3,000 元，比全部一甲地拿去賣還有利潤。[11]

從峨眉茶廠的角度，則是出工人以保茶源，出工錢抵包茶園的成本：

你（龍潭茶農）將茶園包給我，可是都沒有工啊！可是你又想要拿回去做一些。好啊！你的茶包給我，我的茶工就給你一些。譬如說

11 本段引文摘自余欣芳在龍潭茶農調查中所錄（2006：84）。作者的龍潭茶農好友謝先生（B-1），也描述類似的現象。

你包10甲地給我，我就聘回去，談條件把他過回去給他，可是那個工要用我的。他願意10甲包給我，一甲地拿回去意思，用我們的工。要不然我爲什麼要給你……。

龍潭現在也正在萌芽之中，做了兩三年，還是受制於峨嵋。這是一個基本的結構，譬如說，他們長期都沒有培養一個工人存在，這三五百個工都在峨嵋。（A-2）

顯然製作東方美人茶或膨風茶，除了製茶技術之外，採茶工的技術也是一個門檻，當峨眉地區的茶廠能夠掌握住這兩種因素，就能夠維持現有的優勢。

4. 茶工價格訂定的策略

既然要搶茶工，是勞動力短缺的供給方市場，茶廠要面對的是工資上漲的壓力，避免因為成本提高壓縮茶廠利潤，或售價過高而減少消費者購買意願。

石油也漲瓦斯也漲啊！我們最主要的兩個原料就石油跟瓦斯啊！就一直在漲啊！……工是沒漲。（A-1）

簡單的來講，這個茶工的價格也沒有辦法往上提太高，若光靠採茶維護家庭的主要的收入，我們也沒有辦法出這樣的價格…以後你們不會買茶！（A-2）

上述所提到事先下「訂金」，以每人3,000元計，就已經增加成本，為了留住工人，各家茶廠提供更多的工作量，增加穩定工人的收入：

（1）一般小規模的茶廠如A-3，只有13名採茶工，全包一整個月30天的工作：

一般現在搶人搶的很嚴重是沒有錯，可是會跟我們採的，幾乎每一年都會跟我們採，有些也是跳來跳去的，像我們是屬於大量的，這一季節都可以採個30天，一個人一天1,200元，這個月就賺36,000……他們都屬於臨時工，她們春茶就去坪林採。

（2）中規模如A-2產銷班，有20多名茶工，儘量做到讓他們一年四季都有茶可採：

像我的茶葉產銷班就跟其他茶農不一樣，他們是採一季，我們是採一年。春夏秋冬都採。我春天採的做綠茶，夏天採的做東方美人茶，秋天的做紅茶，冬天看情況而定，如果被小綠葉蟬吸食，做東方美人茶，如果沒有，就作綠茶或清蒸發酵茶。

至於茶工的價格，由於夏季搶工，每人先付了3,000元的訂金，但其實連飯包點心，還有農閒時聯絡感情的旅遊福利等算下來，每個茶工採摘白毫烏龍的成本其實更高，但吳班長還是跟著1,200元的行情價碼，因為東方美人茶的高價位，可以創造很高的利潤空間，但其他季節就必須往下調整回到1,000元：

可是我春、秋、冬怎麼辦呢？你不能讓我也跟嘛！所以我就必須要跟工人說明喔，夏季我跟沒有關係，因爲東方美人茶可以賣到3、4,000，賣到5,000甚至於10,000都有，可是我春茶賣1,200，秋茶也賣1,200，冬茶也是。

（1）規模最大的A-1茶廠，每年生產10,000多斤的東方美人茶，除了工廠雇有50名工人外，目前固定班底的茶工有3、40名，除了夏季摘採東方美人茶之外，還有春、秋兩季的粗製茶可採，冬天就採柑橘，採茶的工作從4月到12月，而採橘子則剛好從12月底接到次年的3、4月初：

> 大概一年的話可以採茶240天。柑橘大概可以摘50天。跟我做的話，可以領到30萬元一年。這兩種作物搭配，全年就能夠有收入可以養工人啦！

值得注意的是這家茶廠給茶工的價格是一天1,000元，不論是採茶或摘柑橘，即使是夏季的東方美人茶也是一樣，老闆提供早餐，但午餐和點心要自理。而從老闆的角度，夏季以外所採的粗製茶，純粹為了「養工人」，利潤並不高，但單是東方美人所帶來的利潤就幾乎占了全年茶產值的80%。由於提供茶工一年約300天的工作量，而能夠有效地穩住茶工來源，不但解決了夏季最頭痛的缺工搶工問題，同時還能夠免於夏季工資上調的壓力，以平常的價格，也就是低於其他人的價格僱請茶工，有效地抑制茶工的價格。

峨眉地區目前是國內重要的柑橘產區，尤其以桶柑產量最大，居新竹縣鄉鎮之冠，一甲地的橘子園收入少則2、30萬元，高可達7、80萬，遠高於稻田的1、20萬，於是很多稻田都轉成橘子園，A-1林老闆自己只有一甲多的果園，因為自己有工人，於是也去將那些老農沒有子女可幫忙的果園包下來，除了養工人，也可以在採茶空檔之外增加收益。透過茶葉和柑橘兩種作物的互補，將農業產品的季節性影響降到最低，甚至能夠使論日計酬的茶工，產生擬似薪資工人的僱佣現象，提供茶工最穩定收入的保障，這也是這家茶廠能夠維持峨眉最大，全臺東方美人茶第一的主要因素。同樣地A-3也有自家的橘子園，光靠夏季800斤的東方美人茶產量以每斤4,000元計算，就有320萬元的毛收益，扣除茶工和包茶園的成本，應該還有 200 萬元的收益，冬天再加上橘子部分的收益，同時也提供更多工作給夏季的茶工班底，對於小規模的茶廠而言，雖然無法像 A-1 提供到整年逼近 300 天的工作量，但至少比集中夏季只有短短一季的關係有利。

由於這些茶工都是超過 60 歲的阿嬤，接下來將更老化，如果沒有新血補充對東方美人茶產業會造成絕大的影響。但是為何新的茶工無法培養？作者在田野訪談過程中，得到的印象是一般的烏龍茶或中南部的茶葉產區的茶工，所需要的技術較低，論重量計酬，講求速度，但摘下來的茶葉還需要揀骨去雜質等步驟，這種工人教上一兩天就可以了，但是採摘東方美人茶的技術工，需要三年的培養才能熟練，因為工作環境辛苦，年輕人待不住算是其中一個理由：「這個採工，第一個要培養。第二個夏天很熱，那要耐得住熱，年輕人去可能不到一個小時就跑掉了。」（A-2）另一個可能的原因，應該是夏季時間很短，要用就用最好的，茶廠老闆沒有辦法讓新手慢慢從嘗試錯誤中學習，因為論日計酬，當然要找產能最好的工人才符合經濟理性。

A-1 的林老闆認為未來將有一批 40 歲以上，以前幫家裡採過茶的女工，會從科學園區的作業員工作退下來，成為未來的茶工預備軍，雖然他希望政府也能夠幫忙想辦法，但他現在還不會感到悲觀。這只是個朝向接收過去農村勞動力的回流解決方式，將問題延後解決，並沒有創造新的勞動力，如年輕人或其他茶區已經看到的外籍勞工或外籍配偶。這種特殊的茶鄉產業形態與勞動市場，人力不能完全被機器取代，也無法引入外籍勞工的勞動力市場，倒是創造了一個有利的在地就業條件，給予中高齡婦女從解除家庭勞務束縛之後，一個得以開創自由的女性自主空間（潘美玲，黃怡菁 2010）。

## 六、結論

本文透過北埔和峨眉兩地產業經濟發展的歷史比較，對照出兩地茶產體制因著貿易範圍和層級的變遷、以及國家政策的推動或法令的限制，討論兩地產業發展開始消長的過程，以及所構成分工關係的變化。首先北埔和峨眉地理上同屬於竹東丘陵，在漢人入山拓墾的過程中，有共同開墾的歷史，但由於地理位置的關係，北埔街市早於峨眉發展。隨著清代到日治時期的水利開發，北埔和峨眉以水稻為主要經濟作物，兩地的水田皆能兩穫，水旱田的面積也相當，只是北埔的農工業比峨眉要發達。除了種稻之外，竹東丘陵從清末兼種甘蔗生產蔗糖，直到日治初期，茶葉的種植才取代甘蔗，成為當地農戶的重要商品，並加入臺茶外銷的行列。清末兩地的移墾到日治初期的作物種植歷史，除了北埔在時間上皆先於峨眉之外，兩地的發展型態都相當類似。

直到日治時期外銷茶產體制建立之後，政府的政策開始使得北埔成為竹東丘陵的中心，包括輕軌便道、橋梁道路等交通建設提升了北埔的便利性，加上1940年頒布的「茶製造業取締規則」，在日本資本的扶植下，帶動北埔紅茶的輝煌時期，北埔的茶園面積和製茶戶都高於峨眉。戰後兩地的茶產外銷依然興盛，北埔不論從種植面積、茶農戶數、製茶工廠等都持續領先峨眉。

1980年代之後，由於臺灣產業結構變遷，工商業開始發展，臺灣茶也轉向內銷市場之際，北埔的茶園逐漸荒廢，峨眉則繼續維持茶產業的經營並超越北埔的規模。從1990年開始北埔和峨眉之間的差異性其實是一種分工關係，由峨眉提供貨源，北埔集中銷售，至於茶產區則已經擴大到鄰近的苗栗頭份、桃園龍潭、新竹關西等地，構成一個跨區域的東方美人茶商品鏈，也是完全由客家人所掌握的產銷體制。

此外，「白毫烏龍」茶產的發展在兩地產銷體系的條件，則必須從雙種作物的互補關係加以理解，由於峨眉地區同時也是柑橘的重要產區，和茶葉收成的時間正好錯開，補充技術熟練茶工在茶產季節之外的工作機會和收入，從而得以供應「東方美人茶」生產關鍵的勞動力與維持薪資水準，構成峨眉地區當前的產業特色，並透過北埔的地方文化觀光經濟，作為「東方美人茶」重要的銷售管道。因此北埔和峨眉兩地之間的茶產關係，表面上看似在地品牌之爭，實質上是產銷的分工形式，從白毫烏龍的生產地區擴大延伸到苗栗頭份、新竹關西、桃園龍潭等地、由峨眉掌握製作環節，並透過北埔進行銷售，在此分化與整合過程，也分別發展出解決茶菁來源、茶工供給與穩定工資的方式，從而構成整個客家地區茶業生產體制的特色。

最後本文指出雖然柑橘和茶葉是兩種相異的作物，但卻對北埔和峨眉的茶產經濟構成重要的角色，成為維持工資的機制，也就是說一個人口外流嚴重的農業區，在勞動力吃緊的狀態下，為何工資的價格卻沒有按照市場的供需而調整的原因。這個發現所具之意義在於指出傳統以作物生產商品鏈的分析架構取向，雖然可提供對茶園範圍、茶工供給、製茶廠運作與銷售管道的活動空間網絡的描述，但若局限於單一作物生產商品鏈的分析視野，將忽略了這些在茶產業的行動者所鑲嵌於在地社會與生態環境的實作策略，而無法掌握產業聚落變遷的全貌。

## 附錄 1：受訪者資料

| 編號 | 受訪者（化名） | 訪談時間 | 茶廠規模與茶工 |
|---|---|---|---|
| A-1 | 林老闆 | 2010 年 6 月 | 峨眉規模最大，固定茶工 30 到 40 人，採茶和柑橘。 |
| A-2 | 吳先生 | 2010 年 6 月 | 中規模、茶農共同產銷，20 多名茶工，一年四季都採茶。 |
| A-3 | 劉太太 | 2010 年 5 月 | 小規模家族經營，13 名茶工，只包一個月 30 天的工作。 |
| B-1 | 謝先生 | 2010 年 11 月 | 老夫妻在桃園龍潭經營茶園自產自銷。 |

## 附錄 2：北埔的茶曆

| 農曆 | 農曆時令 | 說明 |
|---|---|---|
| 四月 | 春時頭－包種 | 輕發酵度的春茶 |
| 五月 | 芒種－膨風茶 | 最頂級的烏龍茶 |
| 六月 | 大暑後－六月白 | 農曆六月製的白毫烏龍 |
| 七、八月 | 番庄烏龍茶 | 早期外銷的大宗茶葉 |
| 十、十一月 | 半頭青 | 發酵度介於生熟間的茶 |
| 全年度 | 北埔紅茶 | 茶曆之外採收的茶菁 |

資料來源：古武南（2007：115）

# 參考文獻

王榮春等撰述，2000，《臺灣地區水資源史，第四篇》。南投：臺灣省文獻委員會。

古武南，2007，〈百年福爾摩沙茗、時尚北埔膨風茶〉。《新竹文獻》27：91-123。

李伯年、金宏淵，1957，〈臺灣之製茶園與茶農事業〉。《臺灣銀行季刊》9(1)：61-95。

______，1958，〈臺灣之製茶事業〉。《臺灣銀行季刊》9（11）：61-96。

余欣芳，2006，《龍潭地區茶產業的行動者網絡分析》。國立臺灣師範大學地理學系碩士論文。

余舜德，2013，〈臺灣凍頂烏龍茶之工匠技藝、科技與現代性〉。《臺灣人類學刊》11（1）：123-151。

呂玫鍰，1988，《茶村家庭的兩性分工與婦女地位的變遷：以凍頂茶園經濟的變遷為例》。國立臺灣大學考古人類學研究所碩士論文。

邱顯明，2007，〈富興茶場一甲子歲月〉。《新竹文獻》27：72-83。

______，2008，〈北埔茶業發展史初探〉。頁37-76，收錄於吳學明主編《地方菁英與地域社會》。新竹：新竹縣文化局。

吳育臻，2000，《大隘地區聚落與生活方式的變遷》。新竹：新竹縣文化中心。

吳振鐸，1966，〈臺灣之製茶工業〉。《臺灣銀行季刊》17（1）：39-64。

吳學明，2000a，《金廣福墾隘研究（上）》。新竹：新竹縣文化中心。

______，2000b，《金廣福墾隘研究（下）》。新竹：新竹縣文化中心。

______，2008，〈姜阿新歷史研究初探〉。頁13-36，收錄於吳學明主編《地方菁英與地域社會》。新竹：新竹縣文化局。

林木連編著，2009，《臺灣的茶葉》。臺北：遠足文化。

林玉茹，2000，《清代竹塹地區的在地商人及其網絡》。臺北：聯經。

林滿紅，1997，《茶、糖、樟腦業與臺灣之社會經濟變遷》。臺北：聯經。

金宏淵，1957，〈臺灣之茶園與茶農〉。《臺灣銀行季刊》9（1）：238-241。

柯志明，2003，《米糖相剋：日本殖民主義下臺灣的發展與從屬》。臺北：群學。

范明煥編纂，2005，《北埔鄉志》。新竹：北埔鄉公所。

范增平，1992，《臺灣茶葉發展史》。臺北：臺北市茶商業同業公會。

姜道章，1961，〈臺灣之茶業〉。《臺灣銀行季刊》12（3）：119-153。

施添福，1990，〈清代臺灣竹塹地區的土牛溝和區域發展：一個歷史地理學的研究〉。《臺灣風物》40（4）：1-68。

______，1991，〈竹塹地區傳統稻作農村的民宅：一個人文生態學的詮釋〉。《國立臺灣師範大學地理研究所「地理研究報告」》17。

______，1992，〈清代臺灣竹塹地區的聚落發展和形態〉。頁 57-104，收錄於陳秋坤、許雪姬主編，《臺灣歷史上的土地問題：中央研究院民族學研究所集刊臺灣史田野研究室論文集（I）》。

______，2001，《清代臺灣的地域社會：竹塹地區的歷史地理研究》。新竹：新竹縣文化局。

施雅軒，2000，〈清代茶葉生產分工與地域關係以石碇為例〉。《北縣文化》64：35-41。

徐英祥，2009，《臺灣之茶》。臺北：臺灣製茶同業公會。

梁宇元，2000，《清末北埔客家聚落之構成》。新竹：新竹縣文化中心。

莊英章、陳運棟，1986，〈晚清臺灣北部漢人拓墾形態的演變：以北埔姜家的墾闢事業為例〉。頁 1-43，收錄於瞿海源、章英華編《臺灣社會與文化變遷》。中央研究院民族學研究所專刊乙種之 16，臺北：中央研究院民族學研究所。

陳志豪，2007，〈初探姜瑞昌與北埔茶業改良試驗廠〉。《新竹文獻》27：62-71。

陳秀春等，1999，〈深坑的發展與茶業的關係〉。《地理教育》25：89-105。

陳慈玉，1994，《臺北縣茶業發展史》。臺北：稻鄉出版社。

______，2004，〈百年來的茶葉發展史〉。《歷史學刊》201：82-91。

黃淑鈴，1998，《性別分工、家庭與勞動力市場再結構：南投高山茶區採茶組織的個案研究》。國立臺灣大學社會學研究所碩士論文。

張翰璧，2000，〈桃竹苗茶產業與客家族群經濟生活間的關係〉，《臺灣客家族群史產經篇》。南投：臺灣省文獻會。

溫政隆編，2002，《峨眉鄉簡史》。新竹：峨眉鄉公所。

新竹縣政府主計室，歷年《新竹縣統計要覽》。

楊宏茹，2005，《一個茶鄉的蛻變：坪頂社區茶產業文化變遷的探討》。國立雲林科技大學文化資產維護系碩士論文。

楊和炳，1989，〈臺灣茶葉外銷市場結構之研究〉。《臺灣銀行季刊》40（2）：236-279。

詹　瑋，2003，〈臺北市文山地區產業之發展：以 1945 年以前之茶葉與大菁業為例〉。《東南學報》25：205-220。

廖姿婷，2004，《貓空的茶：一個發展角度的文化產業考察》。世新大學社會發展研究所碩士論文。

廖慶樑編著，2010，《臺灣茶聖經》。臺北：揚智文化。

鄧善章，1966，〈臺灣茶葉外銷之研究〉。《臺灣銀行季刊》17（2）：164-192。

蔡志展，1998，〈明清臺灣的水源開發〉。《臺灣文獻》49（3）：21-73。

潘美玲、黃怡菁，2010，〈茶鄉客家婦女的勞動：峨眉採茶班員的勞動圖像〉。頁 285-316，收錄於連瑞枝、莊英章編，《客家．女性．邊陲性論文集》。臺北：南天書局。

臺灣區茶輸出業同業公會編，1965，《臺茶輸出百年簡史》。臺北：臺灣區茶輸出業同業公會。

臺灣總督官房臨時國勢調查部，1930（昭和 5 年），《國勢調查結果》。

臺灣總督府殖產局，歷年《工廠名簿》（昭和 5 年至 15 年）。

臺灣總督府新竹州，歷年《新竹州統計書》。

魏文彬，2010，《北埔老街觀光發展興起與變遷：歷史人文、古蹟建築、產業經濟之分析》。國立交通大學族群與文化研究所碩士論文。

薛雲峰，2003，《椪風茶：東方美人、白毫烏龍》。臺北：宇河文化。

謝國雄，2003，《茶鄉社會誌：工資、政府與整體社會範疇》。臺北：中央研究院社會學研究所。

# 客家文化加值產業之研究：
## 一個東方美人茶業者轉型的分析 *

俞龍通

## 一、前言

人們常說，無山不客，無客不山。客家人長年生活在山區，種茶、做茶、食茶，開門七件事少不了茶。客家話：吃、喝、吸都叫食，故曰：食茶。茶文化自古以來即是客家族群生活的一部分，茶山情歌、茶山對唱，都是客家茶文化代表之一，是客家的族群象徵性產業。膨風茶也叫東方美人茶：主要生產於桃園的龍潭、新竹縣北埔、峨眉和苗栗頭份、頭屋、獅潭一帶，因天然環境水氣充足，茶葉品質特殊，成為沿著臺三線最具知名的地方特色產業，也是客家族群象徵性產業（張維安、謝世忠，2004；張翰璧，2000；Granovetter, 1985: 481-510）。

由於客家的經濟產物多為第一級農林牧礦業有密切相關。類似膨風茶的產業，因為時代的變遷與產業環境的競爭，都面臨著國內外嚴重的挑戰與衝擊，有些產業已經消失殆盡，有的苟延殘喘，轉型與升級成為客庄經濟產業發展的迫切需求，政府政策為回應這樣的需求，使得能夠帶動轉型與升級的文化創意

* 本文原刊登於《客家公共事務學報》，2016，14 期，頁 29-58。因收錄於本專書，略做增刪，謹此說明。作者俞龍通現任國立聯合大學文化觀光產業學系副教授。

產業的概念成為政府政策客庄經濟產業的發展核心概念，強調客家文化與鼓勵創意創新的思維來加值產業，協助客庄產業轉型與升級的做法成為主流（俞龍通，2008，2012，2014b）。

轉型與升級的主要作法就是客家文化的深化與加值應用（活化）。大家耳熟能詳的例子是 2002 年開始推動的「客家桐花祭」，其透過文化論述和意義建構等文化扎根與深化方法來突顯與再現客家文化的價值與內涵，並利用此種文化價值與內涵來加值活化產業升級，具體做法包括研發創新各式各樣的伴手禮包裝設計，數十條的旅遊行程和活動推廣，有效地帶動觀光消費、振興產業、活化客庄，整體促成客家文化的蓬勃發展。

過去十幾年以來，客家桐花祭和相關客家文化創意產業政策的推動，讓客家文化創意產業的成效累積初步成效，也開創了客家族群象徵性產業的當代新風貌。然而客家產業若要進階到更具競爭力的地位，仍有許多結構性問題（俞龍通，2014b），亟待克服，這些結構問題包括：

研究問題一、走低價代工的市場，產品利潤低，企業轉型與升級過程極需定位，卻不知從何著手，文化加值產業的方法與技巧也不熟悉。

研究問題二：虛實整合行銷的策略仍未成為經營管理的重心。有的業者空有良好的故事展館與文化歷史空間，卻沒有發揮應有的功能，空間配置動線不佳。虛擬社群網路行銷更是業者最大的痛點，使得虛實整合行銷之當代重要的管理策略沒有成為企業營運重心。

研究問題三：個別業者習慣單打獨鬥，無法連結突顯區域特色，形成區域競爭力。

研究問題四：上述的問題皆源自於多數企業都是屬於家庭或家族式的微型產業，組織成員主要以家庭或家族成員，相關文創觀光產業行銷人才的缺乏，使得人員多元化受限。人才的缺乏也因為多數客庄地處偏遠，人才招募不易，流動率高。

針對以上產業常面臨的問題，本文以北埔鄉一間由茶工廠改建的複合式餐廳——「北埔第一棧～光君茶樓」（以下簡稱北埔第一棧）作為研究個案，援引產業轉型與升級及文化真實性管理理論，從經營者的策略思考角度出發，採取產學合作和共同協作（co-working）研究態度，針對業者所面臨的問題，深入產業界實務，發揮專業所學，定義研究問題，採取陪伴關懷和協作的精神與做法，提出具體方案，與業者共同解決相關問題。透過本研究，在產業實務上，可以提供個案業者轉型與升級的作法，同時也提供其他業者標竿學習的參考。在學術研究面，希望可以提供更多且豐富的有關客家產業經濟的觀點與解釋力。

## 二、文獻探討

有關客家傳統產業轉型與升級的文獻與理論的運用方面，本文援引產業轉型與升級的模型，分析傳統產業從第一級產業逐步轉型與升級至第四級的生活美學文化創意產業的過程。這樣的分析模型符合客家產業當前轉型與升級的需求和發展策略。客家產業從第一級產業轉型與升級至第三級和第四級產業的過程中，常以客家文化為資源，將這些資源視為再生資源，透過創意轉化方式融入產品包裝設計、產業空間體驗氛圍建構和整體營運模式的轉型，其中在理論上常運用到的就是文化真實性管理理論，因此本文所運用的兩種理論中，產業轉型與升級理論提供一個整體性綜觀的思考模型，文化真實性則提供微觀且可以操作的策略觀點，兩者有著緊密且互補的理論效益。

### （一）文化創意與傳統產業轉型升級

由於目前國內傳統產業的發展，普遍面臨貿易自由化的衝擊、經營成本激增、資金籌措不易，再加上臺灣農村人口大量流往都市，初級產業基盤不斷地受到挑戰；而目前國際區域經濟體系逐漸形成、東南亞國家及中國大陸以其更為低廉的勞動與土地成本漸漸取代我國傳統產業在國際市場上的優勢地位，這些均使得我國傳統產業在國際市場上的競爭力與發展空間受到嚴重的壓擠。

在全球化競爭壓力下，傳統產業遭逢空前的挑戰，轉型乃成為產業存活唯一的途徑。「產業轉型」一詞，脫胎自日本的「事業轉換」，轉型不只出現在傳統產業，在快速變遷的競爭時代，所有企業均面臨結構性的經營變化。一般將產業轉型分為五種型態：行業轉型、產品轉型、市場轉型、事業轉型和經營轉型，並透過全面轉型、部分轉型與多角化經營達成。

臺灣在 2002 年加入 WTO 後，傳統產業面臨轉型壓力與挑戰，以多數客家庄位於農業縣市而言，轉型與昇級更形迫切。轉型的步驟多為從傳統從一級產業的農林漁牧產品，轉型為傳統產業的產品加工再製的二級產業，再與由傳統產業所衍生而起之觀光、休閒導覽的三級服務產業，最後導入創意、體驗元素後的四級文化產業（如圖 1）（吳樹南，2006：22）。

對照傳統產業強調土地、勞力、設備、成本與資本密集的產業特性，從消費與生產的關係上，文化創意產業強調文化內涵、創意發想與創新實踐，以資通訊技術為核心，消費者驅動的市場導向以及小規模的微型產業和專案型的組織型態，文化創意產業都與傳統產業有著極大的差異。這些差異面向即是傳統產業轉型為文化創意產業所需掌握的關鍵成功因素。

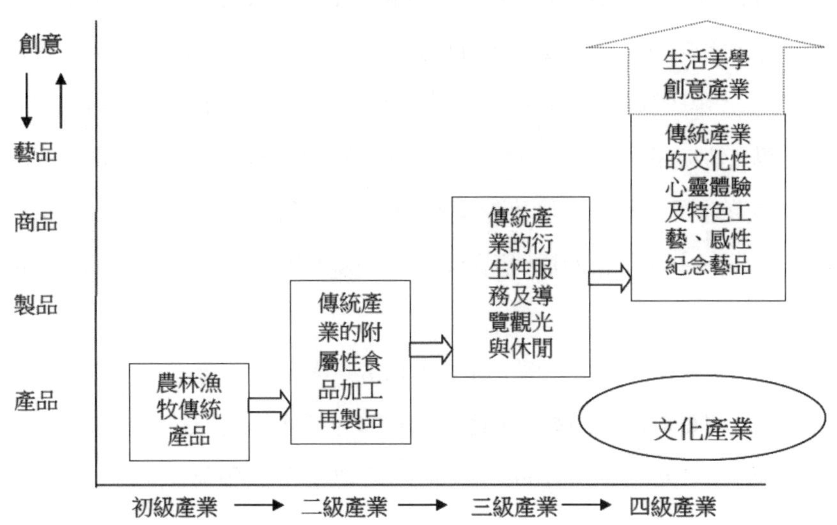


圖 1：傳統產業的轉型與升級架構圖

資料來源：地方文化產業永續發展之研究 ： 以白河蓮花產業為例（22 頁），吳樹南，2006，國立中正大學政治學所碩士論文，未出版，嘉義。

## （二）文化真實性管理（cultural authenticity management）

隨著文化觀光的興起，文化遺產被使用作為觀光產品的原料，文化遺產的真實性程度高低，深深影響遊客對旅遊目的地的意象，使得文化遺產轉化成為觀光產品時是否仍保有文化真實性，成為熱門話題（Hughes, 1995; McKercher & Cros, 2003; Urry, 1990）。文化真實性就如同發明的傳統（Hobsbawm & Ranger, 1983），不僅是一種社會建構，而且被視為是一種吸引觀眾、創造績效和文化展示與主要利害關係人建立關係的再生資源（renewable resources）（Peterson, 1997）。當文化遺產被轉化成為觀光產品成為再生資源的過程，往往建構出一種舞台化的真實性（staged authenticity）（Chhabra, Healy, & Sills,

2003; Cohen, 1988; Goffman, 1959; Revilla & Dodd, 2003）。Cohen（1988）指出四種遊客對於舞台化真實性的觀光情境之知覺種類：第一種為遊客認為觀光情境和實際體驗都是真實的（Authenticity and see as such）。第二種為遊客認為觀光情境是真實的但實際是假的（Faked but perceived as authentic）。第三種為遊客認為觀光情境可能是假的，但實際卻是真實的（Authentic but suspected as faked）。第四種情況遊客認為環境和體驗都是假的（Faked setting recognized as such）。

文化真實性運用在文化觀光領域的研究，多數從消費者角度來探究其對於某一情境與實際體驗的知覺。觀光的情境包括空間性的觀光區域或主題公園（Moscardo, 1986; Waitt, 2000）或是一般傳統民族服飾紀念品（Asplet & Cooper, 2000）。

除了文化觀光領域外，有鑒於文化真實性成為重要消費的動機，當人們越崇尚反璞歸真回歸傳統，希望尋找心靈的安定，懷舊便成為重要力量（Urry, 1990），這股力量也成為許多商業品牌操作的策略。Jones 與 Smith（2005: 893-9）以《魔戒》三部曲電影為例，探究紐西蘭拍攝場景如何轉化成為電影題材的中土（middle-earth）的真實性問題，就是《魔戒》三部曲作者托爾金的作品原味或文化真實性的社會建構本質，被使用在國家和地方的文化資產和歷史的傳統的一個著名案例。Beverland（2005）研究 26 家高價酒商品牌的建構中所使用的文化真實性策略與技巧發現，酒商品牌的文化真實性在建構過程中，常刻意塑造產品歷史悠久、釀酒技術傳承和產地獨特等印象，這些印象常常傳達出高品質、特殊風格的酒類品牌。

以上有關文化產業真實性探討的角度主要從經營者策略思考與文化真實性管理的角度出發，與文化觀光普遍從消費端需求出發有別，更聚焦在經營者端如何製造與創造文化真實性來提升商業品牌的價值（Peterson, 2005）。此一角度強調經營者可以透過管理的方法來運用文化真實性來加值產業，關注文化創作是否能忠於原味或呈現出文化真實性（Jones, Anand, & Alvarez, 2005; Moeran, 2005; Svejenovva, 2005）。因此經營者從事文化真實性管理必須思考：1. 創造與界定創作產品是否忠於原味或呈現真實性的策略有哪些？ 2. 這些策略如何塑造人們對於創作產品原味或真實性呈現的理解？ 3. 誰是決定創作產品具有原味或真實性的關鍵人物？（Delmistri, Montanari, & Usai, 2005; Glynn & Lounsbury, 2005; Guthey & Lounsbury, 2005）。

首先，共有兩種主張原味或呈現文化真實性的策略。一種就是將創作立基於長遠以來的傳統，盡可能地複製一模一樣的作品，類似交響樂遵守古典樂章的表演。第二種策略就是強調原創，提供不一樣的作法。循此策略下，經營者通常會面臨某種兩難困境（dilemma）和抉擇。當企業或商業品牌沒有長久的發展歷史，無法呈現長遠的傳統與價值時，經營者往往採取刻意製造（deliberate）的策略（俞龍通，2009a: 25-28，2011）。反之，若是企業擁有長久歷史與發展歷程，較有材料採取慢慢演化而生的（emergent）策略。當然這兩種策略並不是一成不變的，而是要隨著環境變遷適時調整，參與其中的人員也要隨環境來改變策略。許多研究指出藝術創作的原味與文化真實性是一種社會建構的產物，類似於傳統的發明。創作的文化真實性與原味存在於許多事物當中，具有許多的形態，包括族群的認同、地位的認同或是透過自我建構的過程。此種對於原味與真實性的追尋是隨時變化的。

在客家文化真實性管理個案中，較廣為人知的案例就是「客家桐花祭」，其客家文化化的過程，增添許多客家文化論述與傳統創新的說明。張維安教授從「被發明的傳統」觀點認為「類似客家桐花這種被創造的傳統都奠定在人們對現下社會時局的反映之上，以懷舊情境的形式，重現族群過去的生活。……桐花祭除了是美感與休閒的，也是文化與歷史的，它為我們展開了一張傳統客家與新客家的歷史地圖（王雯君、張維安，2004：121-146；張維安、謝世忠，2004：180）」。俞龍通（2008，2009b，2014b）也分別深入分析客家桐花祭產業文化化和產業文化化的歷程，翔實地論述了客家桐花祭傳統與創新。莊錦華（2011）所撰寫的《桐花藍海》一書，也詳細地記載著 2003 到 2008 年間客家桐花祭的發展與演變，她闡述桐花祭如何從無中生有到開創百億商機的動人傳奇，提供文化創意產業藍海策略的個案，引領讀者更身歷其境的了解客家傳統產業的奮鬥心路過程、桐花浪潮的珍貴與掌握浪潮的天時地利人和。書中運用了美學經濟、體驗經濟、手感經濟和心靈消費等行銷理論來說明客家桐花祭如何成就其藍海策略。

## 三、研究方法與設計

本文採取多元方法來蒐集，包括文獻分析、個案研究、參與觀察及深度訪談等多重方法，藉由融合一種以上方法來蒐集資料的三角交叉檢驗法，提高研究解釋上的可信賴度，以中和任一資料、研究方法、研究者的主觀偏差（胡幼慧，1996：271）。

在文獻分析法方面，針對主要的核心概念和研究主題與個案，蒐集相關重要圖書與研究論文加以整理、分析、歸納與評鑑之前的研究成果，達到延續累積與創新的研究目的。在個案研究法方面，選擇具產業轉型與升級的代表性和關鍵性個案（陳向明，2002：140-146），針對個案整體營運狀況進行了解分析，然後聚焦於個案業者在文化加值產業策略的導入等面向進行分析與歸納彙整，歸納出轉型與升級的需求，並提出應對策略。在參與觀察法方面，作者從 2001 年起協助研究個案業者開始文化創意產業的轉型工作及 2014 年擔任客家委員會客家認證餐廳輔導業師，輔導此一個案，因此對於此一研究個案有長期的參與及觀察，深度了解個案內部者的觀點，與個案業者互動過程中，因多年來培養高度的信任，所以在整個研究的過程是一個開放式的探知過程。在輔導與協助的過程，作者直接參與個案的相關產業運作過程，這種過程提供了許多直接觀察的機會來蒐集豐富的個案資料（Gold, 1958: 217-233; Jorgensen, 1989）。

本研究也採用深度訪談法，挖掘與了解這些個案。本文採取企業個案診斷的研究方式，使用企業管理界常用的企業診斷分析表，企業診斷表的內容從企業個案背景與整體發展歷程及現階段所遇到的問題等，加以診斷分析。因本文個案所遇到的問題是整體營運轉型的議題，這樣的方式對於本文研究個案而言是迫切與必須的。

作者從 2011 年開始與研究個案有多次的對談，較為正式的訪談且有錄音紀錄者共有兩次，第一次為 2013 年 9 月 15 號，訪談重點的第一部分為企業的背景，第二部分為產品與經營特色及第三部分的現況問題與對策，由作者據以寫成個案分析。訪問的對象為「北埔第一棧」負責人（以代號 A 表示之）。最近一次為 2016 年 3 月 16 號，特別針對（一）整體動線及客家餐廳認證的空間改造的成效（二）現階段轉型與升級的挑戰與困境及人力資源現況與強化加以訪談。受訪者除了負責人外，也增加了第二代經營者（代號 B）。此外為增加更多元觀點，本文也訪問執行整個客家餐廳認證的專管中心的執行者（代號 C）和曾參與規劃設計案的設計師（代號 D）。所有受訪者的訪談內容皆翻譯成逐字稿，本文中所引用的文字即以所在的頁數表示之。例如受訪者 A 在 2013 年受訪所引用的逐字稿在第 5 頁，則呈現的方式為（A2013:5）；受訪者 C 在 2016 年受訪所引用的逐字稿在第 3 頁，則呈現的方式為（C2016:3），明確地呈現出其所在的頁數，以符合學術研究重複檢驗的規範。

## 四、個案現況分析

### （一）個案發展背景簡介

1. 第一次轉型：製造業茶工廠轉型成餐飲等複合式服務業

「北埔第一棧」是一家複合式餐飲會館，原是一間擁有四代製茶、百年經驗老字號的茶葉生產工廠。現任經營者為第三代，祖父輩為茶農，父親輩則開始開設茶廠自種茶業與自製，茶廠名為「煙風製茶廠」，主要以生產茶業為主，在 1975 年前後，是北埔地區製茶產量最大工廠。1982 年間兄弟分家，「煙風製茶廠」由經營者大哥接手經營，他則另起爐灶，以二個兒子名字其中一個字成立「光君茶業有限公司」。當時臺灣全省觀光區的茶葉有 85% 以上是由該公司批貨。1985-1986 年間將茶葉外銷日本、中國大陸，頗受好評，後因茶產業環境變遷，人力短缺等因素，所以於 2002 年將原本的「光君製茶廠」，改建成現在唐式風格建築，經營複合式餐飲會館，轉型至服務業為主。目前將事業重心擺在茶葉產品和餐廳，以複合式的經營模式將餐廳和茶葉產業做結合，提供消費者對茶文化的認識。其中茶業產品及其他農場品的營收占 50%，餐廳的營收占 50%。餐廳的經營類型包括國旅的低價市場占營收的 60%，喜宴和茶餐占 40%。

經營者針對經營現況表示：

> 後來我們還是回到茶業本業方面，除了茶葉外，隨著陸客越來越多，茶葉的銷售也大量增加。同時因爲人免不了吃，所以就開起餐廳來。早期是以客家菜爲主，現在則是將客家菜再提升，從擺飾和做法都要稍微做修改，我現在覺得最好的是茶餐，尤其我這裡的茶餐是走東方美人路線，因爲東方美人路線給他們感到非常特殊，餐廳有

它的好處，因爲可以帶來人潮，吃過飯後看到辦手禮也就會順便帶（A2013: 3）。

2. 複合式經營

「北埔第一棧」目前經營分為四大部分，分別為：（1）膨風茶文化館、（2）餐廳區、（3）茶葉展售和擂茶DIY區、（4）農產展售中心，各區主要特色如下：

（1）膨風茶文化館

膨風茶之產製和銷售，近年已成為北埔鄉對外的一項主要文化產業，亦是地方重要的經濟來源。「北埔第一棧」保有了過去傳統的機具與製茶技術，將之有效的保存與再利用，開設了「膨風茶文物館」，讓北埔的客家膨風茶文化有一展示與文化體驗的場域等，提供遊客理解與接觸客家茶文化的機會，成為可以吸引國內外遊客的重要文化設施。

（2）餐廳部分

位於二樓的餐廳，設有宴會區和個人用餐區。包括旅遊團餐、結婚喜宴、尾牙聚餐、公司開會、教育 OPP 會場。餐飲部分早期以客家菜為主，為配合現代人養生的概念，「北埔第一棧」的客家菜去除了以前客家菜的油、鹹，把古早的口味與香氣延續了下來，為客家菜添進了新氣象與新做法。隨著消費者口味多變與發揮地方特色和經營優勢，結合膨風茶入菜，開發出東方美人茶餐。

（3）茶葉展售暨擂茶 DIY 區

位於一樓門口左手邊，目前精緻茶如東方美人茶還是由業者自行生產並分級包裝出售，另外一般茶葉則由其他茶農提供。在擂茶 DIY 區部分則採預約制的方式，並設計擂茶比賽，讓消費者能在歡樂氣氛中體驗擂茶的趣味性。

（4）農產中心

農產中心則銷售各地區農會生產的產品，如樟腦油、除臭劑或手工香皂之類的產品。

## （二）個案經營現況環境分析（SWOT 分析）

雖然目前「北埔第一棧」複合餐飲會館經營穩定，但面對瞬間多變和競爭激烈的產業環境，仍舊面臨諸多潛在的挑戰與危機，透過內部環境優劣勢和外部環境的機會和威脅的 SWOT 分析即可清楚呈現（如表 1）。

在內部優勢方面，首先，「北埔第一棧」為百年老字號茶葉生產工廠，擁有製茶技術，所以能掌握茶葉品質；第二，第四代的年輕一代已專業分工明確，各司其職，經驗與技術有效傳承，良好的讓這樣的傳統產業延續下去，沒有人才斷層的危機；第三，採複合式的經營模式，除了提供餐廳服務，也設置「膨風茶文物館」、農產展示中心供遊客參觀、選購產品和擂茶 DIY 體驗區。

在內部劣勢方面：

（1）產品走低價路線，試圖往高單價產品邁進，卻面臨轉型兩難。

「北埔第一棧」是一個複合式餐飲，從其經營項目包括文物館、餐飲、擂茶 DIY 等多元項目。目前經營的四大區塊方面，餐廳區的營收占 50%，其中集中在假日的國旅就占了 60%，據經營者表示，這部分的利潤相當低，有時甚至只有 10~15% 的利潤，但因為旅行團人數多，因此會順勢帶動農特產品的銷售，這是仍舊維持國旅大量且低價餐飲的主因。

> 因爲食材成本分面大概一半，食材太差客人會比較，人事費大概一成半，水電大約一成多，算起來大概兩成到三成，遊覽車又要收回扣，只剩一成或兩成。爲什麼像這種團還要接？第一個是打公關，第二個是樓下有機會，假設今天樓上沒賺錢，他下來買一罐茶葉，我還是賺錢，這是突破困境。（B2016: 3-4）

喜筵部分則是這三年來開拓的市場。因為北埔地處偏鄉，不若新竹市或竹北市等來的繁榮，所以喜宴的訂席數量並不穩定，仍有待開發。茶葉擁有自己的品質與品牌和茶餐越來越受歡迎，單價也較高，但相對的客人對於環境的要求也較高，這部分的限制是較難克服的。目前面臨的兩難困境就是，低價的國旅仍占有一定比率的穩定營收，但利潤越來越低；想要往高價茶餐邁進，卻仍沒有十足把握和看到清楚市場，且現有空間也有受限，尚未決定朝此轉型。

> 我覺得這塊（高價茶餐）我能做，不是不能做，但營造出的氛圍會有衝突，因爲我對客人來者不拒，但像這種（高價）客人如果要做好，讓他回流，其他客人就不能所有都接，就要放棄喜宴或是團客，我可以做這種客人沒錯，但這種客人很難抓，這是取捨的問題。（B2016: 5）

膨風茶文化館擁有完整的製茶歷史和四代傳承的文化遺跡，並沒有更加有效規劃與運用，發揮文化搭臺經濟唱戲的重要功能。在本文撰寫的 2013 年，茶葉展售區和膨風茶文物館並沒有連結，茶文化主題意象薄弱。擂茶 DIY 區空間寬敞，也常成為團體遊客的體驗場所。農產展售中心的品項過於龐雜。整體營運在看似多樣且複合的營運模式下，卻是少了核心價值的企業定位，面臨轉型兩難。

（2）空間配置動線不佳

整體的空間配置有點零散，給人只是賣場的意象，無法將核心的「膨風茶文物館」的獨特展現出來。「北埔第一棧」擁有百年製茶工廠的優勢，具有悠久的製茶歷史，希望透過設置「膨風茶文物館」讓消費者更能了解茶的生長與製造過程，但其位置卻擺在展場的後方不明顯處，一般的遊客進入若沒有專人指引，還以為只是到一個展售農產品的賣場或是餐廳用餐而已，所以需有專人指引參觀，使得「膨風茶文物館」的獨特效益大打折扣。另展售中心展售商品單價都不高，反而設置於展售中心較核心地方，而未能將主力產品東方美人茶置於核心處。

（3）單打獨鬥無法突顯特色

從目前內部所經營的四大部分可以清楚的了解，經營者希望透過整個場域來提供多樣化之全包式的產品品項與服務，希望將遊客留在餐廳內，滿足遊客所需。實際上是這樣思維限制了「北埔第一棧」與極為豐富的北埔古蹟與景點和其他店家串聯的作法，使得「北埔第一棧」單打獨鬥，無法讓周邊的第一級和第二、三級古蹟來為自己加分，更加豐富遊客的體驗和本身經營的競爭力。

（4）轉型所需人力資源短缺，招募不易，增添轉型挑戰。

「北埔第一棧」是客庄典型的微型家族性事業，擁有文化館和餐飲的複合式經營體，需要多樣的人力資源，卻因位處偏鄉，人力資源薄弱。目前的主要人力皆是家族性成員及鄰里鄉親的協助，缺乏文化館及餐飲文創觀光的專業人才。例如茶餐越來越受歡迎，卻沒有強力推銷，也是受限於人力。

> 其實今天之前我們都是找機會才推，我們應該要主動點，客人來就跟她介紹，另外茶餐、客家特色裡頭，如何能夠像北埔的鹹豬肉在網站上的銷售成績，我們的茶餐，如何跨入這個領域，變成爲實際上銷售所占的人力費用……（A2016: 4）以客人反應來說是好的，每個人口味不同，至少目前是沒有客人說有不好的地方，都可以接受。（B2016: 4）

尤其近一年（2013）來外國團體有漸增趨勢，更使得外語導覽解說人才需求迫切。而其他如茶餐的推廣與整體行銷所需的人力也明顯欠缺。此外，目前雖有研發新產品，但因沒有良好的訓練，無法呈現產品的價值，以及缺乏銷售通路及有系統的行銷策略，也讓「北埔第一棧」知名度無法提升。

> 目前如何去行銷的方面較爲弱些，我們一直在找能夠會行銷的人員，我們現在是缺此人才，以前是使用廣播電臺來做宣傳等通路。（A2013: 4）

在外部機會方面：第一，目前政府正大力推展觀光產業，周休二日旅遊觀念興起，觀光旅遊成為重要趨勢，因此企業有發展潛力。第二，開放大陸觀光客，可藉由茶文化的推廣與旅行業者結合，讓「膨風茶文物館」成為一個參觀據點，增加客源；第三，國人越來越重視養生及休閒的概念，所以有養生元素的產品接受度高。第四，客委會近年來不斷挹注經費發展客家文化，客家文化產業成為重要政策，北埔臺三線成為客家重點區域。

在外部威脅部分：第一，由於經濟不景氣，造成消費者消費能力的降低，導致高價位的產品不易銷售；第二，大環境競爭對手增加，目前全省在地文化觀光據點多，遊客就有較多選擇，因此造成北埔遊客的銳減。第三，離尖峰明顯，主要遊客集中於星期六、日兩天旅遊，一至五則人潮稀少，分散人潮於非假日期間來旅遊，成為當務之急也是最大的挑戰。

表 1：「北埔第一棧」SWOT 分析

| **優勢（Strengths）**<br>S1 擁有優良製茶技術，掌握產品品質<br>S2 年輕一代順利承接，經驗與技術有效傳承。<br>S3 複合式經營，消費者文化觀光體驗豐富。<br>S4 北埔古蹟密度全臺最高，若能有效連結，可文化加值產業。 | **劣勢（Weaknesses）**<br>W1 產品走低價路線，試圖往高單價產品邁進，卻面臨轉型兩難。<br>W2 空間動線配置不佳。<br>W3 單打獨鬥無法突顯特色。<br>W4 轉型所需人力資源短缺，招募不易，增添轉型挑戰。 |
| --- | --- |
| **機會（Opportunities）**<br>O1 周休二日旅遊觀念通，觀光旅遊成為重要趨勢。<br>O2 開放大陸觀光客，客源增加。<br>O3 國人重視養身概念，健康養生產品接受度高。<br>O4 客家文化產業成為重要政策，北埔臺三線成為客家重點區域。 | **威脅（Threats）**<br>T1 經濟不景氣，消費能力降低。<br>T2 特色產業觀光據點多 ，產業競爭激烈。<br>T3 離尖峰明顯。 |

## 五、文化加值產業策略與行動方案

針對以上的 SWOT 分析，本文透過以下的協作及參與輔導和行動過程，提出具體問題與對策：

**問題診斷 1：產品走低價路線，試圖往高單價產品邁進，卻面臨轉型兩難。**

就目前經營之四大區塊中，應如何整合運用，形成主題與聚焦在地文化優勢？慢慢地讓茶餐及茶葉等高價產品占比能夠提高？

經過與經營者的對話與共同研討後，獲致改變此項弱點的原則與策略就是必須找到主題加以聚焦，凸顯品牌核心價值。「北埔第一棧」擁有四代百年的製茶歷史與文化傳承，應該善用此一優勢。依循此一發展原則，提出以下兩項可行的具體方案：

**具體方案 1：營運焦點分析，以茶為主題，文化搭台，整體企業定位為客家茶文化櫥窗的文化真實性管理策略。**

採取立基於長遠以來北埔所孕育和演化的茶文化產業傳統與社會現象的策略為主，營運焦點聚焦於經營者過去的製茶達人特色和整體空間背景為茶廠的歷史，空間應劃分為茶文化特區，強化「膨風茶文物館」的文化特色與功能，使之為「北埔第一棧」的獨特賣點，讓整體空間品牌意象鮮活。

在資源投入方面的思考上，應將資源依比例逐漸增加運用於可能營收較多的營業項目做產品研發與行銷活動等。以茶文化主題，發揮「膨風茶文物館」的功能，逐步強化茶餐的營收比重，並且結合目前所屬的茶葉品牌，整合行銷「北埔第一棧」客家茶文化櫥窗的品牌識別，並將營收不佳的產品移除，農特產品的品項過於繁雜，在空間擺設上應適度縮減及文創市集美化，讓場地能展現出更加明亮整齊，讓「北埔第一棧」的主要商品更加突顯其特色，而不會讓遊客有賣場的感覺。整個轉型與升級的作法與策略就是透過文化加值方式來深化傳統產業文化性的心靈體驗及特色和生活美學，提升現有營運的內涵與質感。

具體的行動成果包括重新繪製店家原有代表性的圖示，以茶壺與虎頭柑（酸柑茶）來表現店家及客家文化的特色（圖 2）及於樓梯牆面設計大圖輸出及加上天花板的客家花布，營造品牌及客家的特色，並製作花布壁燈增加上氣氛（圖 3）。這樣的成果凸顯「北埔第一棧」客家膨風茶文化的特徵與主題，深化店家過去百年來的製茶人家優良傳統與文化底蘊，透過客家茶文化與設計創意元素的導入，突顯客家文化櫥窗的整體品牌意象。

**問題診斷 2：空間配置動線不佳**

目前整體營運涵蓋四大部分，若要突顯茶文化主題，則相關位置與動線應凸顯規劃與調整？

以下是與經營者對談後所取的共識：

改造前　　改造後

圖 2：品牌標準字

資料來源：「『客家美食 HAKKA FOOD』認證餐廳第 2 期輔導計畫」餐廳改造輔導方案，客家委員會，2015，未出版手稿。

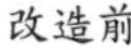
改造前　　改造後

圖 3：品牌特色區

資料來源：「『客家美食 HAKKA FOOD』認證餐廳第 2 期輔導計畫」餐廳改造輔導方案，客家委員會，2015，未出版手稿。

博物館與商品區要區隔清楚，展售區應該就是純粹賣場，博物館文化區就是純粹文化教育體驗，逛博物館一趟下來累了或渴了就坐下泡茶喝，所以應該規劃一個品茗區，當客人品茗東方美人茶之前，應解說東方美人茶特質，然後再給客人試試。因此販售農場品的位置空間需要從現有膨風茶文物館的出口移開，讓遊客逛完文物館一走出來的人又熱又渴時，能有一杯熱騰騰的好茶可喝，而且品茗區的後面馬上又可看到公司的產品，有了茶的知識和印象後，較容易購買產品。

延續上述行動方案 1 的策略和方案，空間與動線必須能夠突顯膨風茶文化主題，也提出以下兩項可行的具體行動方案：

**行動方案 2：**

空間重新規劃、調整各區位置，以文化區與商品區作為區隔，將「膨風茶文物館」成為「北埔第一棧」的入口亮點，成為一個特有的茶文化區域，讓遊客一進門即被吸引，進而對茶有興趣，以提升其購買意願，將原動線如圖 4 調整至圖 5。

經過改造與調整後的實地狀況如圖6的膨風茶文化館、圖7的茶席品茗區、圖 8 的茶葉鑑賞區將整體客家膨風茶文化形成一個完整動線，凸顯與聚焦客家茶文化櫥窗氛圍。較為美中不足的就是圖 9 的茶文化入口意象區，較欠缺與膨風茶文物館連結的思考，形成整體視覺上動線的斷裂。誠如參與設計的設計師的觀點指出：

那個地方好像突然出現……我覺得是比較 ，那個點做那個東西就順暢度、順暢度來講，我並不覺得很適合（D2016: 7） 反正我覺得

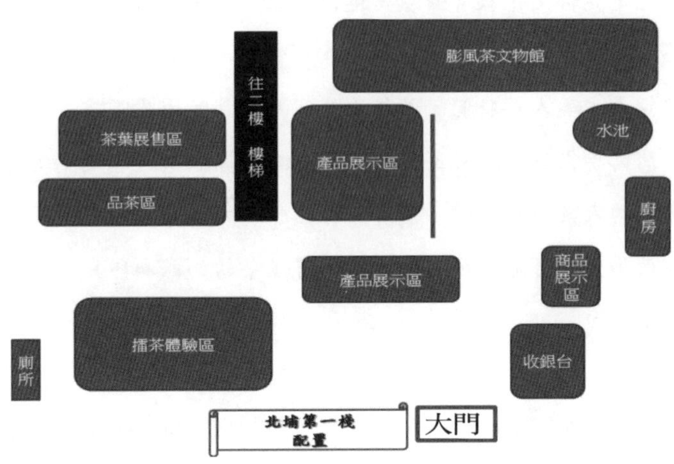


圖 4：現有配置圖

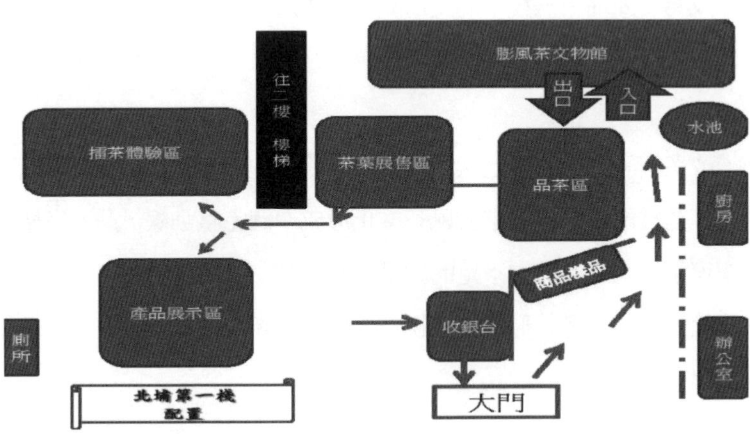


圖 5：空間調整後配置圖

圖 6：膨風茶文化館

圖 7：茶席品茗區

圖 8：茶葉鑑賞區

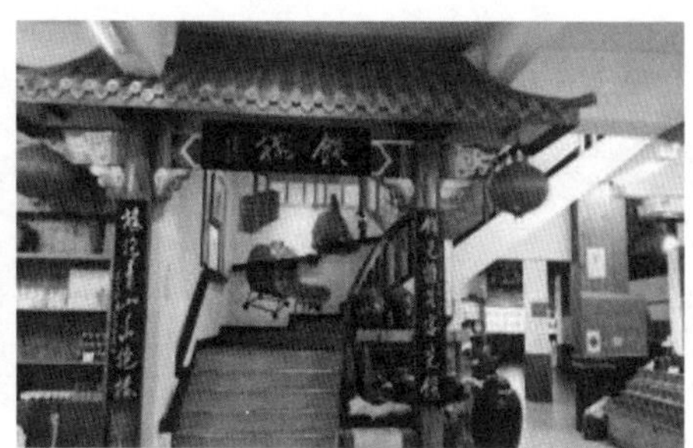
圖 9：茶文化入口意象區

> 樓梯那塊不應該那樣做，我覺得那快就是一個採茶文化，在視覺跳 tone 上來 ，如果你從樓梯跳到上面太快。（D2016: 10）

造成這種視覺上斷裂的結果，主要因為一樓地區原有另一客委會文創通路計畫在執行，而二樓是屬於客家餐廳認證計畫，後來一樓的計畫喊停沒有持續下去，導致一、二樓的視覺沒有整合。

在二樓餐廳部分的具體規劃方面，因業者入選 2014 年客家餐廳認證，研究者擔任輔導業師，與經營者和設計師討論後的結論如圖 10 的設計圖，包括：

1. 入口處 X1（將冰箱位置改為廚房出入口 + 布簾 + 重製招待桌 + 客家特色拍照區）

2. 製作 L 型展示櫃，內含雙層冰櫃 X1

3. 品牌形象區（樓梯牆面輸出 + 天花板客家花布）X1

4. 花布壁燈 X6

5. 廁所區（布簾 X3+ 客家特色介紹小畫框 X6）

實際改造後的成果展現如圖 11 入口意象、圖 12 的樓梯走道製茶意象、圖 13 之品牌意象區（二樓），以及圖 14 茶葉禮盒展示櫃。

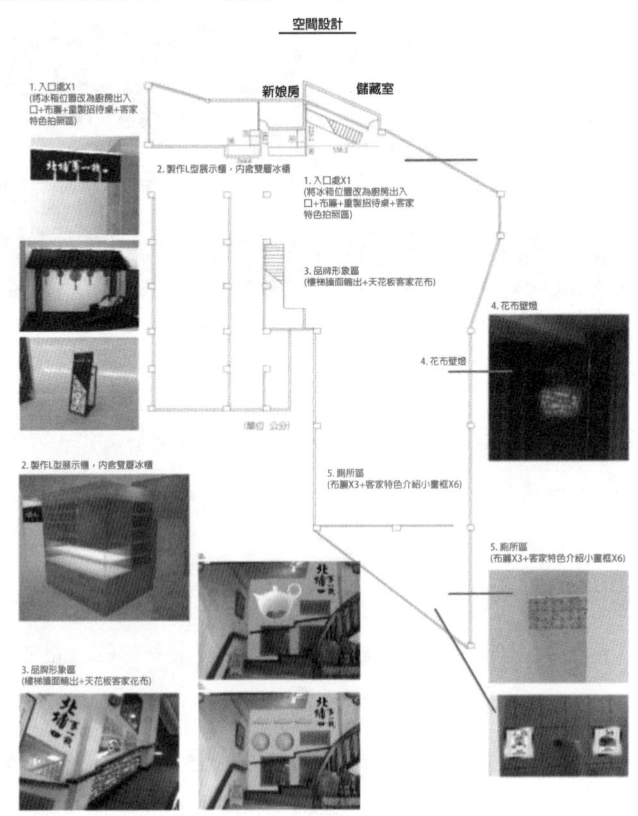


圖 10：二樓餐廳整體規劃示意圖

資料來源：「『客家美食 HAKKA FOOD』認證餐廳第 2 期輔導計畫」餐廳改造輔導方案，客家委員會，2015，未出版手稿。

圖 11：入口意象

圖 12：樓梯走道製茶意象

圖 13：品牌意象區（二樓）

圖 14：茶葉禮盒展示櫃

在文化真實性管理方面所運用的客家文化元素為「北埔第一棧」百年的膨風茶文化意象，以及一般展現客家文化的客家花布與美濃紙傘等文化內涵。這些文化一方面凸顯企業的既有元素，另一方面使用較為人們熟悉的客家文化元素。例如運用到美濃紙傘，代表多子多孫，祝福早生貴子等意涵。

> 客家元素那裡選了好幾個，那後來好像老闆他們跟美濃那裏有一些淵源。還有一個故事，店家二樓主要做婚宴，提到結婚嘛，就是客家人的婚聘是跟紙傘有一些關聯的，讓結婚的新郎新娘到時候就可以在那邊打卡拍照，因爲現在那種拍照打卡的相簿還蠻有影響的，所以就變成衍生成那樣子了。（C2016: 4）

受限於經費，所以有關二樓客家認證餐廳的規劃採取遊客常會接觸的幾個碰撞點來凸顯重點：

> 那幾個重點碰撞區就包括樓梯入口處，然後第二個是他們點菜接待的服務台，第三個是那個冰櫃，第四個是坐椅的燈飾，第五個地方是廁所，因爲經費有限，就變成說從這個地方去做提綱挈領（C2016: 4）。剛剛說的幾個主要碰撞區做一做，其他大方面，譬如說地板啦，還是一些比較醒目的地方就沒有調整。（C2016: 2）

經費的限制也導致整體設計較欠缺整體意象的連貫性。

> 那如果說他們眞的要去強調說是客家餐廳的第一站，我覺得他裡面應該會進去那個餐廳裡面之後會看到許多客家的資訊，從這裡面會

> 了解到非常多客家、客棧的經營模式，客家的飲食文化客家的人情互動與買賣，包括他們茶文化，我印象中沒有那麼強烈，我覺得這個 building 很大，有些點的餐廳因爲在市區的考量， 他沒辦法做那麼大器的東西，在硬體的某一部分來講，他的確是比較夠的，但如果再切入裡面細節的部分，我覺得是比較看不到。（D2016: 17）

> 那個 feedback 沒有很完整、比較片段性的，那我會覺得如果眞的要去做這樣的細節，應該是在更多的延續性，不論在視覺、在氛圍上面，從進這家餐廳，那種色彩、那種音樂、那種形象呈現在面前的，都是同一個想要丟給你的資訊，那樣的資訊就會說越累越強大，他就會形成一個印象，當然就不容易忘記，所以我覺得賣的也是一個形象啦，所以我覺得他在 VI 的部分做的也不夠大，然後可能在 BI 跟 MI 他們也請向在原來用比較守成的方式。（D2016: 19）

儘管有這些設計上的小缺點，但據經營者的觀察，確實創造了加值的效益，也為業者轉型與升級成較為高價茶餐的策略累積了些許信心。

> 以二樓爲主我覺得還可以，不管是常客還是臨時來的客人和國旅客都反應不錯，都會在這邊拍照，再上樓櫃台的右邊有美濃紙傘，很多人在那邊拍照。……成效還可以，你說要完全滿意到哪裡去，但是它對我一定有幫助，人一定會受環境影響，現在做的都還算滿意。……至少幾個亂的地方遮掉了，透過客家認證餐廳，目標是有達成。（B2016: 4）

經過上述空間與動線的規劃之後，整個空間的文化氛圍更具有客家茶文化的體驗情境，搭配井然有序的導覽解說路線，讓前來參觀與消費的遊客置身於一間百年客家茶文化體驗空間，沉浸在既傳統又創新的氛圍，穿梭於百年的客家茶文化歷史長廊。經過規劃團隊有效輔導後，店家轉型與升級已踏出成功的一大步。

**問題診斷 3：單打獨鬥無法突顯特色**

經營現況主要集中在整個營業場所內部，較少與附近知名的一級古蹟的金廣福、三級古蹟的慈天宮和姜阿新宅等連結商品導向的服務和體驗，使得遊客未能深入了解在地文化，創造顧客難忘的回憶。產品導向式的營運思維，導致現行運作模式限於假日、以量取勝、低價卻利潤不高的困境中。有哪些策略來改變現況？周遭古蹟如何文化加值產業，提高「北埔第一棧」的利潤？

針對此一問題，在文化真實性管理的策略方面，同樣採取立基於長遠以來的北埔所孕育和演化的在地宗教信仰文化古蹟與資產，展現在地文化傳統與社會現象的策略；在遊程的規劃與茶餐的開發上，則刻意以創新作為文化真實性管理策略，進行文化加值的作法，提出以下的行動方案：

**行動方案 3：連結其他廠家與周邊公共資產，形成文化旅遊特色**

結合旅遊業者推廣客家文化，以「膨風茶文物館」為客家文化之旅的參觀點，讓遊客到「膨風茶文物館」了解茶文化及品嚐東方美人茶之後，享用「北埔第一棧」特有的茶餐，形成一個旅遊的特色景點，也可讓遊客留下深刻印象，下次有機會旅遊時，還會有再遊的意願。透過與經營者和其他周邊店家的多次磋商和討論，規劃出以「北埔古蹟探秘暨客家文化深度之旅」（表2）（俞龍通，2014a：103）為主題的文化深度旅遊行程，並透過在地文化元素構成精緻餐飲的開發，強化美食、特色商品及休閒體驗旅遊整合的複合式營運模式。此一深度旅遊行程以星期一至星期五的非假日時段為主，採較高價的訂價策略。北埔地區餐飲業有一定的市場行情，如遊覽車團餐訂在 1500-3000 元之間，婚宴餐飲一般以 5000-10000 元之間，「北埔第一棧」遊覽車團餐價位以 1500 左右的價錢為訂價標準，此次的非假日的精緻茶餐訂價為 4000-5000 元。

表 2：北埔古蹟探祕暨客家文化深度之旅（一日遊）

| | | | |
|---|---|---|---|
| 1 | 09:30 | 迎賓 | 姜秀鑾公園樓門 |
| 2 | 09:30<br>｜<br>10:30 | 金廣福／姜阿新古宅巡禮 | 訴說金廣福的大隘墾拓史與姜氏家族的豐華與平淡 |
| 3 | 10:30<br>｜<br>11:30 | 慈天宮祈福 | 繞境慈天宮，感受菩薩與媽祖的福蔭與建築之美 |
| 4 | 11:30<br>｜<br>12:00 | 大隘憶兒時 – 寶山同樂會表演 | 小時候的兒時回憶演出（含三首客家歌／一首採茶舞） |
| 5 | 12:00<br>｜<br>14:00 | 客家墾拓套餐／茶餐 | 品嚐在地墾拓文化的創意餐盒，用餐的同時，想像與緬懷前人為這塊土地所付出的血汗／膨風茶文化館導覽解說 |
| 6 | 14:00<br>｜<br>15:00 | 北埔田園風光 | 南埔社區農村景致 |
| 7 | 15:00<br>｜<br>16:30 | 擂茶饗宴（音樂／西式擂茶） | 以音樂佐茶，了解擂茶文化與聆聽客家山歌小調、民歌擂茶，享受擂茶樂／哈客愛西式擂茶體驗茶席：當東方擂茶遇見西方咖啡 |
| 8 | 16:35<br>｜<br>17:35 | 百年餅舖 – 隆源餅舖巡禮暨糕餅 DIY | 聆聽百年餅舖發展史／手做糕餅 DIY |
| 9 | 17:35<br>｜ | 賦歸 | 滿滿的回憶與祝福，恁致謝，正來嫽。 |

這樣的旅遊行程也已經商品化，吸引參訪團體的青睞（圖 15），獲得極高的評價和口碑。許多遊客對於店家所提供的奉茶接待、茶文化館導覽解說、品茗及茶餐享用皆有極為滿意的反應，也深感客庄資源豐富，採取整合做法是一條應走的方向。

**問題診斷 4：轉型所需人力資源短缺，招募不易，增添轉型挑戰。**

健全的人力資源為企業經營的根本，「北埔第一棧」目前以家族經營為主，經營者的兒子分別管理餐廳與一樓賣場，主要經營管理人員還是以家族成員為主。目前導覽解說方面，聘有兩位解說員帶領遊客導覽解說「膨風茶文物館」，參觀並說明製茶過程以及製茶機具。但因受限於文創知識的薄弱，因此對於文物館等文化創意產業的經營仍舊需要充實相關新知。

而最嚴重就是外場服務人員的短缺，只能請兼職人員，都是找「自己人

圖 15：兩岸朱子交流協會參訪團

認識的，大多數時候就會自己跳下去做，因為晚上沒什麼生意，沒什麼生意的話也沒休息，就是說就算沒有人，至少還有我們自家族的人，因為餐廳的外場工作不難，也做十幾年，自己知道，所以晚上沒有人自己就跳下去做了。（B2016: 7）」

面對新型態的體驗產業的興起，除了現有經營者的不斷增加新知外，隨著營業項目的多元與轉型，也應適度聘請專精於行銷和文創的人才。惟鄉下地區人才難覓，所以如何尋找專門的文創觀光人員？

> 我問過很多的餐廳，遇到我就會問一下，很多人都有這個問題，現在老的老，人會老就要退休了，新的進不來，雖然現在新的你要他做服務業是可以，可是他嫌薪水不夠。現在的年輕人沒人要做這件事情。（B2016: 7）

**行動方案 4：強化人才訓練**

加強訓練服務人員的服務專業與態度，如客人進來即應親切招呼，微笑以對。有計畫培育行銷管理人才，短程選送有潛力及願意進修的員工至大專院校選讀行銷專業課程，另外與新竹縣周遭設有觀光與休閒相關科系大專院校合作培育人才計畫，提供獎學金與實習機會給大三、大四學生於暑假期間或假日實習，優秀人才在畢業後即可馬上留下就業。中、長程先與大專院校老師做產學合作計畫，針對業者需求及未來發展方向有計劃調整經營模式與定位，以擬定中、長程的行銷策略，逐步建立「北埔第一棧」的經營目標與發展方向以提高知名度，讓企業永續發展。鑒於許多客庄業者面臨人力短缺問題，作者也透過產學合作方式，媒合產業實習方式，回應業者所需的人力需求，將進行產業實習合作計畫。

# 六、結論與建議

## （一）結論

「北埔第一棧」的營業項目採取複合式的方式，涵蓋四大項目，但因為希望原本低價產品路線，能往高單價產品邁進，卻面臨轉型兩難。此外，「膨風茶文物館」主要是提供消費者對茶文化及製茶過程的了解，但因為業者沒有瞭解其文化搭臺的價值，所以沒有發揮其經濟唱戲的效益，讓消費者只覺得「膨風茶文物館」聊備一格的成為賣場的陪襯與點綴。再者，未能與周遭一級和三級古蹟景點加以結合，創造文化加值產業的效益，導致遊客體驗只限於產品層次，而非多元的體驗，也是目前亟待克服的問題。一個優質的產品或服務，如果沒有良好包裝與推廣就無法呈現給消費者而發揮其價值。「北埔第一棧」的每位成員雖然善於製茶和研發茶餐，但位處偏鄉人才不易招募，致使多元創意人力短缺，易加增添轉型與升級困境。

針對以上的問題，作者與主要的負責人和其下一代經營者多次會議和實地勘查討論後，在主體品牌特性上，以利基於傳統的演化策略為主，刻意創新為輔的文化真實性管理策略，突顯經營者過去製茶背景為主題，將北埔客家膨風茶文化融入整體企業品牌、空間營運、動線規劃、餐飲開發與周邊連結，將「北埔第一棧」定位為客家茶文化櫥窗。針對現有較為薄弱的餐飲產品和周邊旅遊行程的開發，在傳統演化之客家象徵性產業的膨風茶文化主題的脈絡下，刻意創新研發有別於傳統客家菜的精緻茶餐，和連結周邊客家文化歷史古蹟的深度遊程，讓整體區域的文化古蹟加值產業經營。客庄原本就擁有極為豐富和悠久的文化資產與資源，只是較少業者知悉如何結合相得益彰。近年來，隨著文創觀念的興起，文化加值的效益也越來越受肯定。從本案例的研究結果發現，採取文化真實性管理的方法與技巧，對於客庄許多屬於傳統的農林牧礦業的轉型與升級，是一可行且具成效的方法。本文簡單歸納此一個案所採取的文化真實性管理策略與客家文化加值產業的內涵如表 3。

表 3：「北埔第一棧」文化真實性管理策略與內涵一覽表

| 研究個案 | 所呈現的客家文化元素 | 文化真實性策略 |
|---|---|---|
| 北埔第一棧 | • 隸屬傳統客家象徵性產業的茶文化產業類別。<br>文化元素：<br>1. 膨風茶（含酸柑茶）、客家花布和美濃紙傘展現了客家鄉親勤奮、靠山吃山、愛物惜物、敬天惜地與自然共生、秉性勤儉、團結的族群性格、知福、惜福、施福。<br>2. 結合周邊金廣福、慈天宮、姜阿新宅，成為一窺北埔原漢族群文化的視窗。<br>3. 深度文化遊程與精緻茶餐。 | 立基於傳統演化策略為主，遊程開發與精緻茶餐創新研發為輔。 |

## （二）建議

自從客家委員會成立之後，推動了一列的產業輔導政策，讓客家文化加值產業和產業文化化蓬勃發展。傳統的文化元素如何形成文化資本運用於商品或產業中，及文化如何加值產業，讓產業文化化能夠落實，為文化創意產業的關鍵議題，更是客家產業發展的關鍵成功因素。

本案例的「北埔第一棧」因有客委會客家認證餐廳及文化部大隘文化創意產業計畫的協助與輔導，初步獲致不錯成效，逐漸地啟動第三波的轉型工程。政策治理扮演統籌規劃的角色，提供經費補助成功媒合專業團隊協助，建構良性循環的產官學研的合作模式與機制，讓客家文化加值產業理想和作法獲得具體實現。

此種良性的夥伴關係，對學術研究者而言，提供了產業實務場域的實踐與回饋反思的研究機會；對業者而言，獲得專家的專業協助。產學雙方在整個協同合作的研究過程中，研究者與經營者對於整體上述需要強化與增進之處，有了高度的共識和理解，研究者的專業獲得經營者的信任與認同，下一代經營者表示：「他（父親）可能你講的話都有聽進去，我們修改的程度很少（B2016: 4）。」研究者對於經營者在實務改善過程所關切的議題也充分理解其可能的困難與限制，兩者想法一致性地針對以上的問題加以探討並思考對策，這樣研究結果獲致了良好的結果與成效。

未來有關客家產業的輔導，政策上應延續此種產官學研伙伴關係的輔導，惟未來的政策模式應採長期、持續且駐點式的立即輔導方式，一種整合性的企業層級的輔導方案，從企業經營的產、銷、人、發、財等面向來全面檢視和輔導。這樣的輔導機制和能量需要建立一個類似區域產業創新中心的機制來落實，整合區域裡的大專院校，遴選優良的輔導團隊，建構客家產業創新網絡，按區域和專長就近和定期的輔導客家產業發展。而在地所屬的大專院校或客家學院師生也將有更多機會發揮所長，貢獻專業，投入客家產業發展的行列，更創造理論與實務結合的理論實踐，也讓客家產業的文化創意深化與源源不絕。

# 參考文獻

## 一、中文部分


王雯君、張維安，2004，〈客家文化與產業創意：2004年客家桐花祭之分析〉。《社會文化學報》18：121-146。

吳樹南，2006，〈地方文化產業永續發展之研究：以白河蓮花產業為例〉。國立中正大學政治學所碩士論文。

胡幼慧，1996，《質性研究：理論、方法及本土女性研究實例》。臺北：五南。

客家委員會，2015，「『客家美食HAKKA FOOD』認證餐廳第2期輔導計畫」餐廳改造輔導方案。未出版手稿。

俞龍通，2014b，《客家族群象徵產業的當代新風貌》。臺北：師大書苑。

______，2014a，《創意循環：區域文創觀光亮點打造的黃金法則》。臺北：師大書苑。

______，2013a，〈北埔第一棧企業診斷報告光碟〉。未出版。

______，2011年2月，〈節慶活動真實性管理與文化品牌打造之研究：以全國客家日為例〉。2011節慶與客家：全國客家日學術研討會，新竹。

______，2009b，〈文化創意產業與客家族群發展：以客家桐花祭為例〉。頁49-73，載於江明修、邱昌泰（編），《客家族群與文化再現》。臺北：智勝文化。

______，2009a，《點石成金：30個文化創意產業X檔案》。臺北：師大書苑。

______，2008，《文化創意、客家魅力：客家文化創意產業的觀點、策略與個案》。臺北：師大書苑。

陳向明，2002，《社會科會質的研究》。臺北：五南。

張維安，2000a，《臺灣客家族群史：產經篇》。南投：臺灣省文獻委員會。

______，2000b，《臺灣客家族群史產經篇訪談紀錄：產經篇》。南投：臺灣省文獻委員會。

張維安、謝世忠，2004，《經濟轉化與傳統再造：竹苗臺三線客家鄉鎮文化產業》。南投：臺灣省文獻委員會。

張翰璧，2000，〈桃、竹、苗茶產業與客家族群經濟生活間的關係〉。頁87-121，載於張維安等（編），《臺灣客家族群史：產經篇》。南投：臺灣省文獻委員會。

莊錦華，2011，《桐花藍海：一朵桐花創造百億財富的奇蹟》。臺北：二魚文化。

## 二、英文部分

Asplet, M., & Cooper, M., 2000, "Cultural design in New Zealand souvenir clothing: The question of authenticity." *Tourism Management,* 21(3): 307-312.

Beverland, M. B., 2005, "Crafting brand authenticity: The case of the luxury wines." *Journal of Management Studies*, 42(5): 1003-1029.

Chhabra, D., Healy R., & Sills, E., 2003, "Staged authenticity and heritage tourism." *Annals of Tourism Research*, 30(3): 702-719.

Cohen, E., 1988, "Authenticity and commoditization in tourism." *Annals of Tourism Research*, 15: 371-386.

Delmistri, G., Montanari, F., & Usai, A., 2005, "Reputation and strength of ties in predicting commercial success and artistic merits of Independents in the Italian feature film industry." *Journal of Management Studies*, 42(5): 975-1002.

Glynn, M. A., & Lounsbury, M., 2005, "From the critics of corner." *Journal of Management Studies*, 42(5): 1031-1055.

Goffman, E., 1959, *The presentation of self in everyday life*. New York: Doubleday.

Gold, R. L., 1958, "Roles in sociological fields observations." *Social Forces*, 36: 217-223.

Granovetter, M. S., 1985, "Economic action and social structure: The problem of embeddedness." *American Journal of Sociology*, 91: 481-510.

Guthey, E., & Lounsbury, M., 2005, "CEO portraits and authenticity paradox." *Journal of Management Studies*, 42(5): 1057-1082.

Hobsbawm, E., & Ranger, T., 1983, *The invention of tradition*. Cambridge: Cambridge University Press.

Hughes, G., 1995, "Authenticity in tourism." *Annals of Tourism Research*, 22(4): 781-803.

Jones, C., Anand, N., & Alvarez, J.-L., 2005, "Editor's introduction: Manufactured authenticity and creative voice in cultural industries." *Journal of Management Studies*, 42(5): 893-9.

Jones, D., & Smith, K., 2005, "Middle-earth meets New Zealand: Authenticity and location in the making of the Lord of the Rings." *Journal of Management Studies,* 42(5): 893-9.

Jorgensen, D. L., 1989, *Participant observations: A methodology for human studies*. Newbury Park, CA: Sage.

Mckercher, B., & Hilary. Du Cros., 2002, *Cultural tourism: The partnership between tourism and cultural heritage management*. The Howorth Hospitality Press.

Moeran, B., 2005, "Tricks of the trade: The performance and interpretation of authenticity". *Journal of Management Studies*, 42(5): 901-922.

Moscardo, G., & Pearce, P. L., 1986, "Historic theme parks: An Australian experience in authenticity." *Annals of Tourism Research*, 13(3): 467-479.

Peterson. R. A, 2005, "In search of authenticity." *Journal of Management Studies*, 42(5): 1083-1098.

Revilla, G., & Dodd, T. H., 2003, "Authenticity perception of Talavera pottery." *Journal of Travel Research*, 42(1): 94-99.

Svejenovva, S., 2005," The path with the heart: creating the authentic career." *Journal of Management Studies*, 42(5): 947-974.

Urry, J., 1990, *The tourist gaze*. London: Sage.

Waitt, G., 2000, "Consuming heritage: Perceived historical authenticity." *Annals of Tourism Research*, 27(4): 835-862.

# 以六級產業理論析探地方產業發展之策略：苗栗大湖草莓為例*

陳定銘、王宣雅

## 一、前言

日本六級產業理論基礎架構，於 2010 年 3 月 30 日農林水產省（農水省）之「糧食、農業、農村白皮書」中提出六級產業化政策，並於 2010 年 12 月 3 日公布六級產業法。日本六級產業推動者今村奈良臣（2010）將所謂的「六級」定義為「1×2×3=6」所發揮的綜效，在 1994 年，今村即在日本的靜岡縣進行茶產業之相關研究，在產業鏈的過程中孕育出六級產業理論的概念，藉由茶葉的栽種，運用高度的加工技術，連結至當地販賣所銷售，甚至拓展通路至日本全國，藉由此過程發現一級產業、二級產業以及三級產業的加工連結性，並建議採用三項不同運作模式的產業連結，更能帶動整體產業的附加價值收入。六級產業的推動核心係以一級產業為基礎進行發展，並推動二級與三級產業分工合作，建構一系列產業鏈推動整體性產銷策略，提升農產品附加價值。

六級產業發展推動之目的，乃因日本地區糧食市場逐漸萎縮，其原因與二

* 本文原刊登於《客家公共事務學報》，2008，10 期，頁 1-27。因收錄於本專書，略做增刪，謹此說明。作者陳定銘現任法鼓文理學院人文社會學群教授兼學群長／國立中央大學客家語文暨社會科學學系榮譽教授；王宣雅為國立中央大學客家語文暨社會科學學系客家政治經濟碩士。

次戰後飲食文化改變和貿易競爭之關聯性，致使糧食自給率於戰後 40 年內下降 30%（張瑋琦，2013）。而屬於初級產業的農業逐漸式微後，倘若不具規模生產效益，便容易遭受自由貿易帶來廉價進口農產品之競爭，引致農村勞動力流失、生產基盤荒廢、文化與技術無法傳承等弊病。如今地球村概念早已蔚然成形，農業經營模式若仍然停滯在初級產業的框架中，無視市場脈動一味投入生產，獲利空間只會持續被壓縮，生存條件勢將日漸嚴峻（李秉璋、楊玉婷，2013）。基此，為解決此一問題，六級產業化所提倡的產業鏈，配合活化農山漁村地區資源，提供國民穩定食糧供給來源，創新地方農村產業，提倡在地產出、在地使用的食農教育，增進糧食自給率，是六級產業的發展要件。陳依文、周妙芬、劉力嘉、沈杏宜、王玉真（2012a）指出，由於日本的農業情況與臺灣類似，同屬小農制經營，同樣面臨消費與飲食習慣變遷、糧食自給率偏低、農業經營者高齡化，以及農村老化等現象，日本推動的農業相關政策對當前臺灣農業極具施政參考價值。

本研究聚焦於臺灣地方性產業——苗栗大湖草莓文化農特產業，基於大湖地方具有特色的草莓產業，以六級產業理論中產業的連結，配合公私部門協力推動地方特有節慶活動和體驗行銷的發展，透過六級產業架構進行農特產業效益分析，研提活絡苗栗縣農業發展之建議。綜言之，採取有效的合作協力網絡，甚或提供更多大湖草莓在地化特色之商品，透過農業一級、二級、三級產業的結合，讓利潤充分回歸至農業生產者與擴大生產效益。基此，本研究目的為（1）論述大湖草莓產業的運作現況；（2）分析大湖草莓產業利害關係人的協力互動網絡；（3）探討大湖草莓產業在六級產業產生的綜效，以及提供政府政策與輔導機制參考。

## 二、文獻探討

### （一）六級產業理論特色與規模

日本六級產業化的推動背景，可以從日本農業面臨糧食與食品市場萎縮（10 年內降低 10%，1995 年 80.4 兆日圓，2005 年降為 73.6 兆日圓）、農業產值下降（16 年內約降低 30%，1990 年為 11.5 兆日圓，2005 年卻下降至 8.3 兆日圓）、農業所得下降（15 年內約減少 50%，1990 年為 6.1 兆日圓，2005 年卻下降至 3.4 兆日圓），以及農山漁村地區企業的退出與公共事業減少等現象（陳依文、周妙芬、劉力嘉、沈杏宜、王玉真，2012a）。至於日本於 1995 年加入世界貿易組織，雖可藉出口日本精緻農業產品獲取利潤，但國外市場的農產品進口至日本國內，亦會造成市場衝擊，使原本就面臨糧食產出下降與高齡化導向的農山漁村居民，有更大的損失。藉由此因，為積極協助農山漁村地區的就業與所得保障問題，運用在地化豐富資源，創新產業，達到「地產地消」的目標，並藉由運用生物廢棄物、農林漁產、農業智慧等等軟性資源，開發多元化社會經濟，為六級產業化法的推動主要核心。

《六級產業化法》全名為「農林漁業者活用地區資源開創出新的事業，以及促進地區農村漁產物的利用之相關法律」(地域資源を活用した農林漁業者等による新事業の創出等及び地域の農林水産物の利用促進に関する法律)，立法目的在與鼓勵農林漁業者有效利用所有資源開創新事業，提高糧食自給率與農山漁村就業率（陳依文，周妙芳，劉力嘉，沈杏怡，王玉真，2012a）。所謂六級產業，透過有效活用地區資源的手法，為使農村再生與農業再度蓬勃發展，使農業生產者間所得提升、差異化商品內容，由連結一級生產面、二級加工製造面至三級行銷推廣面，所達成之綜效，強化農業生產本質，並藉由二級、三級產業的融合效應，使地區資源「有機化」，並誘使地區資源產出者創新改革化，以擴增農林漁業收益；藉由以「農產」為中心的異業結盟效應，多元化產業之合作關係，確保地域資源的附加價值產出與農山漁村就業雇用和所得來源，構築一個年輕世代和兒童能安居樂業的社區（農林水產省，2010；2013a）。六級產業的初始概念原本建立在 1+2+3=6 的基礎上，但提倡者今村認為，一級產業的存在為二、三級產業的原始奠定基礎，並藉由彼此連結效應，為 1×2×3=6 的結果，而達成之綜效才能成功繪製出六級產業理論的藍圖，若缺少一級產業，則整體效益將會成為 0×2×3=0，無法解決現今農山漁村所面臨的困境，更無法有效解決地與資源活用問題。

而六級產業在資金的來源上，亦有所規劃，首要為由政府編列相關預算，以 2013 年為例，編列了 37 億日圓供核准通過日本六級產業綜合性事業計畫的農林於業者，提供相關生產協力對策，以及在加工、行銷上的知識指導，並加強活用在地資源的目的以達成提高當地就業率的目標，其中的 21 億用於建立六級產業化的網絡互動，包含了人才培育、網絡調查、企劃執行等地區性農山漁村與當地事業互動資金補助，而約 14 億的資金投入六級產業化的事項中，包含一級、二級、三級產業的相關機械、設備支援，而剩下的約 2 億則用於智慧財產的保護與活用上（農林水產省，2013b）。官方與民間協力成立「農山漁業成長產業化基金」，此基金成立為官方民間兩者之力量組合，以便提供農林於業者相關知識的協助與金錢運用，提升營業效率，以 2013 年為例，日本政府在此方面所編列 350 億日圓（農林水產省，2013c）。

整體六級產業化法之過程如圖 1：

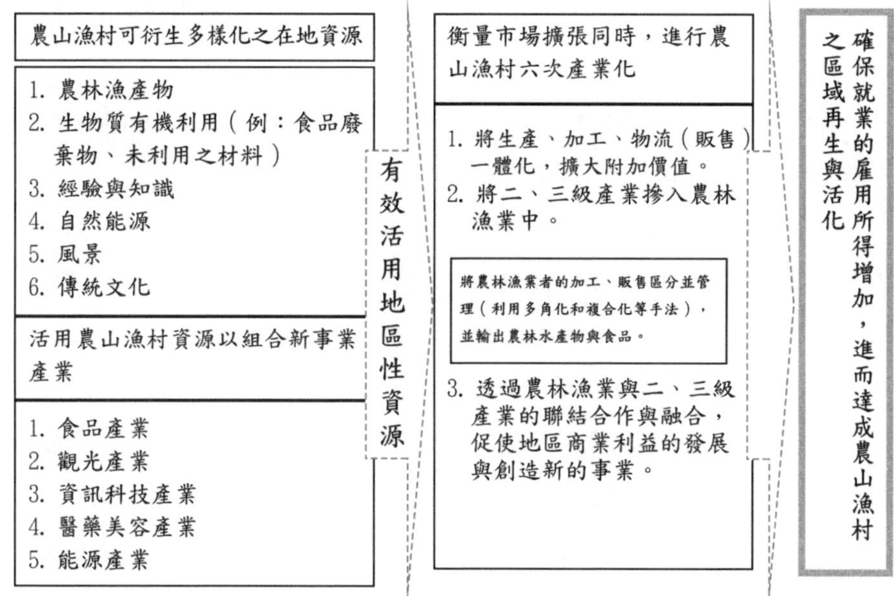


圖 1：六級產業化法計畫流程圖

目前日本六級產業化之目標，預計在 2020 年達到農業產值規模增加 10 兆日圓，並在 5 年內消除三成的化石燃料使用量，活用再生能源，與在 2018 年前構築「有機化」產業都市等等具體目標，充分反映活化在地資源與打造永續經營農山漁村環境之理念（農林水產省，2013d）。

## （二）六級產業化推動策略、政府與民間協力

《六級產業化法》共三章 50 條，第一章敘述立法的目的，意旨活用地域性有限資源，促進農林漁村等的新事業開創，活化農山漁村及增進消費者利益與提升糧食自給率等等相關敘述；而第二章講述農林漁業者如何有效率運用地域資源開創新農林漁事業；而第三章則進入地區性農林漁業產物的促進發展（地域資源を活用した農林漁業者等による新事業の創出等及び地域の農林水

產物の利用促進に関する法律，2010）（陳依文，周妙芳，劉力嘉，沈杏怡，王玉真，2012a）。

截至 2013 年，六級產業化綜合化事業計畫所認定的案件共 1690 件，以縣市排名區分，北海道認定件數最多，共 99 件，其次為兵庫縣，共 73 件，長野縣排名第三，為 71 件，接續排名為熊本縣、愛知縣與宮崎縣，分別為 66 件與 59 件，愛知縣與宮崎縣同為 59 件。以產業別類型統計，加工與直接販售的產業占第一，為 67.2%，其次就屬加工產業占大宗，為 21.9%。而以預算編列觀看，除上述所提及六級產業化預算編列等詳細預算分析，其中亦涉入農林漁業成長產業化基金的投入，此基金為官方民間共同成立之，作為產業推動所需資金來源與輔導協力措施，以提升產業經營效率發展。農林漁業成長產業化基金，以利公私部門的協力，並提供六級產業化的專業指導顧問，支援通路與相關經營問題處理，促進一級、二級與三級產業的產業鏈結合（奧野俊至，2013）。相關運作與支援如圖 2（王宣雅，2014；陳依文，周妙芳，劉力嘉，沈杏怡，王玉真 2012a）。

由圖 2 可知，此基金來源於國家與民間等金融機構的結合，並協力六級產業專家，另一方面，以此基金與當地私部門和第三部門協力組成地域資金，推動六級產業化的促進。

此外，陳依文，周妙芳，劉力嘉，沈杏怡，王玉真（2012b）研究指出，日本提出六級產業化結合地產地消之具體作法，地產地消係指在地方銷售或是消費在地生產的農業、林業、漁產業物的方式。透過六級產業化的推進，結合地產地消，提升地域性農林漁產等在地產業，使得在地農家所得提高，增加地方從事農業之意願，減少食材運輸距離，降低農家成本，減緩地球暖化問題，並將有助於糧食自給率及農地耕種率之提升。

而其中一項是日本鼓勵學校營養午餐，多利用在地食材。日本為促進學校

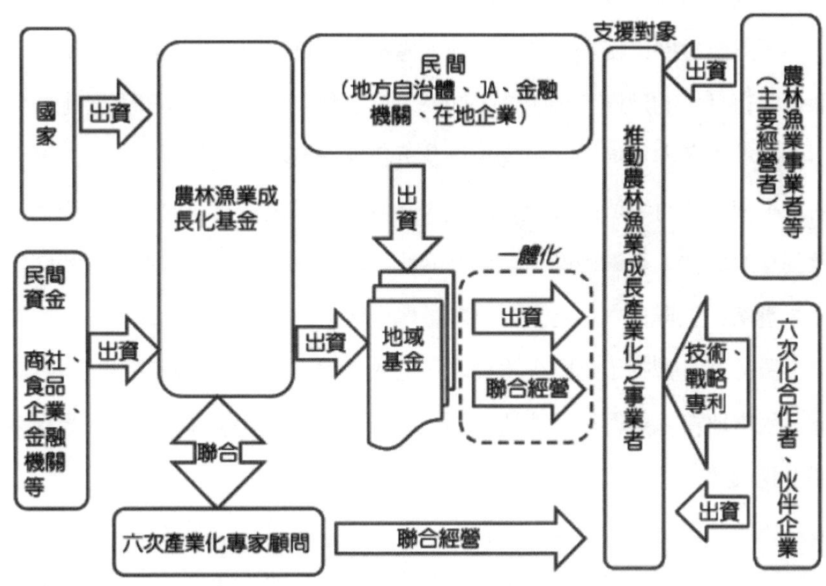


圖 2：農林漁業成長產業化基金運作架構圖

資料來源：陳依文，周妙芳，劉力嘉，沈杏怡，王玉真（2012a）

營養午餐多利用在地食材，依據日本《食育基本法》及《學校供給飲食法》等規定，學校營養午餐之食物來源應盡量使用當地農產品與作物。學校營養午餐使用當地農作物對地產地消之意義，除了建構出生產者、直銷所及學校間之合作模式與良好關係，且因是提供孩童使用的食物，其生產到流通更為消費者所關心，確保新鮮安全的食材。讓學生能更切身地真實感受當地自然的飲食文化，加深對於當地農產業之關心與瞭解，激發學生對於生產者和食物供給的感謝情，並藉機教育學生對於糧食自給率之重視，達成提升日本糧食自給率，節省農作物流通所耗費之能源，對環境做出貢獻。日本六級產業化結合地產地消之作法，以及鼓勵學校營養午餐，多利用在地食材的政策，值得臺灣當局參考。

### （三）六級產業應用於臺灣農村產業發展

臺灣農業發展之優勢，建立於地理優勢、環境，以及優良氣候與緯度，在東亞地區有良好的口碑（楊明憲，2008）。近年，臺灣農村面臨高齡化、農村人口外移與失業與日俱增的影響，以及近年國際市場貿易開放所導致之一級產業衝擊，使得農村經濟面臨重大危機，必要時刻需突顯其在地化特色商品，以強調其經濟優勢。臺灣地區，農村發展背景與日本相似，於日本殖民時期，以「農業臺灣、工業日本」為主軸，開啟農業發展的起始點；光復後，使用農業栽培工業發展，帶動了全國經濟發展，進入近代，觀光產業發展活絡，政府亦積極活用當地特色與行銷手法活絡觀光產業，搭配政府輔導使臺灣在觀光業的發展漸趨成熟。

六級產業亦為日本於二次大戰後，日本糧食所得下降因應的策略，藉由一級、二級與三級產業的連結，公私部門協力發揮其力量活絡產業，為當地農村經濟注入新活力。為解決日本在地問題，六級產業在經過系列政策調整後，將焦點逐漸聚焦於「一級產業」的發展，藉由一級產業的主導性提倡，強調永續農業，創造日本農村就業率與提振收入。六級產業之運用是否適宜，首重於兩地的農業背景發展相似與相異處。首先，以相似面而論，臺灣在地理位置上，和日本同屬海島型國家，而殖民文化的影響，臺灣與日本農業發展技術上呈現許多雷同之處；其次，日本地區面臨問題亦為近年所提倡之跨太平洋合作夥伴協議所帶來的農產衝擊，以及高齡化、農村收入的減少、農村就業率下降以及糧食自給率之問題，亦為臺灣所需面對之農村課題。

反觀就差異面論述，最大差異性在於日本對於產業「受益者」之定位。日本實施六級產業化，政策內容首重活絡農村經濟、提升農山漁村雇用就業率等相關目標，最大的焦點重於「生產者」上，強調一級生產者的農產業主導性掌握，保障其穩定收入，給予基金與資源教育資金的使用，降低生產風險，提升一級農民的產值收入；而臺灣在農業的受益重視上，仍以關注「消費者」之利益為主，目前藉由觀光休閒產業的崛起，漸漸活絡農產業，但在針對農產業者上，注重層面仍較消費者低；雖同樣重視一級產業發展，但兩國之目標客戶定位明顯不同（廖億華，2014）。

綜上所述，本研究將六級產業運用於臺灣產業，藉由日本發展之相關法案，探討臺灣大湖草莓產業；採取社會網絡分析，找出相關利害關係人，並進行深度訪談，深入了解產業實施方向。唯需注意，日本與臺灣首重受益者不同，目前臺灣發展階段仍以活絡農村經濟為首重，未來宜於農業政策上，做基礎規劃，強化生產者與消費者兩方連結，並共同極大化彼此利益，達成完整穩固六級產業目標。

### （四）苗栗縣大湖草莓產業

苗栗縣大湖鄉位於苗栗縣的南側，北臨獅潭鄉與公館鄉，南接水果之鄉卓蘭鎮，而靠西則和銅鑼鄉緊鄰。距離苗栗市約 20 多公里，屬於丘陵地帶，南邊有海拔 1407 公尺的馬拉邦山，全鄉形狀類似短筒馬鞋，鞋跟則位於馬拉邦山之位置，而鞋尖緊鄰鯉魚潭水庫。[1]

大湖鄉的草莓來源，於 1934 年日本人引進臺北陽明山地區，但由於北部氣候影響，不宜栽種草莓，於 1958 年，大湖鄉士賴雲添、賴世源等人，於臺北的蘆洲鄉，引入草莓至大湖地區栽種（鍾國雄，2003）。大湖鄉在過去本以盛產稻米為主，引入草莓初期，採二期稻作輪種的方式進行栽種，並開始以推廣品種——「亞美利加」打響知名度，穩固市場，和稻米同時輪流種植。初期進入銷售市場面臨滯銷的困境，經過大湖鄉農會、苗栗區農業改良場與當地大湖農

1 資料來源：苗栗縣大湖鄉公所。檢索日期：2014 年 1 月 20 日。http://www.dahu.gov.tw/dahu_township/

工產學合作，逐漸進入臺灣市場中，並配合各式節慶推動與休閒觀光業結合，和政府單位進行協力合作推廣，站穩草莓的銷售品牌地位。由於草莓生長環境處於攝氏 18-22 度的冷涼環境中，土質亦須含豐富的有機質，對於水分的要求更為其它作物謹慎，持水量需在 60-70% 之間為宜（黃逶騰，2006）。草莓的培養十分困難，不耐寒、高溫及乾旱，雨水充沛外，日照亦要納入考慮。[2]

大湖草莓園周遭由於近年休閒觀光業的興起，帶動商機，結合體驗行銷性質的草莓園漸漸如雨後春筍般浮現。政府公部門的協助，以及草莓園在農會的帶領下，逐漸形成獨樹一格的觀光休閒文化產業。在節慶的推動，由於草莓為苗栗縣大湖地區重要產出，生產時間於冬季，配合周遭地方泰安溫泉，以及鄰近春節假期、元宵等重要節慶活動，帶給大湖等附近鄉鎮觀光財源收入。

而依據資源理論與符號理論的觀點，農業產業文化與新興的節慶活動可產生連結效益，進而提供地方經濟發展的新意義。至於形成發展地方群聚產業之議題，由於大湖地區在日治時期已有草莓作物，近年也因觀光休閒產業興起而帶動政府、農會等的協力，建立「草莓故鄉」、「草莓王國」等代稱，並因大湖鄉全鄉有 80% 之農民業者經營草莓觀光果園，達成了群聚產業的效應（陳仙玫、張宏政，2012）。

不單單只有草莓，大湖草莓園區中設立的酒莊文化館，是在水果過剩的危機下，於 2002 年設立農村輔導小組酒莊輔導計畫，興建大湖酒莊。酒文化加上地方產物草莓，形成獨樹一格之觀光特色，在草莓季的節慶推動下，酒莊亦帶來另一種不同商機，大湖酒莊之績效評價極高，採用手法為開發潛在消費者，研發口味較淡的草莓酒，委外生產，並將目標市場設定為年輕消費族群，逐漸導向時尚型綜合酒莊。而大湖酒莊也因交通地理位置優勢要素掌握，以春

2 資料來源：苗栗縣大湖鄉農會大湖酒莊。檢索日期：2014 年 1 月 20 日。http://www.dahufarm.org.tw/wine/

節假期為人潮高峰期，將其轉換為商機，成功發揮在地行銷功能（江明亮，2007）。

釀酒產業的興起不單單解決水果過剩之問題，亦參照歐美國家「農遊模式」發展，建立具特色的農村酒莊，大湖草莓酒莊為世界除加拿大，美國外，第三個草莓釀酒廠，並輔以政府所推動之「一鄉一休閒農村」轉型輔導計畫作產業升級，提高整體產業發展（黃逶騰，2006）。另外，與其他研究相比，大湖地區觀光草莓產業遊憩效益較高，而配合近年食安風暴的議題逐漸重視，在栽種上，有機草莓在技術與收益上亦優於慣性草莓，顯示顧客較偏好有機栽種法，並建議農政單為以「有機、生態、環保、文化、休閒」之綜合發展為未來願景（林妙娟，2004）。為使大湖草莓產業推廣國際，增強品牌知名度，前農會總幹事以日本「道之驛」（道の駅）為概念加以延伸，結合大湖周遭相關農業旅遊景點與運用豐富在地文化特色產業，並規劃苗栗縣大湖地區為七大黃金旅遊路線之一，奠基國際品牌良好形象（呂美麗，2011）。

此外，在草莓園的發展現況與分析上，政策設計的妥當上，因園區計畫時間短促，並未有完善規劃，且硬體設施上雖有發揮地方性特色，但細部檢討軟體面，當地屬於客家聚落，在建構客家價值意象上，並未較為強調；在行銷整合面上，由於顧客回流率經學者實證後，發現呈現低迷狀態，指出未來應加強硬軟體與政策上的配合（林佳蓁，2005）。

## 三、研究設計

### （一）研究架構

本研究依據日本推動六級產業，強調一級、二級與三級產業間之聯繫綜效外，搭配政府所推行相關活化政策與基金創立，降低農事者風險，並強調公私部門以及第三部門間之協力關係，達成產業活化的目標。本研究將焦點放於大湖草莓產業，以六級產業化比較、有機休閒、節慶活動與社會網絡等四大面向進行探討與分析，詳細研究架構圖（參閱圖 3）。

而從圖 3 六級產業化比較分析中，分析公私部門與第三部門的協力現況，以及目前大湖草莓產業之預算和成長基金的比較；有機休閒分析，強調於食品安全信任與食品流通議題，針對目前大湖草莓一級產業與流通業，探討食品有機化的可能性與收益性；第三面向為大湖草莓產業獨特的發展——大湖草莓季，屬於在地特色化節慶活動，每年吸引大批人潮前來，造就不少觀光效益，針對此依特殊現象，分析此一效果與活動過程；最後，專注於社會網絡分析，不同於上述三大面向，此部分利用社會網絡軟體—— UCINET6.0 分析產業內部之利害關係組織團體。由於六級產業屬於政策性理論，首重議題分析與組織分析，分別代表目前大湖草莓產業之發展現況議題與協力組織現況，藉由深度訪談分析與社會網絡軟體繪製，交織形成產業運用理論之效益與改進加強之處，為本研究之目標。

## （二）研究方法與實施

本研究藉由審視臺灣苗栗縣大湖鄉草莓產業的發展，輔以日本六級產業化之成功案例作為參考。故本研究方法採用文獻探討法，藉由日本之個案進行研究分門歸類其策略，以六級產業中所注重之中央政府與地方政府之合作關係，輔導協力。其次，透過社會網絡分析（social network analysis, SNA）的研究，進行半結構式社會網絡問卷分析與繪製出社會網絡結構圖，找出利害關係者。最後，採取實地進行深度訪談方式進行資料之實證分析。本研究偏重質化研究，將蒐集的資料加以整理歸納，輔以日本六級產業化之策略目標，找出大湖草莓產業的休閒觀光發展優缺點，期望可提供政府作為未來發展類似產業之參照。

而深度訪談法實施對象包括：大湖農會理事長 1 位，草莓農民 4 位，溫泉業者董事長 1 位，大湖農工教師 3 位，大湖農會推廣股員工 1 位，共計 10 位

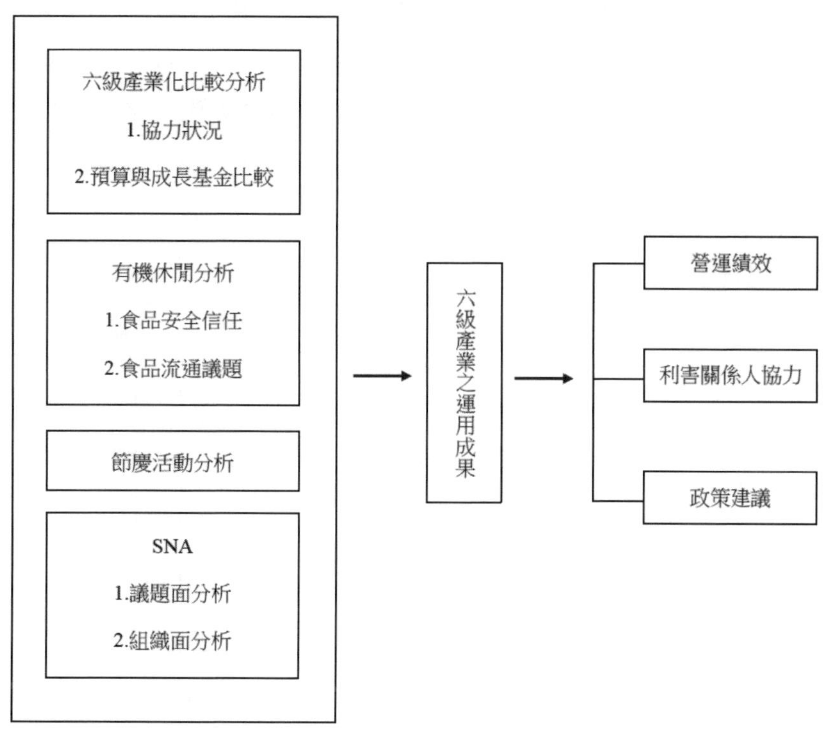


圖 3：研究架構圖

訪談者（參閱表 1），並將蒐集之訪談資料製作為逐字稿，以英文字母區分受訪者之身分與表達言論。至於社會網絡分析，簡要定義為「由社會周遭關聯性所構成的結構」，以環境而言，透過社會網絡的分析較可精確勾勒出社會結構環境，社會網絡藉由節點連結個體（人、事、物、團體），而社會網絡之連結為社會關係的分析與研究，而非網絡中個體關聯性之研究（黃毅志，2002）。多數社會網絡研究所涉及問題為社會資本累積，亦指為在社會網絡中所發掘之價值，亦稱為利益。本研究所發放社會網絡問卷共 11 份，以六級產業化所涉入之一級、二級、三級之產業內容發展狀態及相關項目，進行社會網絡繪圖分析，找出利害關係人及各協力合作單位，大湖草莓季之牽涉單位包含公私部門與第三部門的農會單位，透過系列的訪談過程與學校之產學合作關聯性，找出未來政策發展著力方向。

表 1：深度訪談對象一覽表

| 編號 | 受訪者 | 訪談日期 |
|---|---|---|
| A | 錦水溫泉飯店董事長 | 2013/11/23 |
| B | 大湖鄉農會總幹事 | 2013/11/24 |
| C | 大湖鄉農會推廣股股長 | 2013/11/24 |
| D | 草莓農民 | 2013/11/24 |
| E | 草莓農民 | 2013/11/24 |
| F | 草莓農民 | 2013/11/24 |
| G | 草莓農民 | 2013/11/24 |
| H | 大湖農工食品加工科主任 | 2014/1/17 |
| I | 大湖農工食品加工科教師 | 2014/1/17 |
| J | 大湖農工食品加工科教師 | 2014/1/17 |

## 四、研究結果與討論

本研究參考日本六級產業化法作為苗栗大湖草莓產業之析探，以下分別從大湖草莓產業的比較分析、有機休閒分析、節慶活動分析，以及社會網絡分析四部分作探討。

## （一）大湖草莓產業的六級產業化比較分析

1. 六級產業協力現況

六級產業化法所強調課題，除了活絡農山漁村經濟效益與增加工作機會外，開創城鄉交流亦為主課題之一，以產業分工的概念成功結合六級產業的融合。相較於大湖草莓產業，在公部門與其它機關的協力狀況，依據擔任大湖農會理事長訪談者 B 的論述：

> 政府單位也會非常的重視我們，合作的非常好，所以我們很多的活動，就來自政府單位，從縣政府、農委會，甚至客委會、原民會，因爲大湖地區農會是包含兩個鄉鎮，一個大湖鄉，一個泰安鄉，所以那些相關的上級長官就是非常支持我們的活動，把大湖酒莊發展的很好。（B，2013/11/24）

可知，大湖農會在政府單位的協力配合良好，由於強調「一鄉一特色」之產業發展理念日益活絡，大湖草莓的發展得到地方機關的支持，當地產業之經濟所得增長，成功活絡大湖鄉農業經濟效益。但大湖草莓在加工製作並未強調大湖鄉內弱勢族群的發展，六級產業注重於女性勞力加工的應用，在草莓加工產業上，通常諸如酒製品、草莓酥等等，除了委託大湖農工等學術機關進行研發，其他皆交由大湖酒莊自行製作販賣。

> 大湖地區農會以草莓爲主，整個酒莊與草莓館是一體兩面，其實自己本身就有酒莊，你做的東西要不要賣？你做的產品要不要去行銷？所以我們自己又再加開草莓館。也跟農民一起合作，農會本來就是農民的靠山，我們是一個互惠的關係。（B，2013/11/24）

而在大湖農會草莓酒莊帶動下，雖有成功行銷當地產業品牌，但相對下農民在一級生產面上皆無法融入二、三級的發展，由於產品只需要藉由大湖酒莊獲得草莓文化館之行銷與加工皆可，間接缺少了學習二、三級產業的技術，而草莓農民業者在行銷面上，亦有下述內容：

> 盡量以網路爲主，盡量在網路推廣我們大湖鄉的草莓，政府提供的技術上或資金上的協助對我們來說幫助沒有很大，網路如果盡量推廣我們大湖鄉所生產的草莓產品的話，對我們的幫助比較大。能夠在媒體上報導的話，對我們的幫助會更大，更容易推展到國際。（E，2014/11/24）

即使大湖農會和政府單位協力配合良好，一級產業農民並未由政府面取得資源，行銷通路的缺乏亦為農民業者擔憂問題，由於當地農民業者在培力上幾乎強調一級技術栽種，並未特別強調二、三級產業的知識，此部分為草莓產業需要改進議題。

2. 大湖草莓產業預算與六級產業成長基金比較

以六級產業化為主，日本之「農林漁業成長產業化基金」為民間與當地政府共同協力組成，主要為輔導農林業者培養在六級產業化下所需六級產業指導員，與其運用之資金，在此基金下亦按照區域的不同而有不同區域基金。相較於此，大湖草莓產業並未推行此一基金制度，訪談者 B 有如下的敘述：

> 除了這種基金會比農會更有貢獻與公信力，你想要在大湖找一個更大的基金，是很不容易的。我們要很努力的去賺錢。因爲我們自己還要付自己員工的薪水，所以我們積極度是會比鄉公所高的。（B，2014/11/24）

在預算的控制上，來源除了政府資金的補助，大湖農會所出資輔導的蔬果產銷班亦為草莓產業發展主要項目，蔬果產銷班目前工作除了積極培育無毒草莓栽種業者，政府亦出資輔導其辦理相關業務活動，如C所說：

> 在生物防治的部分有編預算給我們，也就是說，盡量減少使用農藥。用類似蟲吃蟲的方法，他們養了叫做草鈴的蟲後，放到田裡面，去吃其他的害蟲。那這樣的話，他就不可能去灑農藥了，因爲一灑下去，這些草鈴可能會被消滅。我們去年就是在這附近做一次十公頃的實驗，明年的話聽說縣政府編了兩百多萬的預算要給我們，要給我們做類似的實驗。（C，2013/11/24）

無毒草莓發展，政府也相當重視高架作物栽種技術的培養，如E所言：

> 目前還沒有什麼經費補助，只有我們搭高架的草莓園才有稍微一點點的經濟價值……其它就是說，我們搭高架的話，成本本來就高，政府有差不多十萬塊左右的補助。（E，2013/11/24）

政府對於大湖鄉草莓產業預算注重於無毒安全食用部分與高架作物技術栽培，由於每年所編列預算大多留置於大湖鄉農會，再藉由農會出資訓練產銷班人員定期舉辦安全用藥講座或一般種植培訓，藉此領導整個大湖地區蔬果產業的發展。其中，由於大湖草莓產業預算來源有限，當地草莓農民業者除一級產業外，並未涉及二、三級產業；大湖草莓產業整體成熟度較不完整，農民平均年齡亦高，基金會的成立與資金來源，必定是未來所面對的嚴峻課題之一。

## （二）大湖草莓六級產業的有機休閒分析

1. 食品安全信任

六級產業發展重視以安全、安心、健康、新鮮與特色作為發展重點，並強化消費者信任感，打造優良食農體系（後久博，2013）。此亦強調大湖草莓產業發展，由於草莓屬於高經濟價值作物水果，在栽種與照顧上都需耗費龐大資金與成本，但由於大湖草莓產業發展較屬初階未成熟階段，目前還是只能停留於安全用藥宣導的部分，如同 C 所提及：

> 因爲草莓屬於高經濟作物的水果，在消費者的食用安全問題考量上，我們農會都會推廣安全用藥，因爲你說沒有用藥那一定是假的。如果是安全用藥的話，我們依據防疫檢測局及藥物毒害所那邊所公布出的用藥內容，我們農會這邊會盡量利用各班會的時間去做宣導，希望能夠依據安全用藥的規定來去進行。（C，2013/11/24）

對於安全用藥為目前政府單位最為重視的部分，由上述預算面亦可得知政府編列大筆資金投注產業的發展，但由於消費者對於有機產業需求日益增高，致使許多草莓業者朝向此一發展目標努力。大湖農會在此方面亦積極宣導安全用藥與動植物病蟲害防制等等，訪談者 C 身為農會推廣股指導員，亦有以下之論述：

> 以產銷班來說，每兩個月至少要開會一次，那這是我們農會跟農民在連繫的部分。那我們會出來辦一些活動與宣導等等，如果說農民有什麼相關問題也都會求助於農會提供協助。像這一次，草莓季的活動在種植草莓的過程中可能會遇到枯萎，生病等等的種植問題，

> 我們也都會幫她們連絡一下苗栗區的改良場，請她們來看是什麼問題，所以她們就主動聯繫我們，然後我們再去聯繫改良場那邊的專家來看情形。（C，2013/11/24）

聯繫單位上主要還是以大湖農會為主，此一作法類似日本農林漁業產業成長化基金所培育之六級產業指導員制度，農會推廣股提供此一人員培訓，進行安全用藥的發展指導，但此技術僅限於一級產業的發展，二、三級產業並未帶入一級產業中。雖安全用藥被積極宣導，但部分農民仍期望符合消費者要求，盡量採取無毒安全的果園栽種，但仍會面臨困難點難以發展，須靠政府進行協力幫助。

> 像管理方面的話，盡量走無毒安全的路線。因爲我自己本身就是已經再走了，礙於周邊沒有這樣做，怕田間汙染。如果我們周圍，譬如說像我們這一個村，或這一個區塊，如果大家共同有共識的話，大家一起來做安全果園，我想這是未來的趨勢。（D，2013/11/24）

草莓業者積極想去進行無毒果園的培育，但礙於資金面與成本、風險的考量，加上食品安全管理並未嚴格要求，甚至周遭較高齡農民未進行無農藥之農家可能會影響從事意願高之農民，將會削弱農民從事意願。與此聯結，面對高齡農民業者可能帶給鄉村經濟負面效應，也因時代環境的改變，造成許多衍生性問題，新一代之灌溉耕作法與舊式耕作截然不同，亦牽涉到用藥資訊的查詢問題上，身處網際網路時代，農業亦可與網路結合，但政府在這一項措施培育上亦未積極教導農民相關知識，如身為蔬果產銷班班長 F 所言：

像防疫局，什麼藥可以用，都叫農民自己上網去找，這個就是一種詬病。老人家要叫他學電腦要怎麼學？！他可能沒識幾個字，現在政府也有在農藥這個部分有嚴格管控，像現在食品安全就很重要，其實每年都在改進，可是成效不清楚。（F，2014/11/24）

基於上述訪談資訊，顯示農民業者希望藉由一項具公信力之單位向政府表達其困難之處，大湖地區除了農會幾乎無第二項申訴單位，加上大湖草莓產業農會指導員幾乎局限少數人員，在技術上的發展仍需進行省思。

2. 食品流通議題

由於六級產業化強調地產地銷策略，亦即為保持食材新鮮度食用，「由農場到餐桌」亦為其發展重點，其目的要穩固消費者信心，增加在地糧食自給率；由於食品通路問題間接影響消費者的購買意願，因此在建構通路選擇上十分重要。以日本而言，發展在地特色文化與直銷所、當地餐廳結合等等形成特色餐點，有些則強調虛擬實體店面，結合電信業者增加通路銷售管道，提升其附加價值；相對大湖草莓產業除了現有通路，近年雖有提升至便利商店、網路行銷，但因為從事一級產業業者大多屬高齡族群，對現代科技的發展較不熟悉，通常藉由農會收購製成酒製品進而銷售其產品賺取費用，如 B 所言：

大概接近三月底四月的時候，草莓已經接近尾聲了，我們都會跟農民收購草莓鮮果；在收購的過程中，我們就急速冷凍，這就是草莓酒的原汁，那草莓冷凍過後，在一定的時間內壓榨成草莓汁。（B，2013/11/24）

草莓酒製成之成本一部分回歸於一級產業農民，進而達成六級產業之初階目標，但在通路的選擇，大部分農民另透過大盤進行銷售，如 D 所言：

> 我有大盤。然後也有中盤，還有網路行銷，像我的大盤部分就有三季在收購，網路行銷剛開始的時候是要騎著機車出去問客户的，因爲我們的店是在裡面。要做的話大概都是在外面，慢慢的讓人家口耳相傳。在加上網路，我會把一些種植草莓的過程，把它拍出來讓大家觀賞，以了解草莓種植的過程。（D，2013/11/24）

網路行銷、甚至苗栗地區的便利商店在近年草莓季也推出特色化草莓產品，提升當地品牌知名度，大湖農會除了活用體驗行銷，亦於農會區內餐廳推出特色餐點，顯示在地產業文化發展，但也因通路過多問題，導致大湖地區特色化產業漸漸被取代，並無突顯當地特殊性、喪失市場區隔之效力，如身為溫泉業董事長之訪談者 A 如下：

> 大湖酒莊進去買酒的人多不多，但是裡面陳設的東西跟高速公路休息站一樣，什麼都有……假如一個酒莊，有草莓文化有酒的地方，沒有把她特色化，我想要永續經營很難。（A，2013/11/23）

由上述訪談內容觀看通路問題，明確指出大湖草莓在產業發展上由於與酒文化相互結合，提升附加價值的同時亦應思索販賣商品特色化，目前大湖酒莊商品複製程度甚為嚴重，原因在於產品製作單純，二者由於其身處客家庄但卻未充分反映客家元素創意於商品內，通路販售問題未經嚴格把關，此一要件為產業發展上改善部分所在。

## （三）大湖草莓的節慶活動分析

由於大湖地區全面積百分之八十栽種草莓，進入大湖鄉後所見皆可看見草莓園，草莓之節慶配合除了草莓季外，屬於客家庄信仰之義民節，以及當地之法雲寺皆有互動效益，如身為大湖農會總幹事之訪談者 B 所述：

> 節慶的話，大湖農會以草莓爲主打項目，普通的節慶我們也是常常在舉辦。譬如說，我們這邊有義民廟，客家人的信仰中心是關聖帝君，像這些活動，他們都會要求我們要去參加，那以廟宇本身來說，跟我們產業界是比較沒有配合到的部分。（B，2013/11/24）

在參與這些活動時，大湖農會間接與當地農民保持良好互動關係，在進行大湖草莓季的推廣上將更深得農民的信賴，農民亦有較多資訊提供大湖農會進行產業發展擴張，帶動草莓產業；以節慶的推動面上，顯示大湖農會在此扮演節慶推動的主體要素，草莓園業者訪談人 F 敘述道：

> 像大湖草莓季的話，都是要看農會推派幾個人過來，都是以農會爲主，而種植的部分的話就是農改場。（F，2013/11/24）

大湖農會在技術上由推廣股定期召開產銷班會議，農改場亦成為某些特定草莓園之技術輔導協力對象，只專注生產新鮮草莓符合地產地銷的原則，這些草莓園在大湖草莓季的節慶依賴上，重視三級產業的推廣與行銷部分，藉由大湖酒莊為銷售單位進行販售，並透過舉辦節慶、觀光體驗，達成當地糧食產值增加並開創新型之農林事業發展；而農會推廣股成員的訪談者 C 也提及：

透過農會，著重在觀光的部分居多，七到八成都是靠觀光客體驗採草莓，然後就是交給中盤商。我們十二月七號八號要去臺北希望廣場銷售，還有到客家文化園區去銷售。（C，2013/11/24）

大湖草莓季的發展，間接帶動周遭店家體驗採果的經濟效應，由身為草莓農民業者談者D訪談內容：

以祭典來說，人潮都是會集中在酒莊附近，而我們這邊周邊的話多少也會有些溢出效應，客人有一些還是會分散的到，只是說多與寡的問題。如果我們酒莊辦越多活動的話，進來的客人也會比較多，無形之中，知道這項活動的客人，就會往大湖來。（D，2013/11/24）

以學術單位觀看，身為大湖農工食品加工科主任訪談人 H 亦討論到：

我們其實和大湖酒莊除了草莓季外還有其它密切的關聯合作，像十一月份我們就有校慶，校慶就會擺出我們學生做的產品，她們如果發現不錯的話，就會來跟我們購買。（H，2014/1/17）

透過節慶與地方產業甚至學術機關的推動，大湖草莓產業漸漸形成一種臺灣特殊聚落產業發展型態，而大湖草莓季的舉辦上，客源集中地區多於大湖酒莊附近觀光草莓園，以大湖鄉草莓園數量而言，觀光客在體驗行銷上似乎建立於酒莊舉辦活動上，而當地農民業者依然仰賴大湖草莓季的觀光宣傳，來提高自家草莓品牌的知名度。但大湖草莓季之節慶協力大多與在地廟宇活動連結，並無和鄰近之溫泉業有密切之互動關連性，觀光產業兩者的協力互動，配合穩固成熟的一級產業發展，對大湖草莓季的推廣而言更有發展優勢，更能達成六級產業關連企業產業群聚效力的相乘效果。

## （四）大湖草莓產業社會網絡分析

本研究使用社會網絡分析進行探討，採用 UCINET6.0 為分析軟體，而由於社會網絡分析為強而有力之分析方法，以社會實體或產業議題為分析單位，進而探討彼此相關聯性與協力發展程度，社會網絡分析為由社會網絡理論中延伸之工具（Kliduff and Tsai, 2003），結合社會科學等等議題面，以節點代表行動者，以線連結構成社會網絡結構圖；採取立意抽樣法選取利害關係人中重要關係人進行問卷填寫。建構研究議題，透過一級、二級、三級互動與綜效達成，檢視大湖草莓產業發展，而六級產業的分析，給予未來發展定位參考。以下所構築的構面問題，利用 UCINET6.0 的計算，並以 New Draw 繪出網絡圖，觀看其互動關連程度，以程度中心性與中介中心性分別進行分析。

至於六級產業，注重於一級產業、二級產業至三級產業的綜效連結上，以一級農林漁業主導，加入二、三級產業之合作項目，期望藉由發揮綜效，活絡農山漁村經濟發展，並運用在地資源喚起農村地區活力，提升就業率，減少農山漁村人口老化現象發生。此部分分析內容規劃為兩大主體，由大湖草莓季所關注之六級產業節慶議題做社會網絡雙元分析，以一級、二級、三級產業議題加以分析，並歸納產業間協力合作所著重議題面加以評論，進行整體產業的提倡與建議；而第二部分將會以協力組織為分析主體，以中介中心性探討大湖草莓季中各組織的資源掌握優勢性，檢視是否有結構洞的角色存在。

1. 議題面分析

社會網絡問卷設計著重六級產業所強調之產業內容，屬於一級產業類型問題為「生產作物：草莓」、「農耕技術：慣性農作法」、「農耕技術：高架作物栽種」3 題；二級產業著重農產品的加工面，問題為「加工產品：酒製品」、「加工技術來源：農委會農村酒莊輔導小組提供」、「加工技術來源：國立大湖農工食品加工科」3 題；三級產業類型問題著重於行銷層面居多，為「銷售通路：大湖酒莊展售區」、「銷售通路：店家自行銷售」、「銷售通路：宅配提供」、「推廣策略：網路行銷」、「推廣策略：報章雜誌、電視廣告」、「推廣策略：節慶行銷」、「訂價策略：新臺幣 200-500 元」7 題；總共探討 13 題議題。

根據圖 4 顯示，由一級產業分析，大湖草莓產業在一級產業上程度中心性為「生產作物：草莓」最高，數值為 0.600，而其次為「農耕技術：慣性農作法」，程度中心性數值為 0.575，大湖地區全面積有 80% 栽種草莓，在目前技術以慣性農作法為主，亦即為傳統的安全用藥草莓栽種，但經由上述所探討之食品安全區塊探討，許多草莓農家以漸漸朝有機農作法進行發展，為符合消費者需求面；而二級加工產業上，以「加工技術來源：農委會農村酒莊輔導小組提供」所占程度中心性最高，為 0.625，其次在加工品上，「加工產品：酒製品」程度中心性為 0.300，草莓產業在加工上多以製成酒製品為主，而技術來源為 921 地震之後政府出資協力所輔導之農委會農村酒莊輔導小組所提供，大湖酒莊亦為此背景下的產物。三級產業為目前大湖草莓產業發展關鍵產業鏈，其「銷售通路：店家自行銷售」之程度中心性為 0.425，而在推廣策略上，「推廣策略：節慶行銷」占整體產業鏈的主軸，程度中心性為 0.700，其次為「訂價策略：新臺幣 200-500 元」，為 0.675；由於以大湖酒莊與草莓文化館協力，推動大湖草莓季的觀光形象，在節慶行銷上，大湖草莓產業藉由此一活動達到經濟成長效益，而定價上亦為中庸價格，新臺幣 200-500 元為常見草莓購價。以整體產業發展而言，由於三級產業的程度中心性較高，其次為二級產業，發展程度較不完善的一級產業須進一步以成熟之政策改善。

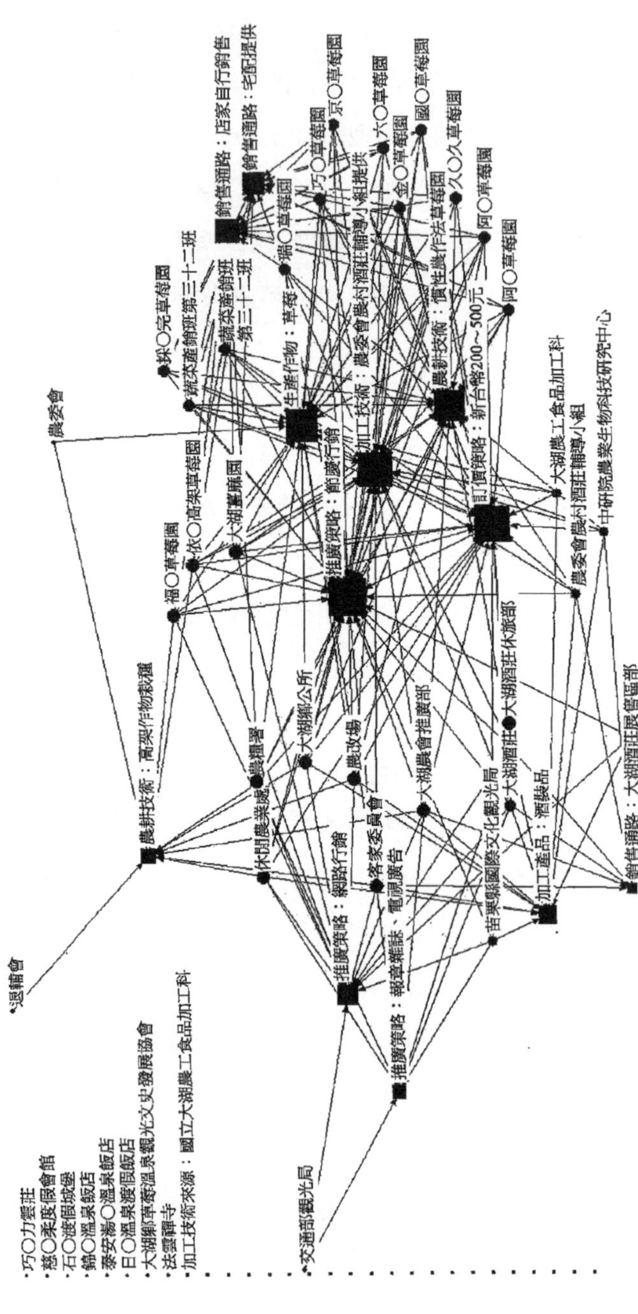


圖 4：大湖草莓產業六級產業議題探討——雙元程度中心性社會網絡圖

2. 組織面分析

著重於六級產業下參與組織之中介中心性網絡分析。由圖 5 可知，中介中心性數值最高者為大湖農會推廣部，數值為 0.011；為大湖草莓產業推動六級產業化相關議題之資訊優勢占有者，亦即扮演結構洞的角色；在大湖草莓季整體的推動上，由農會推廣股將三級行銷面做規劃與輔導農民產銷班班長召開會議；其次為客家委員會，數值為 0.010；苗栗縣政府下的休閒農業處之中介性數值排名第三，為 0.009；在私人草莓園的中介中心性分析上，以依 0 高架草莓園為首，為 0.008，根據身為依 0 高架草莓園之訪談者 D 表示：

> 要怎麼樣去帶動，像我們這個區塊不是只有單獨一家，是很多家在結合的，你單獨一家在做這個，如果周邊都在做的話，還是會影響的。你要怎樣去，讓周邊的人，一起來經營這個高經濟的水果，這都是要看周邊的人怎樣去溝通，要有共識。（D，2013/11/24）

該草莓園業者十分注重周遭草莓園帶動，由於此效應使該草莓園在私部門草莓業者間扮演起結構洞的角色，除了為周遭店家提供用藥安全資訊外，在栽種技術上該草莓園亦會提供相關栽種技術提供協力。

## 五、結論與建議

綜觀整體大湖草莓產業，全鄉 80% 的一級農民皆從事此作物的種植，而大湖鄉的草莓文化形象，也因近年休閒觀光盛行而構築與建立。由日本所推動之六級產業化政策，活化農山漁村經濟發展，以及提升當地糧食作物產出等具體政策目標，皆可作為大湖發展此觀光特色產業的參考。

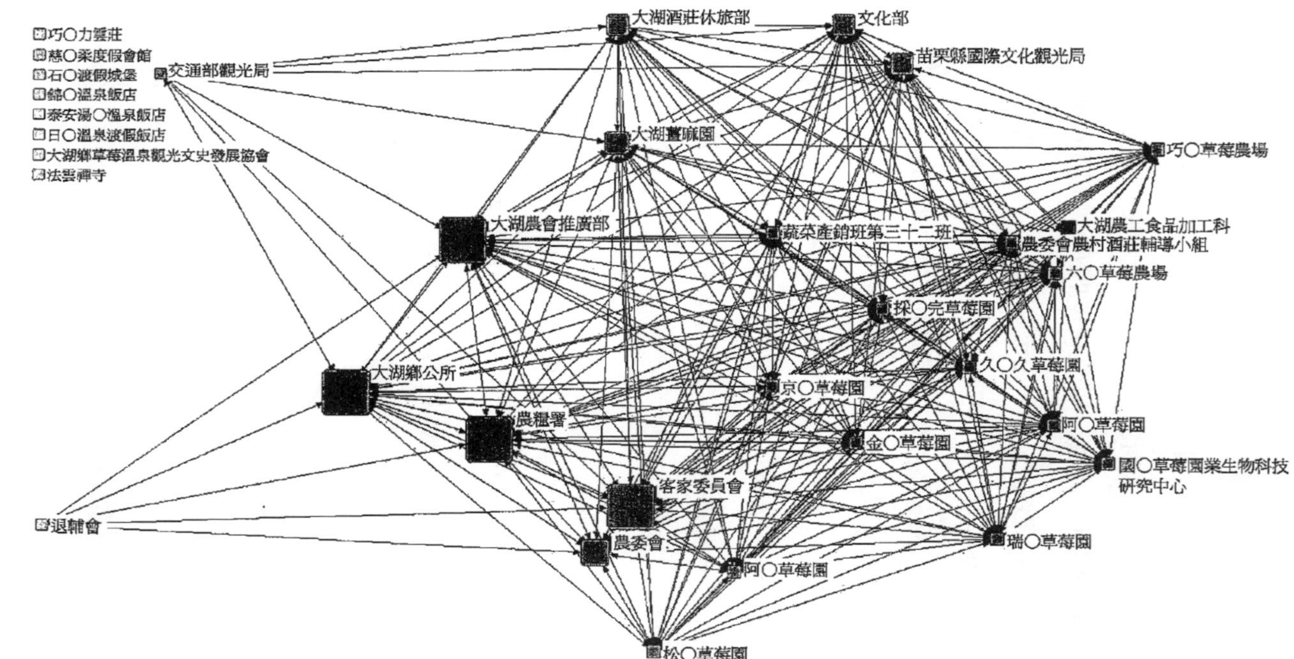


圖 5：大湖草莓產業六級產業組織探討——中介中心性社會網絡圖

### （一）苗栗大湖草莓產業營運績效

1. 大湖農會酒莊與草莓文化館建立，成功帶動地方特色產業發展

大湖酒莊與草莓文化館的建立，為 921 地震後農委會下組成農村酒莊輔導小組所發展的契機，大湖「草莓之鄉」的形象亦在此設立。而本研究發現大湖酒莊成功以體驗行銷的手法吸引顧客，並且對於酒莊舉辦活動的政策感到滿意，顯示大湖酒莊在行銷面上已成功特色化地方產業。

2. 酒製品製作成本回饋一級農民，成功增加農民收益

由於草莓季由當年 11 月持續至隔年 4 月，在草莓季後所進行的草莓收購加工製成酒製品，其收購金額一部分回流至大湖地區一級農民業者，不僅符合六級產業化中核心要件之一的回饋一級農民業者，更提升了農民本身收入盈餘面，活絡在地經濟發展。

### （二）苗栗大湖草莓產業利害關係人的協力

經由社會網絡分析資訊，發現大湖鄉公所、大湖農會與農業改良場所在程度中心性甚高，在互動程度至節慶配合協力上，此三項單位扮演主軸角色，顯示不論互動程度、資訊分享以及兩種節慶之協力，和網絡其他單位皆有較多程度的互動往來，由另一層面探討，大湖草莓產業的推動上，此三單位發揮絕對性的影響力，以及掌握區域性特有權力維繫整體產業的發展。至於大湖農會在此區域影響力十分重要，大湖酒莊與草莓文化館皆其所屬單位，進而對大湖草莓六級產業化組織社會網絡中介性分析觀看，大湖農會之推廣部數值呈現最高，亦即在農會體系下，由以推廣部所掌握資訊優勢最佳，整體草莓產業網絡中資訊流動率較廣泛，為主體產業推動核心部門。

### （三）苗栗大湖草莓產業六級產業之綜效與政府政策建議

1. 一級產業與二、三級產業連結與高齡化問題

由大湖草莓產業六級產業化議題分析顯示，三級產業目前仍為大湖草莓產業發展核心主軸，以大湖農會為首，推廣部所占之中介中心性最高，身為結構洞的角色，除此之外在「推廣策略：節慶行銷」此議題上的發展亦為大湖草莓產業的主要關鍵角色，其程度中心性為 0.675。由於大湖地區在行銷上的重視，在一、二級產業上的發展相對較弱，由食品安全信任此區塊的探討可發現，目前大湖地區一級產業僅限發展安全用藥的階段，政府部門亦希望能藉此建立消費者信心，但並未特別強調產品的優質化發展。其次，在二級加工產品上，大多數一級草莓業者，除了採取體驗行銷方式活絡自身經濟效益，其餘僅限發展一級產業農產品的種植銷售，在加工上僅交給大湖酒莊，其二為國立大湖農工進行產品加工；由於一級業者對產品新鮮度與優良度最具充分認知與了解，若未能由其主導加工位置，在加工產品上精緻度未必能完全突顯。

再者，三級產業的連結上，由於目前從事一級草莓產業者大多年齡偏高，與日本相同，面臨高齡化趨勢的狀態，若未能使其充分理解行銷知識，在現代科技社會的發展下將會變成時代遺珠。如在六級產業化協力區塊，以網路銷售平台建立為主之草莓銷售概念，是農民所嚮往學習之行銷手法，政府在提供輔導機制上，建議可強調此部分的人才培育計畫，協助一級農民進行廣闊之行銷手法學習，進而連結三級產業的發展。

2. 未來宜強化節慶的協力整合

在節慶發展上，溫泉季的發展時間雖然和草莓季相同，但相關性上並未有連結，溫泉業獨立屬於一項區塊，和草莓季有所隔離。政府未來在推動產業發展上，除了強化草莓形象特色外，亦可結合泰安地區溫泉聚落產業，進行相關節慶推動協力計畫。除溫泉季的拓展上，緊接在客家桐花祭的時期，在草莓季熱潮過後，結合客家相關元素，協力大湖酒莊進行草莓酒等加工產品的銷售，具體政策如配合客家桐花賞花時期，參照六級產業化法下之商品故事設計，為每項商品鋪陳出屬於自身獨特的故事發展，在內容上和客家與桐花元素結合，形成獨特文化創意商機。

3. 政府單位輔導協力，未來可結合農村凝聚力成立產業發展基金

日本六級產業化下，由政府與民間等等協力之「農林漁業成長產業化基金」，此基金出資相關事業發展與人才培育等等，並根據地域性質產業另行由當地民間私部門與第三部門等等組成地域資金。大湖地區的當地農會較具公信力，目前並未組成此一類型基金，但由於整體產業面的發展並非集中於第三部門農會上，產業為建立全地域農家與相關協力者上，且政府在預算投注，大都關注於農會所要求的要件，真正的農民需求是政府單位無法看見的隱藏需求，若業者要獲得此經費，必須達到特殊要求，否則在經費取得上相當困難。若藉由當地中小企業共同出資培育地域資金，依照農民需求參與基金的有效運作，農會與政府從旁輔助指導，必定能更加活化草莓產業在經營效率的發展。

4. 未來生產面上期望由慣性農業安全用藥栽種轉型至有機栽種法

大湖草莓產業目前在一級產業上發展較不成熟，目前在栽種上以慣性農業為主，輔以安全用藥進行草莓生產。在食品安全信任的探討區塊上，草莓業者雖有進行無毒果園發展意願，但礙於資金以及周遭環境未有此一帶動風氣，削弱農民從事有機發展的意願，無法符合消費者需求，大湖草莓產業在一級發展上亦停滯不前；政府部門應當由政策面進行發展，除了在預算上鼓勵有機技術栽種，並協力農改場、中研院農業生物科技研究中心等等相關指導單位進行技術改良，設立如六級產業化法下所協力的指導員制度，大湖草莓產業亦須培養熟稔相關知識之人才，進行農村建設改造與發展，突破慣性農法此一限制框架，積極朝向消費者需求方向進行改善。

# 參考文獻

## 一、中文部分

王宣雅，2014，〈以六級產業理論析探地方發展之策略：以苗栗縣客家桐花產業為例〉，論文發表於中華大學建築與都市計畫學系主辦。第十屆科技與社會學術研討會。新竹市。

陳依文、周妙芬、劉力嘉、沈杏宜、王玉真，2012a，〈日本六級產業化政策及其對我國施政之啟示（上）〉。《農政與農情》238：84-89。

______，2012b，〈日本六級產業化政策及其對我國施政之啟示（下）〉。《農政與農情》239：81-87。

朱家榮，2005，〈國立成功大學圖書館建築用後評估之研究〉。國立政治大學圖書資訊與檔案學研究所碩士論文。

江明亮，2007，〈農會經營農村酒莊行銷策略之研究：以大湖地區農會、信義鄉農會為例〉。中興大學生物產業推廣暨經營學系所碩士論文。

呂美麗，2011，〈農業推廣界的奧斯卡獎——推獎系列報導之3：大湖地區農會——轉型創新開發草莓新商機〉。《農政與農情》225：66-68。

李秉璋、楊玉婷，2013，〈綜效加乘創商機：日韓農業六級產業化策略分析〉。《臺灣經濟研究月刊》36（3）：89-97。

林妙娟，2004，〈展有機農業村之規劃：以花蓮縣富里鄉羅山村為例〉。《農業推廣文彙》49：225-237。

林佳蓁，2005，〈客家文化創意產業之回應性評估研究：以苗栗大湖草莓園區為例〉。國立臺北大學公共行政暨政策學研究所碩士論文。

苗栗縣大湖地區農會，〈大湖酒莊草莓文化館草莓故事〉（無日期），2014/1/15，取自苗栗縣大湖地區農會：http://www.dahufarm.org.tw/wine/html/strawberry03.asp

張瑋琦，2013，〈從食育與食材看日本的在地農業資源應用動向及課題〉。《休閒農業產業評論》4：1-6。

陳仙玫、張宏政，2012，〈農業產業文化新興節慶活動之意義與影響：以苗栗縣大湖鄉草莓文化季為例〉。《嶺東學報》32：133-154。

陳美芬，2012，〈從日本農產直銷所看生產者、消費者與遊客的地域網絡連結〉。《農業推廣文彙》57：339-344。

陳曉宜，2005，〈報社記者抵抗資源之研究〉。國立政治大學傳播學院碩士在職專班碩士論文。

黃逶騰，2006，〈有機觀光果園之遊憩需求與經濟效益評估：以大湖地區觀光草莓園為例〉。國立新竹教育大學區域人文社會學系研究所碩士論文。

黃瑋如，2011，〈六產個案觀察解析：日本農業的案例〉。《中衛報告》17：2-10~17。

黃毅志，2002，《社會階層、社會網絡與主觀意識：臺灣地區不公平的社會階層體系之延續》。臺北市：巨流。

楊國樞、文崇一、吳聰賢，1989，《社會及行為科學研究方法》，頁 904-906。臺北市：臺灣東華。

楊明憲，2014，〈臺灣農產品出口競爭與進口替代策略之分析〉。《農民組織學刊》，10：103-128。

鍾國雄，2003，〈草莓產銷現況與問題探討〉。《苗栗區農情月刊》40：1-40。

蘇錦夥，2011，〈六級產業與體驗經濟〉。《中衛報告》17：2-1~6。

## 二、日文部分

今村奈良臣，2010，農業の 6 次産業化の理論と実践—人を生かす 資源を活かす ネットワークを拡げる—. SRI.

地域経済ニュースサイト：北海道リアル ECONOMY，2013，〈北洋 6 次化ファンドが全国第 1 号投資として余市町のワイナリー事業「オチガビワイナリー」に 7600 万円出資、投資期間 15 年〉。2013/12/23。
http://hre-net.com/keizai/kinyu/8150/

株式会社農林漁業成長産業化支援機構，2013，〈サブファンドによる出資に対する同意決定（第 1 陣案件）とこれまでの取組状況について〉。東京：株式会社農林漁業成長産業化支援機構

後久博，2011，《売れる商品はこうして創る -6 次産業化・農商工等連携というビジネスモデル》。東京：ぎょうせい

後久博，2013，〈第 6 チャネル -6 次産業化を知りたい：認定されることのメリット〉。2013/12/23。https://www.6-ch.jp/siru.html

農林水產省，2010，〈六次産業化法の概要〉。東京：農林水產省。

______，2013a，〈平成 25 年度予算の概要——農山漁村の所得増大対策〉。東京：農林水產省

______，2013b，〈6 次產業化の推進について〉。東京：農林水產省

______，2013c，〈6 次產業化支援策活用ガイド～農林漁業の成長產業化に役立つ支援策を準備しています！～〉。東京：農林水產省

______，2013d，〈農林水產業・地域の活力創造プラン〉。東京：農林水產省

奥野俊至，2013，〈地域で連携した 6 次產業化の取組〉。《6 次產業化フリーペーパー》4：1-16

# 客家特色產業消費心理向度與消費滿意度之研究：以屏東縣內埔地區為例 *

劉照金、陳和賢、李梁淑、莊蘭英

## 一、前言

### （一）研究背景

近年來，各國政府開始注重「全球化」與「本土化」的問題，並努力倡導「社區總體營造」、「社區參與」及「本土尋根」運動，使得臺灣本土文化及特有產業蔚為一股流行新風潮，而「地方文化產業」亦成為各社區地方經濟發展的主要動力。由於地方文化產業具有多元意涵，不僅是極具開發潛力的經濟與文化資源，且為地方發展無可取代的觀光遊憩資源，亦具有人民生活共同記憶、文化傳承、凝聚社群、認同感等功能（吳密察，2003；張瓊慧，2003）。

其次，地方文化產業亦具有市民榮耀感及認同感（civic pride and identification）、地理依存性（geography dependency）及地域特殊性（local uniqueness）等特質，在全球化資本主義強大侵略機制下，成為地方經濟再生

* 本文原刊登於《人文社會科學研究》，2009，3 卷 1 期，頁 146-161。因收錄於本專書，略做增刪，謹此說明。作者劉照金現任美和科技大學講座教授；陳和賢現任科技部駐印度臺北經濟文化中心科技組組長；李梁淑現任國立屏東科技大學客家文化產業研究所副教授；莊蘭英（通訊作者）現任樹德科技大學休閒觀光系兼任講師。

與文化素質提升的主要策略（楊敏芝，2002）。2002年臺灣「挑戰2008：國家發展重點計畫」，首次將「文化創意產業」列為重要項目後，更加明確指引未來經濟型態發展的重要走向，也為客家文化發展帶來一個契機。而當「文化」成為國家重要「資本」時，「在地化」成為文化創意產業發展很重要的特質，其強調保存傳統和地方的魅力，發掘地方的創意與特色。因此，如何建構一個具有永續經營特質，以創意與知識經濟尋求地方產業與文化特色，並建立產業發展平台為地方再發展的另一條出路（孫華和，2003；郭麗敏，2003；陳永森，2003；陳碧琳，2004）。

在此地方文化產業日趨成熟與競爭激烈中，文化產業行銷成為另一個地區發展的重點，其主要的目的是為地方形塑一個新形象，利用商品包裝的行銷策略來推廣地方特色，以吸引更多人潮進駐、觀光以及資金的投入（郭品妤，2004）。但是傳統的地方行銷工具多以媒體行銷、口碑行銷為主（潘有諒，2002），這些傳統的促銷手法或許能有效地達到增加地方價值與形象的目標，然而單一銷售策略已無法吸引社會大眾的目光。尤其現今的產業行銷結構在面臨經濟全球化的挑戰下，已急需將整體制度面針對後現代消費思潮作轉型改制；同時，因消費結構的轉變，行銷商品除了提供物質需求的享受外，還需附加上心理需要的滿足感，如商品的地域性、獨特性及符號意象等（國有隆一，2003），以達成地方文化產業行銷的目標。

六堆客家地區的文化產業相關活動及產品，在近幾年已有不小的知名度，屬於後堆之屏東縣內埔地區，有著全臺唯一的韓愈昌黎祠，許多具有歷史文化背景的古蹟、美食及文化產品，在內埔地區地方文化產業變遷過程中，文化產業商品的創意及銷售意象，是否真能為當地帶來符合消費意象的認同？及相關之文化產業商品是否符合消費者需求？本研究期望藉著當地客家特色產業消費者調查，從消費者心理層面做分析，藉以了解影響消費者滿意度之客家特色產業的消費者心理向度。相關研究結果將可提供當地文化產業行銷策略或發展方向之參考。

## （二）研究目的

基於上述研究動機，本研究以消費者心理理論與文化產業消費行為基礎，探討消費者對客家特色產品消費心理向度與消費滿意度之關係。本研究具體研究目的如下：

1. 探討客家特色產業各項消費心理向度與消費滿意度之相關情形。

2. 分析客家特色產業消費心理向度對消費滿意度之預測情形。

## （三）名詞解釋

1. 客家文化：「客家」這個名詞最早見於清初，至遲在 17 世紀晚期才被使用。「客家」並非一個民族的概念，而是從宋朝之後用以說明由外地遷徙作客他鄉的移民（孫華和，2003）。臺灣客家文化係指從語言、生活習俗，以迄山歌藝術、客家文學創作、傳統民間信仰及祖先崇拜（曾喜城，2004）。本研究係指屏東內埔地區所保存具有客家特色之生活習俗、生活方式及文化產業活動等。

2. 客家特色產業：最早產業化的客家文化，應該是客家美食，例如：客家小炒、粄條、米粉與米食（粢粑、各式客家粄等）獨具風味的調味方式，已經成為跨族群共同經營的族群性文化產業（陳板，1998；陳運棟，1984）。本研究有關客家特色產業是指為推動客家特色文化或地區之相關產業，由輔導傳統產業加以創新，以帶動地方經濟發展與傳承並推廣客家文化之相關產業。

3. 文化產品消費心理向度：文化產品消費受後現代消費思潮及消費結構的轉變，除提供物質需求的享受外，還需附加上心理需要的滿足感（國有隆一，2003；陳坤宏，1995；今川淳、林住昌弘、多田正仁、砂子一雄，1989；Hill,

2002；McGuigan, 1996）。因此，文化產品消費有逐漸強調消費美學意識、社會認同程度、文化體驗、文化異質性及消費權利意識等趨勢。本研究有關消費心理向度係乃指消費者在「客家特色產品消費心理向度量表」的得分，其得分越高表消費者越在意該向度心理需求，反之則較不在意該向度之需求。

4. 消費滿意度：消費者對產品或服務經驗的一種情緒性反應，會受到對產品本身滿意度及選擇產品時所得到資訊的滿意度影響（Spreng, MasKenZie & Ollshavsky, 1996）。亦有學者從顧客所知覺的產品績效與個人期望之差異程度作評估（Kotler, 1997）。本研究乃指消費者在「客家文化產品購買滿意量表」上的得分，得分越高顯示其對該項目滿意度越高，反之則滿意度越低。

## 二、文獻探討

### （一）地方產業與地方經濟發展之關聯性

Frenke（2000）曾提出「產業發展能夠引導地方經濟」的概念，清楚道出地方產業與地方經濟間存在著密不可分的關係，即地方經濟會表現於當地產業發展狀況，產業發展進步與其規模的擴大將引導地方經濟成長。而 Blair（1995）認為經濟發展涵蓋範圍包括經濟穩定、經濟成長、經濟公平與經濟自由等，而地方經濟發展（local economic development）結合「地方發展」與「經濟發展」，透過經濟的發展使地方不致於衰退沒落。因此，近年來地方經濟發展的目標，已由過去對經濟成長的強調，轉變為結合實質建設開發、企業發展與產業多樣化、人力資源的教育、培育，以及地方團體組織的教育等面向的努力，以達到地方經濟成長、就業機會的創造與失業問題的解決、生活品質的提升等目標（江彩禎，2003；洪于佩，2003；Blakely, 199l, 1994；Haughton & While, 1999；Malecki, 2002；Wade & Pulver, 1991）。因此，地方經濟一方面是藉由地方產業的發展與經濟政策的配合，達到其發展；一方面扶植當地優勢產業，創造工作機會，解決失業率問題，同時藉由產業間競爭而衍生出地方經濟多樣化。

## （二）文化產業與客家文化特色產業

文化產業（cultural industries）起源於英國，最早由法蘭克福學派的學者 Adorno and Horkheimer（1977）提出，主要在說明文化產業就是科學與技術的改良，透過改良可將文化產品大量生產。文化創意產業與高科技產業同樣以智財為核心的知識經濟，但兩者最大的不同，在於文化創意活動不僅可以產生經濟價值，與高科技產業相較，其成本較低且附加價值高（吳思華，2004；Howkins, 2001）。實際上目前的文化產業由多種文化樣式所融會，以適用當代藝術文化的多元視野與多元意涵，同時依照文化產業的性質分成大眾消費文化產業、地方產業文化與設施文化產業等三大類型（辛晚教、周志龍，2003）。

所謂地方特色產業，係指具備地區特色之經濟活動，大致可區分為地區特產業、地區特色服務業及地區獨特產業等三大類。在「地區特產業」方面是指那些基於地區之區位特性而具備生產優勢產品的製造與銷售產業；「地區特色服務業」是指在區域比較上，該區之相關服務業具備競爭優勢、獨特性或消費口碑，足以吸引消費者在認知地區與該服務業具備關連性的前提下，前往消費之相關服務業；「地區獨特產業」則是指由於法規特許或特殊的環境歷史因素，使在特定地區提供相關產品或服務具備唯一性（蘇明如，2001）。因此，地方特色產業必須符合具有歷史性或獨特性、對地方經濟及社區發展有貢獻、屬消費性且可發展為鄉鎮區特色之產業的條件（王本壯，2000）。

客家特色產業範圍包括地方傳統文化產業、地方觀光文化產業及地方活動產業等三大範圍。地方傳統文化產業是指具有歷史意義價值及特有的文化存在，例如客家傳統建築、廟宇等民俗活動而形成之產業。地方觀光文化產業是指以當地具特色之景點作為「地方行銷」賣點。地方活動產業是以地方文化活動為主體，且藉由政府或團體推動而成的活動產業，近幾年推動「社區總體營造」政策，均是以地方社區文化活動為主體，包含地方的民俗節慶活動，主要在塑造出每個地方的不同特色。

### （三）地方文化特色產業之消費趨向與心理向度

地方文化特色產業是一項強調「在地」特質、「特有文化」意涵的地方產業（Zukin, 1995）。藉由文化藝術化、商品化的意象轉換，將其與地方產業結合發展，以提升地方產業之商品經濟價值，並獲得產品獨有市場的區隔性，強調不可替代的獨特化在地產業（Derek, 1992）。透過地方產業的文化加值，創造地方傳統文化的經濟價值，使地方居民產生對產業文化之認同心理，進而提升地方認同感與擴張在地產業文化之認知程度，達到地方整體經濟價值與文化厚植之目的。國際行銷學者 Terpstra and David（1991）認為文化是一組可學習、可分享、具強制性、相關聯的符號（symbols），在此文化制約過程中，這些具有地方特色之符號是同一文化成員所共享者，而透過符號與樣式的消費活動，使得同類得以相互社交、傳遞經驗、建構集體認同，維繫社群生活（Terpstra& David, 1991）。

綜合客家文化產品之特質（林佳蓁，2004；郭百修，2000；郭品妤，2004；許哲源，2005）及文化特色產業的消費心理結構分析（朱元鴻，2000；陳坤宏，1995；張春興，2003；今川淳、林住昌弘、多田正仁、砂子一雄，1989；Hill, 2002；McGuigan, 1996），顯示客家文化產品的消費走向，首先強調產品與消費者之個人品味、特質符合，並強調產品質感與造型美感，即所謂「消費美學意識」的追求；其次，消費心理趨勢也開始朝向國際觀的消費方向發展，關切業者的企業形象、環保訴求、社會認同，即所謂「社會認同程度」；復次，消費者關心產業界的「文化服務」之主動式體驗服務，地方文化之懷舊風潮、特有文化及歷史意涵，即所謂「文化異質性」；最後，消費者對於文化產品消費過程之消費權利日益關注，例如產品的標示、品質保證、售後服務，即所謂「消費權利意識」（劉春堂，1996；Garman, 2005）。

### （四）客家特色產業之消費滿意度

Churchill 與 Surprenant（1982）認為「消費者滿意程度」是一種購買的結果，指消費者比較購買產品時所付出的成本（如金錢、時間、心力……）與使用產品所獲得效益，即是成本效益分析。Anderson, Fornell 及 Lehmann（1994）則認為顧客對某一特定購買場合或時點的購後評估，累積對一產品或服務購買與消費的全部經驗，且隨時間累積形成的整體評價；亦有從消費者對產品或服務經驗的加以評估，這種經驗會受到對產品本身滿意度及選擇產品時所得到資訊的滿意度影響（Spreng, MasKenzie & Ollshavsky, 1996）；也有學者從差距角度探討消費者滿意度，即從顧客所知覺的產品績效與個人期望之差異程度作評估（Kotler, 1997）。由於客家特色產業乃以客家族群文化產業中具有在地性、文化性、獨特性、原創性的展現（謝登旺，2005），因此，消費者對客家文化特色產業的滿意程度受到在地性、文化性、獨特性、原創性等特質影響頗大，從中也顯現消費者的需求是否得到滿足。

## 三、研究方法

### （一）研究架構

本研究綜合文化產業消費行為與消費者心理理論之相關文獻，建構客家文化特色產品之消費心理架構（如圖 1），以探討影響消費者對客家特色產品消費心理向度與消費滿意度之關係。

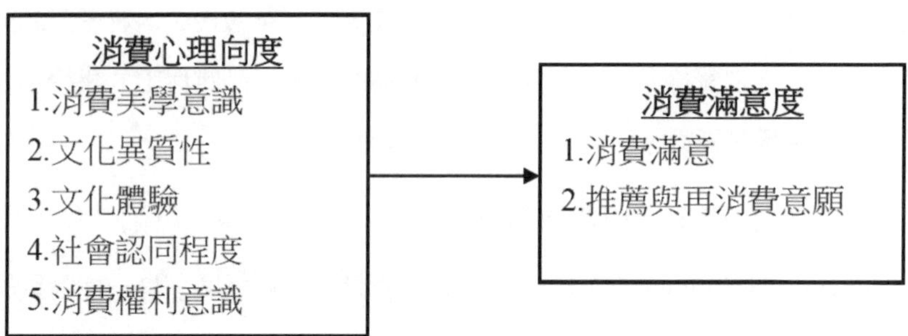


圖 1：研究架構圖

## （二）研究對象

本研究之母群體為參與屏東內埔地區文化產業消費者，採方便取樣方式選取參與當地消費活動、慶典活動或旅遊活動之民眾，以 15 至 65 歲具有閱讀、 填答、表達意見者為研究對象，並徵得同意進行問卷調查，抽樣時間為 2007 年 10 月 1 日至 12 月 9 日，共發放 800 份問卷，回收有效樣本數為 783 份，有效問卷回收率為 97.875%，其中男性 331 人（占 42.27%），女性 452 人（占 57.73%），其中客家族群 377 人（占 48.15%），閩南族群 345 人（占 44.06%）。

## （三）研究工具

問卷內容共分為三大部分，第一部分為個人基本資料，第二部分為客家特色產業消費心理向度量表，第三部分為消費者滿意度量表。

1. 個人基本資料：包括性別、年齡、婚姻狀況、族群、教育程度、長往經驗與職業及收入之消費者參與活動狀況。

2. 「客家特色產業消費心理向度量表」主要參考綜合客家文化產品之特質（林佳蓁，2004；郭百修，2000；郭品妤，2004；許哲源，2005）及文化特色產業的消費心理結構分析（朱元鴻，2000；陳坤宏，1995；張春興，2003；今川淳、林住昌弘、多田正仁、砂子一雄，1989；Hill, 2002；McGuigan, 1996），顯示客家文化產品的消費趨向，包括：1. 消費者強調產品與消費者之個人品味、特質符合、品質感與造型美感等要素，即所謂「消費美學意識」的追求；2. 消費者朝向國際觀的消費方向發展，關切業者的企業形象、環保訴求、社會認同等要素，即所謂「社會認同程度」；3. 消費者亦關心產業界的「文化服務」之主動式體驗服務，地方文化之懷舊風潮、特有文化及歷史意涵等要素，即所謂 「文化異質性」；4. 消費者對於文化產品消費過程之消費權利日益關注，如產品標示、品質保證、售後服務等要素，即所謂「消費權利意識」（劉春堂，1996；Garman, 2005）。本量表共 43 題，並使用李克特量表（Lilkert）的 5 分法為評分方式，經自行內部一致性效標分析法（criterion of internal consistency）及相關分析法（correlation analysis），發現量表之決斷值及與總分相關皆達到水準，故皆不予刪除。其量表之因素分析採主成分及最大變異法進行轉軸，抽取因素特徵值大於 1 之因素，並刪除因素負荷量小於 0.4 之題項。量表之抽樣適切性量數球形檢定及 KMO 檢定，發現量表球形檢定之卡方值及 KMO 值分別為 21089.031、.95891，顯示量表適合進行因素分析。其中「客家特色產業消費心理向度量表」經因素分析萃取出「文化異質性」、「消費美學意識」、「文化體驗」、「消費權利意識」及「社會認同程度」等五個構面，總解釋變異量達 61.757%，整體量表 Cronbach $\alpha$=.959，各分量表之 $\alpha$ 值介於 .722 ～ .931 之間。顯示本量表之信效度均在可被接受之範圍（邱皓政，2000）。

3. 「客家特色產業消費滿意量表」主要依 Anderson, Fornell 及 Lehman（1994）顧客對某一特定購買場合或時點的購後評估，累積對一產品或服務購買與消費的全部經驗，且隨時間累積形成的整體評價等觀點編製問卷。本研究滿意度衡量變項分為一構面共 7 題，為「整體消費滿意度」，並採用 Likert 五分法為評分方式來評分。經自行內部一致性效標分析法及相關分析法，發現量表之決斷值及與總分相關皆達到水準，故皆不予刪除。量表之抽樣適切性量數球形檢定及 KMO 檢定，發現量表球形檢定之卡方值及 KMO 值分別為 3472.950、.891，顯示量表適合進行因素分析，經因素分析萃取出「消費滿意度」及「推薦與再購意願」兩個構面，總解釋變異量達 76.858%，整體量表 Cronbach $\alpha$ 值為 0.886 至 0.800 之間。顯示本量表之信效度均在可被接受之範圍（邱皓政，2000）。

### （四）資料處理

本研究資料分析使用 SPSS for Windows 12.0 中文版套裝軟體進行資料處理。以因素分析將「客家特色產業消費心理向度量表」及「客家特色產業消費滿意量表」萃取出因素構面；以 Pearson 積差相關分析客家特色產品消費心理向度與消費滿意度之相關情形；以逐步迴歸分析法探討客家特色產品消費心理向度對於消費滿意度之預測情形（$\alpha = .05$）。

## 四、結果與討論

### （一）客家特色產品消費心理向度與滿意度之相關

客家特色產品消費心理向度各構面分析，以「文化體驗」的心理向度最高，平均數為 4.11，其次是「消費權利」，平均數為 4.09；「文化異質性」向度最低，平均數為 3.75；而客家特色產品的「整體消費滿意度」，平均數為 3.96（詳列如表 1）。對於各構面間之相關情形，以 Pearson 相關係數分析，發現客家特色產品消費心理向度與消費滿意度，均有顯著之正相關（$p<.01$），其中客家特色產品消費之「文化異質性」及「文化體驗」兩向度與「消費滿意度」之

相關最高（R ＝ .73），而「社會認同程度」及「消費權利意識」兩向度與「消費滿意度」之相關最低（R ＝ .57、.58）。上述結果顯示，消費者對客家特色產品之「文化異質性」及「文化體驗」與「消費滿意度」最為密切。這種現象與陳坤宏（1995）提出消費與文化間的關聯性符合（陳板，1998），他認為「從文化的脈絡來看消費的觀點」，即在不同文化體制下，任何一個族群間的消費行為，都是在表現具有不同意義的文化消費。徐達光（2003）亦認為地方文化產業所強調的「在地化」符號象徵、「獨特性」的文化內涵以及「個人化」的趨勢，消費大眾透過相同的文化符碼建立社群共識，並藉地方化的象徵意義，獲得消費心理的滿足（徐達光，2003）。亦如 McGuigan（1996）強調消費者追求自我文化的獨特性、懷舊風格與文化創意，從「普遍在地風格」的產品形象戰開始興起。

表 1：客家特色產業之消費心理向度及滿意度之關係

| 變項 | M | SD | 文化異質 | 消費美學 | 文化體驗 | 消費權利 | 社會認同 | 整體滿意 |
|---|---|---|---|---|---|---|---|---|
| 文化異質 | 3.75 | .65 | 1.00 | | | | | |
| 消費美學 | 4.07 | .59 | .59* | 1.00 | | | | |
| 文化體驗 | 4.11 | .57 | .60* | .65* | 1.00 | | | |
| 消費權利 | 4.09 | .62 | .45* | .57* | .65* | 1.00 | | |
| 社會認同 | 4.06 | .67 | .59* | .58* | .61* | .54* | 1.00 | |
| 整體滿意 | 3.96 | .61 | .73* | .61* | .73* | .58* | .57* | 1.00 |

*p<.01

資料來源：本研究整理

## （二）客家特色產業之消費者滿意度之預測

依據上述相關性的驗證結果，故選擇消費心理向度相關之因素進行多元逐步迴歸分析，選擇之因素包括文化異質性、消費美學意識、文化體驗、消費權利意識、社會認同程度等因素。在進行逐步迴歸分析前，先進行消費者滿意度常態分布、自變項間獨立性、自我相關性及線性模式適合性等假設之檢測。由消費者滿意度標準化殘差值的次數分配直方圖及常態機率分布圖（圖 2、圖 3）之檢定可發現，其分布近於常態；而自變項間獨立性的共線性（collinearity）診斷中，依據 Kleinbaum, Kupper 和 Muller（1988）所提出的共線性診斷原則，當變異膨脹係數（variance inflation factor, VIF）大於 10 或條件指標（conditional index；CI）大於等於 30 時，表有中度的共線性。本研究對象（N=783）最大的 VIF 值為 2.175，而最大 CI 值為 25.183，顯示本研究全部對象自變項間無明顯的共線性存在；殘差值之自我相關檢定（Durbin-Watson D 檢定）方面，若求得之 D 值在 2 左右，表殘差值不違反無自我相關的假設。本研究對象之 D 值為 1.863，接近於 2，表示本迴歸的殘差值沒有自我相關（如表 2）。由逐步迴歸結果可列出全部研究樣本消費者滿意度影響因素之迴歸式（表 3），方程式：消費者滿意度＝ 1.01 +.259（文化體驗）+.181（文化異質性）+.201（消費權利意識）+ e（.693）。

以上公式顯示，消費者滿意度可由文化體驗、文化異質及消費權利等因素來解釋，解釋的總變異量為 67.8%，其中以文化體驗為最大之解釋變項（53.4%），其次為文化異質性（13.2%）及消費權利意識（1.2%）等因素。對本研究對象而言，文化體驗每增加一分，消費者滿意度就會增加 .259 分；文化異質性每增加一分，消費者滿意度就會增加 .181 分；消費權利意識每增加一分，效益認知就會增加 .201 分。由此可知，消費者在消費客家文化產品時重視文化體驗、文化異質性及消費權利意識。這項結果前述文獻結論符合

（林佳蓁，2004；郭百修，2000；郭品妤，2004；許哲源，2005）所強調客家文化主動的體驗，這亦符合體驗行銷概念，愈能塑造多樣化體驗價值的文化產品，消費者愈可以真實地感受到體驗背後所要傳遞的文化意念（黃聖傑，2004；Holbrook, 1999）；其次，消費者對客家特色文化產品與族群認同，關心客家文化之懷舊風潮、特有文化及歷史意涵（朱元鴻，2000；徐薇媜，2005；陳坤宏，1995；Hill, 2002；McGuigan, 1996），這亦符合體驗行銷學者的看法，「文化」是體驗行銷的核心，對於客家文化活動而言，透過地方產業的文化加值，透過地方產業的文化加值，創造地方傳統文化的經濟價值，使地方居民與來遊玩的遊客產生對文化之認同心理（徐薇媜，2005）；最後，消費者對於文化產品消費過程之公平交易及消費權利日益關注，例如產品的標示、品質保證、售後服務，即所謂「消費權利意識」。

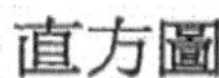


依變數: 整體滿意

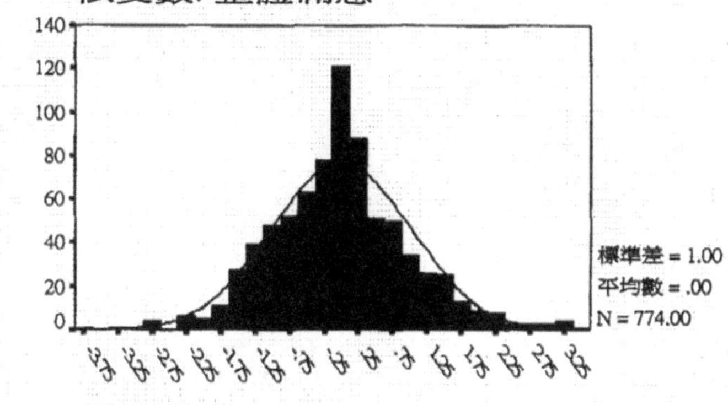


圖 2：受試者整體滿意度標準化殘差值次數分配直方圖

依變數：滿意度

資料來源：本研究整理

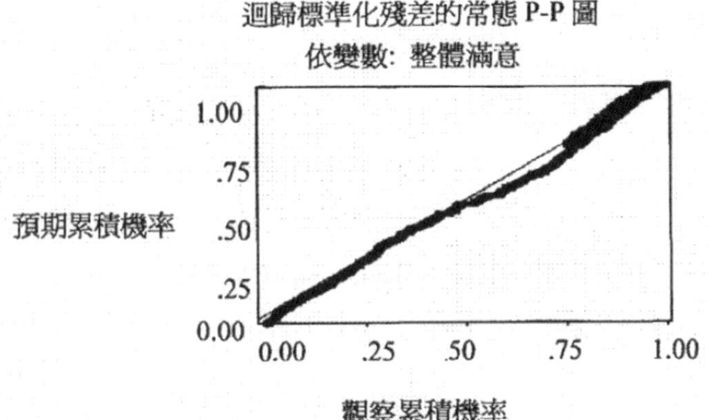


圖 3：全部研究樣本整體滿意度常態分布機率圖

依變數：整體滿意度

資料來源：本研究整理

表 2：受試者整體滿意度迴歸係數摘要表（N=774）

| 模式 | | 截距 | 文化體驗 | 文化異質 | 消費權利 |
|---|---|---|---|---|---|
| 決定係數 | | | .534 | .666 | .678 |
| F 值 | | | 663.14* | 768.00* | 539.66* |
| 未標準化迴歸係數 | | 1.01 | .259 | .181 | .201 |
| 標準化迴歸係數 | | | .376 | .483 | .145 |
| t 值 | | 1.46 | 12.44* | 17.13* | 5.32* |
| 共線性診斷 | 允差 | | .460 | .640 | .567 |
| | VIF | | 2.18 | 1.56 | 1.77 |
| Durbin- Watson | | | 1.863 | | |

註：依變項整體滿意度；*p<.05

資料來源：本研究整理

表 3：受試者自變項間獨立性之共線性診斷摘要表（N = 850）

| 層面 | 全部樣本特徵值 | 合併指數 | 變異數比例 | | | |
|---|---|---|---|---|---|---|
| | | | 常數 | 文化體驗 | 文化異質 | 消費權利 |
| 1 | 3.966 | 1.000 | .00 | .00 | .00 | .00 |
| 2 | 0.015 | 15.889 | .18 | .00 | .82 | .11 |
| 3 | 0.012 | 18.458 | .77 | .03 | .01 | .43 |
| 4 | 0.006 | 25.183 | .05 | .97 | .16 | .46 |

資料來源：本研究整理

## 五、結論與建議

本研究以文化產業消費行為與消費者心理理論為基礎，藉由問卷調查探討影響消費者對客家特色產品消費心理向度與消費滿意度之關係。首先，客家特色產品消費心理向度與消費滿意度有顯著之正相關，其中客家特色產品消費之 「文化異質性」及「文化體驗」兩向度與「消費滿意度」之相關最高，顯示消費者對客家特色產品之「文化異質性」及「文化體驗」與「消費滿意度」最為密切。其次，消費者滿意度可由文化體驗、文化異質及消費權利等因素來解釋 （總變異量達 67.8%），其中以文化體驗為最大之解釋變項（53.4%），其次為文化異質（13.2%）及消費權利（1.2%）等因素，顯示消費者在消費客家文化產品時重視文化體驗、文化異質性及消費權利。三項因素共可解釋總變異量 67.8%，其中以文化體驗為最大之解釋變項（53.4%），其次為文化異質（13.2%）及消費權利（1.2%）等因素。因此，在行銷客家文化特色產品時，重視產品背後之客家文化象徵意義，客家特色產品應不僅只重視物與物之間的消費行為，還應重視其附加之心理感受的體驗服務，即讓消費者有機會接觸與體驗客家文化產品所具有之客家文化特質，以引發其消費之動機。其次，充分利用行銷手法或推展強調客家文化特色產品所具有「客家文化特質」，未來的行銷體系可朝向強調體驗式的感性消費，其注重心理層面的感受重於物質面向上的享受，以提升消費者之再購意願或將其美好經驗推薦予他人。

## 參考文獻

### 一、中文部分

今川淳、林住昌弘、多田正仁、砂子一雄，1989，《感性消費、理性消費：你是那一種消費者》。日本：業強。

王本壯，2000，〈從社區總體營造推動地方特色產業振興的策略：以三義木雕產業為例〉。《聯合學報》17：125 -134。

朱元鴻，2000，《文化工業：因繁榮而即將作廢的類概念》。臺北：遠流。

江彩禎，2003，《地方經濟發展推動機制之探討：以推動觀光發展為例》。國立成功大學都市計劃學系碩博士班碩士論文。

吳思華，2004，〈文化創意的產業化思維〉。《今藝術》136：134-137。

吳密察，2003，〈文化創意產業之規劃與推動〉。《研考雙月刊》27（4）：60-61。

辛晚教、周志龍，2003，《全球化經濟趨勢下臺灣文化產業策略研究》。臺北：行政院經濟建設委員會。

林佳蓁，2004，《客家文化創意產業之回應性評估研究：以苗栗大湖草莓園區為》。國立臺北大學公共行政暨政策學系碩士論文。

邱皓政，2000，《量化研究與統計分析》。臺北：五南。

洪于佩，2003，《我國各縣市地方經濟競爭力評比之研究》。國立政治大學地政學系所碩士論文。

孫華和，2003，〈從文化創意產業展望傳統藝術的未來〉。《傳統藝術》27：43。

徐達光，2003，《消費者心理學》。臺北：東華。

徐薇禎，2005，《遊客對於客家文化產業體驗行銷之實證研究：以新竹北埔為例》。亞洲大學休閒與遊憩學系碩士論文。

國有隆一，2003，《日本7-ELEVEN消費心理學：你所不知的買物心理》。臺北：臺灣東販股份有限公司。

張春興，2003，《消費者心理學》。臺北：東華。

張瓊慧，2003，《認識文化創意產業》。臺北：生活美學館。

許哲源，2005，《客家文化創意產業：以六堆地區為例》。義守大學經營管理研究所博士論文。

郭百修，2000，《地方文化產業化機制之研究：以美濃鎮為例》。國立臺北大學都市計劃研究所碩士論文。

郭品妤，2004，《地方文化產業行銷機制之研究：以消費者心理向度探討》。朝陽科技大學建築及都市設計研究所碩士論文。

郭麗敏，2003，〈傳統藝術的國際視野〉。《傳統藝術》27：39。

陳永森，2003，〈知識經濟與文化創意產業之未來〉。《南主角》27：14-15。

陳坤宏，1995，《消費文化空間結構：理論與應用》。臺北：詹氏。

陳　板，1998，《六家庄風土志》。臺北：唐山。

陳運棟，1984，《臺灣的客家人》。臺北：臺原。

陳碧琳，2004，〈文化創意產業在地方〉。《典藏今藝術》10：57。

曾喜城，2004，《臺灣客家文化研究》。屏東：美和新故鄉出版部。

黃聖傑，2004，《體驗行銷於文化創意產業之應用》。國立政治大學企業管理研究所碩士論文。

楊敏芝，2002，《地方文化產業與地域活化互動模式研究》。國立臺北大學都市計劃研究所博士論文。

劉春堂，1996，〈消費者保護基本問題〉。《消費者保護研究》2：97-117。

潘有諒，2002，《地方政府推動地區行銷之策略規劃研究：以燕巢鄉為例》。國立中山大學高階經營碩士班碩士論文。

謝登旺，2005，〈客家文化產業活化芻議〉。《通識研究集刊》8：1-16。

蘇明如，2001，〈90 年代臺灣文化產業生態之研究〉。南華大學美學藝術管理所碩士論文。

## 二、英文部分

Adorno, T., & Horkheimer, M., 1977, *The culture industry: Enlightenment as mass deception,* London: Edward Arnold.

Anderson, E.W., Fornel, & Lehman, D. R., 1994, "Customer satisfaction, market share, and profitability: Findings from Sweden." *Journal of Marketing*, 58: 53-66.

Blair, M. M., 1995, *Ownership and control: rethinking corporate governance for the twenty-first century.* Washington, D. C: The Brookings Institution.

Blakely, E. J., 1991, "The, argument for taking local economic development: initiative." I*n planning local economic development* (ch1:1-28). CA: SAGE.

_______, 1994, *Planning local economic development: Theory and practice* (2nd ed.). California: Sage.

Churchill, G. A. Jr., & Surprenant, C., 1982, "An investigation into the determinants of consumer satisfaction." *Journal of Marketing Research*, 19: 491-504.

Derek, W., 1992, *Cultural industries*. Burlington: Ashgate Publishing Company.

Garman, T. E., 2005, "Consumer. rights, responsibilities and remedies. In T. E. Garman." *Consumer economics issues in America* (pp.54-83）. Houston, TX : DAME Publications.

Frenke, A., 2000, "Can regional policy affect firms, innovation poential in lagging regions." *Regional Science*, 34:315-341.

Haughton, G, & While, A, 1999, "From corporate city to citizens city?" *Urban affairs Review*, 35 (1): 3-24.

Hill, S., 2002, *60 Trends in 60 Minutes*, HK: John Wiley and Sons Ltd.

Holbrook, M. B., 1999, *Consumer Value: A framework for analysis and research.* New York: Routledge.

Howkins, J., 2001, *The creative economy: How people make money from ideas.* London: Penguin.

Kleinbaum, D. G., Kupper, L. L., & Mullet, K. E., 1988, *Applied regression analysis and other multivariable methods* (3rd ed.). Belmont, CA: Duxbury.

Kotler, P., 1997, *Marketing management: analysis, planning, implementation, and control* (9th ed.). Englewood Cliffs, NJ: Prentice-Hall.

McGuigan, J., 1996, "The culture industry is not a theory of culture but the theory of an industry." In F. Jameson (Ed.), *Culture and the Public Sphere* (pp. 144). London: Routledge.

Malecki, E. J., 2002, "Hard and soft networks for urban competitiveness." *Urban Studies*, 39 (5-6): 929-945.

Spreng, R. A., MasKenzie, S. B., & Ollshavsky, R. W., 1996, "A reexamination of the determinants of consumer satisfaction." *Journal of Marketing*, 60: 15-23.

Terpstra, V. & David, K., 1991, *The cultural environment of international business*. Cincinati: South-Western Publishing Co.

Wade, J. L., & Pulver, G. C., 1991, "Sharpening the focus on community and economic development." *Economic Development Review*, 9 (3): 23-26.

Zukin, S., 1995, *The cultures of Cities*. Oxford: Blackwell Publishers Ins.

# 現代消費文化動力下族群飲食文化的重構：以臺灣「客家菜」當代的休閒消費轉型為例 *

賴守誠

## 一、前言

自 1980 年代以來，飲食烹飪所潛隱帶有的社會、政治與美學的特質，在現代社會去地域化與壓縮時空的快速推展中（Beck, Giddens and Lash, 1994），獲得了空前凸顯。在此發展過程中，飲食逐步成為社會文化力量運作的焦點，並取得了反映社會文化權力關係的顯著關鍵地位。長久以來，作為農鄉地區核心產出的食物，農鄉研究對食物的相關探討關注甚多，致力也極深。然而在此間的農鄉研究對食物社會文化層面的探討仍處於低度發展的狀態。本文將以臺灣客家飲食在現代消費文化脈絡中崛起與轉型的個案為例，說明族群飲食文化在高現代性的社會中如何展開重構；本研究主要運用內容分析法與論述分析法，對有指標性報紙其報導文本的歷史性資料進行分析，探索「客家菜」在當代臺灣社會中是如何在性質上被轉變為一種現代休閒消費的形式；而且將特別著重於闡明這種作為休閒消費的客家飲食，自 1980 年代中期起是如何逐步被具強大影響力之消費文化的主要動力特徵所穿透。

* 本文原刊登於《國家與社會》，2006，1 期，頁 167-213。因收錄於本專書，略做增刪，謹此說明。作者賴守誠現任國立中央大學客家語文暨社會科學學系副教授。

在臺灣隨著族群政治氛圍的轉變、地方鄉土意識的強化、消費資本主義深化與餐飲產品類型愈趨多樣，自 1980 年代中期以來，帶有族群與地方特色的客家飲食快速崛起風行，並很快成為餐飲業者與消費者食物選擇與體驗的重要選項。進入 1990 年代後，客家飲食與烹調在客族形象與客庄地方意象的塑造上扮演日益明顯的關鍵角色，並逐步與鄉村地方營造及休閒文化產業結合。客家美食總是舉辦客家文化藝文活動或是營造地區特色活動計畫的要角，因客家美食之名號而前往客家庄的遊客也絡繹不絕。在此發展中，客家飲食除維持身體、形塑認同、而且為品味社群畫出邊界外，也形成社會與文化運動的基礎。

自 1980 年代起，一方面因多元族群文化在國內受到廣泛的重視與支持，另一方面因現代消費文化在本地飲食領域的快速擴張，「客家菜」在臺澎地區快速崛起，且在此後的 20 幾年間出現了實質的發展。1980 年代開始，臺灣因為政治氣候與社會氛圍的劇烈轉型，「族群」的議題成為政治與文化圈高度關注的議題，推動族群文化的風潮因而快速湧現，客家飲食研究也在這樣的趨勢下逐漸被學界與實務界所重視。

在此同時，自 1980 年代以來，臺灣逐步踏入現代消費社會之林，臺澎地區飲食消費模式與食物品味偏好的整體結構經歷了相當劇烈的變化。不僅食物類型快速增加、餐飲產業強力擴張，烹調口味也日趨多樣，甚至主要飲食的「標準」選項（‘standard’ selection）也出現大幅度的更動。臺灣當代這種食物品味的轉變，以各種面貌呈現在不同世代、性別、地區、團體、族群與階級等向度上，而且對不同社會文化層面帶來深遠的影響，茲舉其犖犖大者：麥當勞漢堡等速食店風靡全臺、異國料理紛紛湧進國內、星巴克等咖啡廳布滿各大都會地景、「客家菜」在餐飲市場中風潮式的異軍突起、有機健康食品的日漸風行等。當臺灣的飲食類型愈趨於多樣且市場競爭日趨於激烈時，帶有族群特色的食物就不僅成為業者建立特色並進以招攬消費者的競爭策略，也成為消費者嘗鮮、使用與體驗的重要飲食選項。因此，客家族群的飲食自 1980 年代起的崛起與風行，凸顯了臺灣食物品味轉型中的諸多關鍵議題，是當代飲食消費文化中值得深入探索的案例。

但整體而言，相較於上述飲食消費模式的激烈轉變與食物品味偏好的大幅轉型，臺灣人文與社會科學界對飲食消費習性與食物品味變遷所進行的研究，兼具理論視野關照與詳實資料支持的研究仍有所不足而亟待進一步深入發展。臺灣過去的客家飲食研究多以歷史起源的描述為主，或以菜餚特色的陳述為重，以實質經驗資料為基礎且以社會文化的視野為架構，對客家食物在臺灣的崛起與發展進行系統性與歷史性兼具的深入研究，目前在國內仍仍然相當欠缺。但社會學自 1980 年代中期以來的兩個重要發展趨勢——消費轉向與文化轉向——為飲食的社會文化研究打開了一個全新的局面。不僅飲食社會文化研究的重要性逐漸浮現檯面，也讓飲食社會文化研究的發展得以開出更具整合性也更具整體性的理論觀點與研究架構。基於此，本研究將致力於通過現代消費文化體制下飲食品味變遷的理論架構，以詳細的經驗資料系統性地檢視臺灣「客家菜」在當代消費文化脈絡下崛起的機制與發展的歷程。

## 二、飲食、品味與族群

飲食是人類生活經驗中甚為根本的重要部分。首先，身體對養分既無可改變又無止無盡的需求，凸顯食物對人類存亡與社會延續無可懷疑的根本性與普遍性。正是在上述意義上，人們認為，人類食物鏈（the human food chain）乃整體社會系統的核心子系統，更認定，飲食是人類社會組織的根本基礎之一（Beardsworth and Keil, 1997; Mennell, Murcott and van Otterloo, 1992; Lupton, 1996）。作為文化以及社會互動的基本要素，食物負載使用者的文化傳統與許多象徵的訊息。飲食系統藉由一些被共同認知與共同實踐的特色，而統合聯結不同條件的人群，同時微妙地區分社會或彰或隱的差異。飲食除可以作為確認社會秩序的一種手段外，飲食也可說是個文化的儀式展示，不同的社會以不同的飲食方式來確認該社會的文化意義。食物因而是重要的認同標誌，它既連結了差異性，也同時區分了彼此，是負載這些象徵的有力介質（Bourdieu, 1984; Mintz, 1985; Bell and Valentine, 1997; Mennell, Murcott and van Otterloo, 1992; Warde, 1997）。

品味是消費的轉化守門人。不同的社會成員對為數眾多消費選項所形成之特殊選擇偏好模式，一直是消費的社會文化研究關注的焦點。長久以來社會科學對品味的探討，已形成兩種多少相互對立的理論性解釋架構：論者或是訴諸一個具獨立自主權品味的假設：品味推動著生產對需求的調適（Gans, 1974; Stigler and Becker, 1977）；或是相反訴求一個品味毫無自主性的假設：品味本身是生產系統的產物（Adorno and Horkheimer, 1997[1947]）。這當然是社會科學領域內最根本、最具破壞作用的主客二元對立在此具體以自願主義（voluntarism）對立於決定主義（determinism）的面貌呈現。

畢生以超越主客觀二元對立為職志的法國社會學家布迪厄（Pierre Bourdieu）針對品味與其社會使用提出至目前為止最為精緻、最為完備的命題：「品味是實際操作者，它把事物轉成不同且特出的符號，把連續性的分配轉換成非連續的對組。品味把銘刻在身體物理秩序的差異提昇到有顯著意義差異的象徵秩序。……品味因此是特出特徵（distinctive features）的系統的源頭，這些特徵必須被理解成特殊存在條件類別的一種系統性的表現」（Bourdieu, 1984: 174-5）。品味進行區分，並區分了區分者。社會主體由其所屬的類別而被分類，因他們自己所製造的區隔區別了自身，如區別為美和醜、雅和俗；在這些區隔中，他們在客觀區分之中所處的位置被明白表達或暗中洩漏出來（Bourdieu, 1984: 466-84）。

在布迪厄的理論架構中，品味是一種傾向（disposition）與一種能力（capacity），能夠以物質性或象徵性的方式挪用物品或實踐。這種傾向與能力的涵養形成主要來自家庭與教育的廣義社會化過程，是一組整合的特出偏好系統——即生活風格（lifestyle）——的生成公式與感知來源（Bourdieu, 1984: 173）。也就是說，品味是特定存在條件之系統性表現的源頭。在此理論架構中，消費實踐不僅假定了傾向與能力的存在，且將會呈現為某種特定的生活風格的方式表現。品味因此是消費活動的中心轉換運作機轉。摘要來說，品味可以這樣被理解：它必然同時兼具個體性與社會性，它既是守門人也是習來的、它既非完全被結構決定，也非完全是自願選擇（Bourdieu, 1984; Seymour, 2004）。當我們進入一個商品的種類與數量皆日趨增長的社會時，品味中介篩選的角色也愈見顯著。

當應用於飲食領域時，品味可以同時作為感覺（sensation）與展演（performance）的意義上被認知，也就是，我們可以更確切的以口味感受及美學風格的古典雙重意涵來理解品味。文化地理學家古斯曼（Julie Guthman）討論食物與品味的關係時，更具體細緻區分了品味之兼具篩選中介與守門轉化角色的諸種類型：（一）反身性品味（reflexive taste）：協助食物知識之搜尋、評價與鑑別；（二）區辨性品味（discerning taste）：進行美學層次區分，如將食物區別為優劣、美和醜、雅和俗；（三）中介性品味（mediating taste）：調節進食、斟酌用飲——儘管可能不完美——以同時滿足社會規範與身體性向的需求；（四）正當性品味（legitimating taste）：正當化食物的選擇以抒解現代生活中潛在諸種矛盾（Guthman, 2002）。

總的來說，品味可以被理解成是個食物——身體——意義的連接場所，在此處身體化意義被賦予食物且身體化意義也從食物衍生而出。然而食物的品味不單單是關乎生理性或個體性，而更是帶有強大社會與文化層次的價值。特定型態、數量與品質的飲食經常被視為不同群體生活風格之道德與文化價值的重要指標。「好的」食物實踐的概念不再僅僅涉及營養價值，而是深刻聯繫著更寬廣的知識、美學與道德的分類。嘗試不同食物與新式烹調是資訊、卓越、氣質與時尚的指標，也是開放創新且「茁然」出眾的表現。在這些多樣不同的分類中，在特定的時空條件下某些食物的品味被往往人們視爲具有更高的正當性（Bourdieu, 1984; Lupton, 1996 ; Warde, 1997; Ashley, 2004; Seymour, 2004）。

「族群」長久以來乃是個界定上極端困難的概念。群體成員構成的潛在規則日見複雜，而區分的標誌更處在經常性的建構與修正的狀態。飲食能夠成為特殊群體其特出性的優良指標，也是意義的協商得以持續發生的重要媒介。就如同所有文化性地被界定的物質材料被運用在社會關係的創造與維持一般，飲食可以同時用來鞏固群體成員屬性，也可以作為強化群體區分的工具。「族群性」源自被認知的差異，而且通過對比（contrast）而運作。也因此，特定族群的飲食是關乎一地理上且／或歷史地界定的飲食社群。但是，「族群性」就像是國族性，有著想像的側面。而同樣地，相關的烹調菜系（cuisine），也是存在著想像的層面。族群飲食帶有文本性（textual）的現實，也同時文本性的被生產而出。不僅特定的食物組合或飲食習慣可能被選擇為族群自我界定或刻板化其他族群的主要介質。這種特定的食物組合或飲食習慣也可能轉換作為極端便利而又高度濃縮的認同劃分。一旦這種菜系（cuisine）開始被想像構連，就能對國族或族群認同額外增加其具體性。有關族群或國族飲食的文本或論述，因而能夠增強特定菜系概念上的鞏固性與連貫性。

食物與飲食在客家族群文化所占有的重要性，已經在客家研究中獲得初步的認知與必要的重視。誠如莊英章（2003）在討論客家社會文化與飲食特性時所指出：「人類的飲食與其他行為一樣，都具有實用性與表達性兩面，食物除去滿足飽食、營養、口味與生產供應等實用意義外，所蘊含即能藉以表達、延伸、象徵的無形意義也相當重要，有時甚至淩駕於實用面。」飲食不僅是人們維持生命的基本物質需要，而且在我們族群社會生活的傳統中，飲食還包含著豐富的文化內涵。客家研究學者楊彥杰指出：「客家飲食文化不僅體現在日常的飲食生活之中，而且突出表現在逢年過節、婚喪喜慶、神明祭祀等重大民俗活動裏。…… 從某種意義上說，飲食文化是客家文化的重要組成部分，在傳統社會裏，它構成了客家文化的基礎和核心內容」（楊彥杰，2000）。

整體而言，人文與社會科學近年來對客家食物展開的研究呈現了鮮明的趨勢：這些研究或是以歷史起源的描述為主軸，或是以菜餚特色的陳述為重心。其中在最具代表性的，是楊彥杰（2000）針對客家飲食文化所進行的一系列研究。他的研究指出，客家菜的基本特色是在特定的時空背景下，經過漫長的歷史傳承與演變過程而逐漸形成的。也因為如此，「客家菜與周圍其他地方的菜肴相比，也是你中有我，我中有你，並不是每道菜都是客家人獨有的。而從選料、烹調、口味等方面加以把握，則能從總體上反映出客家菜的特色。這些特色與客家人所處的自然環境、社會人文背景是緊密聯在一起的，同時也成爲客家飲食文化的基本內容」（楊彥杰，2000：378）。楊彥杰強調，總的來說：

> 客家菜仍有自己的特色，表現在：一、選料方面以當地土產爲主，尤其注重山珍野味、家禽家畜以及大米、番薯等土產材料。二、乾醃臘製品地位突出，成爲著名的風味食品，如「閩西八大乾」即是其例。三、烹調方法注重燉煮，少炸烤，刀功樸實無華。四、菜肴風味以香鮮、原味爲主，但各地口味略有不同。 導致客家菜具有上述特色的原因，從根本上說離不開當地的自然地理條件、物產資源以及社會人文環境的交互影響。（楊彥杰，2000：363）

沿著此立論線索，在臺灣多數討論客家飲食文化的作品，多接受以下族群特徵與飲食文化的強烈聯繫：客家人重要的族群特徵（如：勤奮淳樸、熱情好客並具有很強的團結性等）都可以從客家人的飲食生活中體現出來（楊昭景，2005；楊昭景與邱文彬，2005）。楊彥杰（2000：378）以精簡的語言呈現此觀點：「飲食是人類維持生命所不可缺少的。從這個意義上說，客家飲食文化是客家文化的重要組成部分，在傳統社會裏，它構成了客家文化的基礎和核心。」

楊昭景與邱文彬（2005）在論述客家飲食內涵與發展的專文中嘗試從客家移民發展的過程瞭解客家飲食內涵建構的關係，並將論述的重心放在分析客家族群的特色與發展的精神。兩位作者引此指出：「飲食是一個族群獨特的展現標誌，有對祖先記憶的痕跡，亦是該族群長期實踐而成的生活內涵，這其中或許尚存有族群原始的生活飲食習性，但更多數的表現應該是族群在生存的過程中與所處的土地、環境、不同族群互動中產生的改變與沉澱的文化」（楊昭景與邱文彬，2005：71）。

但在臺灣「客家研究」逐漸蓬勃的進展中，討論客家飲食文化新的觀點已開始浮現。通過來自一般社會消費大眾觀點經驗資料的收集與分析，最近對臺灣客家族群更深入的研究（王雯君，2005），已經初步指出「客家飲食」是臺灣一般社會大眾對客家族群特質最主要認知意象的重要側面。而此認知意象的形塑與建構，明顯是與當代臺灣消費文化的深化發展有著密不可分的關鍵聯繫。王雯君運用其調查研究資料，描述說明臺灣社會大眾此種消費文化——客家飲食——客家族群的意象聯繫：

> 大家能夠提及客家就想到「客家菜」或「客家小吃」，客家意象的形塑，食物的重要性不容小覷……中央與地方政府每每舉辦客家文化藝文活動或是營造地區特色，客家美食總是活動計畫的重頭戲，

> 因爲客家美食之名號而前往的遊客也絡繹不絕……至於消費者的部分，客家美食榮登第二位……而消費者多爲非客家族群者，而他們至這些客家庄進行文化休閒產業的消費，大多以享受美食名產與遊山玩水賞風景爲主，因此，當地打響的客家美食招牌必是吸引消費者之處。（王雯君，2005：132-133）

在客家研究這種新的經驗現實觀察的基礎之上，我們可以對客家飲食的研究，補充來自食物與消費社會文化研究新的理論視野與概念工具。飲食品味是我們認為，在臺灣現代消費文化的脈絡中，對深入瞭解客家飲食崛起的核心機制與探索客家飲食發展的關鍵過程，一個值得嘗試引用且在經驗研究解釋的深化極為有用的理論工具。

## 三、飲食品味變遷

依飲食社會學發展論的觀點，人們的品味與「需求」是他們長期累積社會經驗的產物。形塑一個世代品味的社會力量其本身是延續先前諸多世代長期社會發展過程的複雜綜合體。若要解釋飲食品味的變遷，無疑地我們必須以歷史、動力和發展的眼光來考察。正如布迪厄以動態和辯證的觀點指出：「品味實際上的實現依所提供之物品系統的狀態而定，在物品系統中的每一個變動，都會誘發品味的變動。但是，同樣反過來說，在品味的每一個變動也將傾向於以直接或間接的方式誘發出生產場域的轉型」（Bourdieu, 1984: 231）。

社會學的文化轉向凸顯強調象徵系統——如再現（representation）與範疇（categorization）——對食物研究的重要性。整個商品交換過程中具中心地位的是賦予特定類別事物商品價值並使其有效傳遞的過程：這是通過再現的運作處理，以象徵化且概念化的操作方式使社會現實範疇化（Lury, 1996; Du Gay et al., 1997）。正如社會學家方塔西亞（Rick Fantasia）針對法國當代的速食現象做出的研究所強調：「在經濟社會學與文化社會學的交會處存在一個優勢點，從這個優勢點我們可以更清楚的辨認文化的物質向度與食物的非物質向度。這個日漸忙碌的交會處最近對消費過程的強調，除諸多其他事項外，已經把重點放到下列事項：消費被圖像、意識型態、慾望與銘刻於其中的『文本』所中介的方式」（Fantasia, 1995: 201）。

對飲食的社會文化研究有重要影響的文化人類學家明茲（Sidney Mintz）與法國社會科學家費席勒（Claude Fischler）都採納了人類作為再現消費者的概念。費席勒指出，食物是我們認同意識的中心，個人所選擇去體現的飲食塑造了個人認同，且幫助了我們維繫自己的菜系、地位和組織（Fischler, 1988）。明茲則主張，因為食物承擔了象徵意蘊，研究需採取食物的內在意義與外在意義的雙重強調。這尤其包含了研究者對「編碼者」（'the codifers'）的解碼：那些負責在營養、經濟、社會及文化等重要方面給予食物意義的社會成員（Mintz, 1994: 114-5）。這說明了有關飲食的再現過程，涉及相當龐大的「編碼者」的「綜合體」——即某些現代社會理論家所稱的「文化中介者」（cultural intermediaries）。他們在現代制度性機構的支持下，逐步掌握有關消費者的各方面——如，焦慮、恐懼、慾望、偏見與行為等——極為龐大驚人的綜合知識（Miller and Rose, 1997）。

## 四、飲食品味變遷與論述文本

現有的研究成果告訴我們：食物論述（food discourse）或烹調文本（culinary text）對個人慾望的社會化與集體重新界定口味乃是極為關鍵的作用者。關乎食物的書寫乃是導引吾人移開被直接處置、消費之基礎食材的文化品，因此假定了一套不同的消費秩序。這種論述文本鑑賞的「次級」烹調消費，對作為有特定運轉法則的飲食場域而言，無論就其建立或是其持續都有其根本的重要性。通過食物論述文本，「品味社團」（'taste community'）得以有效擴展，進而超越直接的生產者與消費者。更具有關鍵意義的是，間接的食物論述與飲食文本使稍縱即逝的烹飪食品被穩定在非烹飪論述的一套網絡中，且重新把飲食烹飪活動界定為廣義的文化性事物（Mennell, 1985; Appadurai, 1988; Warde, 1997; Fergurson, 1998; Brownlie, Hewer, and Horne, 2005）。

文化社會學家錢尼（David Chaney）指出當代歐美社會食物相關論述三個重要的改變領域，第一，把食物由先前當成是實用性事務，轉變為把食物當成美學關注。因此，食物就更明確地變成是一個社會能力展示甚且是氣質品味顯示的領域。第二，對管制食用食物之種量與型態的訓育式聚焦（disciplinary focus）巨幅增長，隨之而起的是，對進食之需求與效率模式之建議產業（industry of advice）的勃興。後者進一步聯繫第三個領域的出現，這特別是指環繞著食物的象徵意涵所形成的道德論述出現巨大的擴張。道德的關心尤其是與下列相關的理念與價值最為明顯：「有機」、「自然」、「家鄉」、「傳統」等。簡言之，消費變成一種「道德」活動——要求消費者做出「正確」的道德抉擇。在此意義上，上述各個側面總的形塑了現代食物消費的形式（Chaney, 1996: 122-4）。

與消費文化之日漸增長相應而起的是文化產業的日益勃興。飲食的文本與論述在這樣文化工業發達的現代社會中，有相當可觀的比例是以新聞報導及雜誌選薦的方式現身。對讀者來說這些大量流通的文化品可能同時扮演著好些不同的角色：實務建議、商品資訊、風格引介、諸種作為——如娛樂、休閒、夢想、幻想與愉悅等——的參考依據等等。整體而言，它們導引或協助一般消費者適切地掌握日漸複雜的消費文化領域（Beck, 1992; Giddens, 1991）。儘管學界對於新聞與雜誌在此扮演何種角色並沒有單一明晰或簡單清楚的答案，但相對明確是：新聞與雜誌絕非單純的採買指南或資訊告知。綜合性報章雜誌除對飲食烹調進行了廣泛多樣的呈現外，其有關飲食的常見內容——如專文、報導、介紹、專欄、廣告等——殆皆以或明或暗的方式誘導或選薦產品與服務給讀者（Winship, 1987; Hermes, 1995）。在大量發行、廣泛流通、持續呈現、隨處可及等市場結構要因的支撐下，綜合雜誌與新聞作為文化中介者之象徵產品與服務產出的重要部分，在食物品味的反映與建構具有不可忽視的的角色。我們不僅應將報章雜誌更適切理解成現代食物文化與飲食風潮其品味塑造的重要環節，更應正視它們在轉變公眾對飲食的感受與偏好方面所可能具有的關鍵影響力。

字詞的選用是社會文化變遷的指標（Elias, 1978），論述行文中遣詞用字的系列組合乃報導、評價、推薦的核心基礎。評價選薦原則在飲食文化中有其根本的重要性，因為它緊密聯繫著許多重要議題而得以檢證評估廣泛的變遷：標準建立、想像導引、美感體會、歡愉誘發、經驗共享、道德架構、資訊提供、選擇幫助、優劣評斷、關注引導、決策緣由、意義明瞭等。近期重要的研究成果如英國社會學家華爾德以英格蘭具有代表性的女性雜誌為樣本母體，挑選出其中 1967-8 年分及 1991-2 年分的出版，以內容分析法詳實地分析了食譜專欄，發現雜誌的編輯與撰文建構了下列四組的推薦原則（principles of recommendation）：創新／傳統，健康／放縱，經濟／奢華，便利／關心（Warde, 1997）。在此基礎上，美國文化地理學家古斯曼（Julie Guthman）研究 1990 年代的有機食物後進一步加入自然／科技現代元素。換言之，上述學者充分運用在流行媒介呈現的評價推薦作為系統性瞭解食物品味變與常、斷與續的檢驗分析基礎（Guthman, 2002）。

然而，在此吾人必須注意避免掉入文本中心主義的陷阱，「文本」與「論述」並非自動在社會文化空間中取得權威並發揮普遍影響。欲達成一個優勢權威的位置並得以施展象徵權力（symbolic power），商業性的文化產出必須在一特定的（如國家或國際）脈絡中取得正當性（Bourdieu, 1993; Thompson, 1995）。隨之而來的社會現實是：此過程相當顯著地必須仰賴公共論述領域的一般性的構造安排。特定的商業文化推廣，其在社會脈絡中的地位或在整體文化的重要性，可能會在不同的歷史情勢與地理位置下，依照不同的經濟、政治與文化的參數而出現激烈改變。這一切都指出對大量流通之文本與論述產出的核心社會群體——文化中介者（cultural intermediaries）——在現代飲食品味變遷中扮演的關鍵角色（Fischler, 1988; Mintz, 1994; Dixon, 1999: 152）。

## 五、研究方法與資料來源

飲食論述（discourse）或烹調文本（text）在個人慾望的社會化與集體口味的重新界定方面皆扮演甚為關鍵的角色。因此，報章雜誌的飲食文本不僅反映而且建構現代食物品味（Mennell, 1985; Appadurai, 1988; Warde, 1997; Fergurson, 1998）。臺灣在 1980 年代後，逐步轉向以消費體制為中心的社會形構，消費文化發展的強度、廣度與密度也漸次增長，文化出版的相關產業與部門在此期間也取得空前未有的蓬勃進展。飲食的文本與論述在文化工業發達的現代的社會中，有相當可觀的比例是以新聞報導及雜誌選薦的方式流通（蔣艷蓉，2001）。為深入地探索「客家菜」在臺灣消費文化日趨強大的近 20 年間的崛起與風行，本研究採取之研究方法主要為內容分析法與論述分析法。

資料來源與樣本選擇簡要說明如下：本研究的資料來源是以報紙報導為主，為能深入系統地分析所有近 50 年的報紙文本資料，我們選擇目前提供最完整電子搜尋的「聯合知識庫」（它收錄五大報全文資料庫：聯合報、經濟日報、民生報、聯合晚報、星報 1951/9/16- 迄今）。以「客家菜」此關鍵字搜尋，選出在 1951-1999 所有資料庫中的相關文章，對報導中出現「客家菜」的篇數與所在版面依年代進行分析（參見表 1）。

現代臺灣的脈絡下，檢視報章中所呈現或建構的「客家菜」，不僅可以幫助我們明瞭飲食品味與消費文化是如何在特定的歷史形構與較寬廣的社會文化脈絡中被構連深化，而且提供一個對瞭解飲食文化具歷史與地理敏感性的工具，讓我們得以辨明飲食品味如何通過特定社會群體與廣泛的文化形式被中介，並引導社會大眾投入並參與於其中推動各式飲食文化的運轉。

表 1：報紙報導中出現「客家菜」的篇數與版面*

| 年分 | 出現總篇數 | 出現版面 | | | | | | | |
|---|---|---|---|---|---|---|---|---|---|
| | | 國外觀光旅遊 | 副刊 | 家庭婦女 | 地方鄉情民俗 | 經濟商業市場 | 國內觀光旅遊 | 消費休閒生活 | 其他 |
| 1951-1982 | 9 | 2 | 3 | 1 | | | | | 3 |
| 1983-1991 | 35 | | 3 | 1 | 9 | 6 | 3 | 4 | 9 |
| 1992 | 13 | | | | 2 | | 1 | 9 | 1 |
| 1993 | 30 | 3 | | 1 | 5 | 4 | 7 | 6 | 4 |
| 1994 | 15 | 2 | | 1 | 1 | 4 | 1 | 3 | 3 |
| 1995 | 23 | | | | 10 | 3 | 4 | 4 | 2 |
| 1996 | 34 | 3 | | 5 | 5 | 3 | 5 | 8 | 5 |
| 1997 | 24 | 1 | | 1 | 4 | 1 | 8 | 5 | 4 |
| 1998 | 42 | | | 1 | 2 | | 14 | 21 | 4 |
| 1999 | 71 | | 1 | 1 | 4 | 7 | 21 | 30 | 7 |

* 資料來源：「聯合知識庫」（網址：http://udndata.com/library/）

## 六、客家飲食的歷史浮現與當代的休閒消費轉型

以報紙所呈現內容為基礎，本文將臺灣在 1951 至 1999 年間「客家菜」所指涉的主要內涵，做了三個階段的劃分（分別是 1951-1982、1983-1991、1992-1999）。在 1982 年前，報紙媒體的工作者似乎沒有認知到居住在臺灣地區的客家族群，他們可能有一種特殊不同於其他族群的飲食文化。少數提及「客家菜」的文章，則是集中在「副刊」與「家庭婦女」的版面中，其「客家菜」的意涵則充滿了當時新近來到臺灣的客族移民對原鄉食物思念的鄉愁。這種情況在 1983 年後出現了較為明顯的轉變。從 1983-1991 年，出現「客家菜」的報導主要集中在「地方、鄉情、民俗」的版面與次高比例的「經濟、商業、市場」的相關版面。而在 1992 年之後，儘管「地方、鄉情、民俗」的版面出現「客家菜」的內容依然維持一定的比率，出現總篇數最高比率的版面已經明顯移往「國內觀光旅遊」與「消費休閒生活」此兩大版面。主要基於以上的緣由，我們將 1951 至 1999 年間「客家菜」的主要內涵界分成三個階段：（一）作為移民鄉愁的「客家菜」：1951-1982；（二）作為民俗文化的「客家菜」：1983-1991；（三）作為休閒消費的「客家菜」：1992-1999。

### （一）作為移民鄉愁的「客家菜」：1951-1982

首先，從表 1 中我們可以明顯地觀察到，從 1951-1982 年使用「客家菜」的少數文章，其所出現的版面，除零星的其他版面外，主要集中在國外觀光旅遊、副刊與家庭婦女的版面。國外觀光旅遊的案例集中在香港、新加坡地區對客家菜的相關討論，如：

> 中山時子說，她們一行人在香港一共逗留了四天，在頭兩天，她們曾去「香港仔」吃海鮮，也吃了潮州菜，客家菜，還去過廣東館「飲茶」。【1965-03-24 / 聯合報 / 03 版 / 】

副刊及家庭婦女版面中出現的「客家菜」的文章，則滿溢著新近來到臺灣的客族移民對原鄉食物思念與渴盼的鄉愁。以下是幾個鮮明的例子：

> 「釀豆腐，贊到死！」（好極之工謂）這兩句話，是我們粵東人的一句口頭禪，也可説是粵東人對於「釀豆腐」愛好的程度。因爲在這個平凡的名字裡，不僅包含了許許多多客家人的生活反映，同時也是客家菜中比較隆重的一項菜式。【1954-09-20／聯合報／06版／聯合副刊】

> 母親是做菜的能手，記得小時候在北平，每逢年節，父親都要請那些，寄居在學校的同鄉學子們，來家中吃一餐家鄉風味的客家菜，安慰這些遊子們的鄉愁。【1957-05-20／聯合報／02版／婦女生活】

> 廣東客家人的拿手好菜中，以「釀豆腐」爲最膾炙人口。在東江一帶，都説五華人所做的釀豆腐最好吃，其實韓江流域首推「大埔釀豆腐」爲佐酒佳肴。【1961-11-19／聯合報／07版／】

此時的報紙媒體以及相關的媒體工作者似乎沒有認知到居住在臺灣地區的客家族群，有一種特殊不同於其他族群的飲食文化。這種情況在1983年後出現了較為明顯的轉變。

## （二）作為民俗文化的「客家菜」：1983-1991

一方面隨著臺灣地區現代化歷程的加速進展，人們已經感受到，早期較為「傳統」的物質文化與生活模式的諸多側面，已經即將面臨消失或死亡的厄運。傳統的客家文化沒有例外的是這其中的一支，這個「現代性後果」的大趨勢所引發的強烈感受激發了有關「客家飲食」各種不同的回應與走向。正如以下的報導所描繪：

> 近百位熱愛本土文化的人士，不忍見到客家文化快速地流失，今天搭車前往新竹、竹東、北埔、湖口等地，探訪臺灣血緣性聚落的標本，唱客家山歌，吃又鹹又香的客家菜。【1989-11-19／聯合報／34版／消閒】

另一方面，漸次深化滲透進入臺灣社會基層與文化肌裡的現代資本主義生產／消費／商業模式，快速推動著本地零細資本投入客家飲食的新興領域，並試圖轉換客家飲食成為有利可圖的市場。以下是當時相當具有代表性的報導：

> 松園客家村表示，爲充分表現出客家菜的獨特風格，在廚師及選料上都力求道地，其並擁有寬廣的飲食空間及附設日式隔間，適合工商業界用餐及開會、洽商使用。【1988-06-17／經濟日報／22版／工商服務】

但在這樣一種表面上似乎反向對立的發展中，隱隱呈顯出一個至關重要但沒有被明確說出的共同認知與信念：客家飲食是客家族群其民俗文化中基礎構成的重要部分。我們可以從1983年到1991年所出現使用「客家菜」的篇章中，分析歸納中發覺：「客家菜」在這個階段報紙媒體中被認識與論述的主要方式是「客家民俗文化的核心要素」。下面幾則報導凸顯這個歷史階段的趨勢：

> 臺灣區客家民俗文化活動，在桃園龍潭國小禮堂展示客家人傳統的生活飲食習性。各式各樣的鄉土食物、老式食具、舊款衣飾寢具，以及已經淘汰的交通用具等，引起觀眾注目。【1983-10-28／聯合報／12版／萬象】

臺灣區客家民俗文化活動的壓軸節目，是土產藝宴烹調競賽。昨天上午，桃園龍潭國小操場，臨時搭起十幾個鍋爐，帳篷外擺著紅布圓桌。穿圍裙的男女烹調好手，捲起袖子，切菜剁肉，燒水熱油，準備展露功夫。【1983-11-01／聯合報／12版／萬象】

「天公啊，落水囉，阿妹喂……」這首耳熟能詳的客家山謠，讓人不自禁要想起依山傍水的美濃鎮來，民生報舉辦的「民俗藝術列車」第二站，正是開往南部最大客家山城——美濃鎮，菸樓、紙傘、山歌、客家菜伴著讀者度過愉悅的一天。【1988-11-01／民生報／28版／「民俗藝術列」活動特輯】

## （三）作為休閒消費的「客家菜」：1992-1999

進入1992年之後，「客家菜」在報紙媒體上的出現，呈顯出一個大幅不同於以往的新走向。相較於以往「客家菜」出現在報紙媒體的模式，不僅出現的頻率大幅增加，而且所出現的版面劇烈移動到報紙因媒體市場的變動而籌設的新興版面。這種趨勢一定程度說明了「客家菜」此語詞已逐漸成為報紙媒體的慣用語，也多少反映出臺灣社會大眾對「客家菜」此詞彙的日益熟悉與使用。也就是說，「客家菜」或多或少成為臺灣社會大眾在此一歷史時期的風潮話題。更值得我們注意的是，所出現版面集中在「國內觀光旅遊」與「消費休閒生活」的鮮明模式，顯示了「客家菜」此用詞在報章媒體之主要認知模式與論述型態已經逐步轉變成為「休閒消費」活動的一種類型。而許多的證據與跡象表明，臺灣「客家菜」的休閒消費化這個轉變趨勢是與現代消費文化在臺灣地區的崛起、擴張與強化密不可分。以下將較為深入的說明現代消費文化的崛起、動力與特徵。

現代消費社會具有一些鮮明的消費表徵。首先，強大的社會生產能力遠遠超出了人們的基本需求，商品逐漸成為一種標示生活品質的物質和文化的複合物。在此前提下，「消費文化」（consumer culture）此概念的重要意涵因而浮現。「消費文化顧名思義，即指消費社會的文化，它基於這樣一個假設，即認為大眾消費運動伴隨著符號生產，日常體驗和實踐活動的重新組織」（Featherstone, 1991）。英國學者費瑟斯通（Mike Featherstone）在《消費文化與後現代主義》一書中指出：「使用『消費文化』這個詞是為了強調，商品世界及其結構化原則對理解當代社會來說具有核心地位。就經濟的文化維度而言，符號化過程與物質產品的使用，體現的不僅是實用價值，而且還扮演著「溝通者」的角色；在文化的經濟方面，供給、需求、資本積累、競爭及壟斷等市場原則也運作於生活方式、文化產品與商品的領域之中」（Featherstone, 1991: 83-94）。資本主義商品生產在全球範圍的積極擴張，引起了消費商品、為購買及消費而設立的場所等物質文化的大量積累，其結果便是在全球尺度上，現代社會中閒暇及消費活動的顯著增長。根據現有的主要文獻，吾人可將全球消費文化的基本特徵概括為以下五項：商品化、多樣性、符號性、經驗性、波動性。這些現代消費文化的基本特徵的確以各種不同的面貌與姿態呈顯在 1990 年代以來報章媒體對「客家菜」的報導與描繪之中。

1. 商品化（Commodification）

所謂商品化即是把事物視為獲利的工具（商品），亦即以商人買賣、交換、利潤的眼光作為評估事物的最終標準。英國學者湯林森（John Tomlinson）指出：「資本主義的文化重點就是消費的行為過程與經驗的商品化 …… 資本主義文化的擴散，實質就是消費主義文化的張揚，而這樣的一種文化，會使所有文化體驗都捲入到商品化的旋渦之中」（Tomlinson, 1991）。的確，自 1992

年後，臺灣報紙媒體所呈現的「客家菜」最中心的趨勢正是在各側面與各層面的「商品化」。例如：

> 味全公司請美食專家調製開發精緻的家常菜——愛妻系列罐頭產品，目前上市有「梅干扣肉」（如圖，味全公司提供）、「醬汁麵環」及「味全好湯頭」。「梅干扣肉」是道地的客家菜餚，採用上等五花肉及梅干扣肉烹製而成，由於梅干菜香加肥瘦恰當的肉質，美味不膩口，開罐即可食用。零售價每罐 35 元。【1994-03-04／經濟日報／29 版／工商服務專業】

> 苗栗縣銅鑼鄉村屋飯店民國 70 年由製茶業跨入餐飲業，十餘年間不僅以道地的客家菜風聞全臺，創造驚人的經營績效，還吸引大型餐飲連鎖店邀約入夥，負責人謝祥芳卻堅持「祇此一家別無分號」的經營理念，他也被視爲相當傑出的一名餐飲行銷員。村屋飯店十餘年前，原本祇是苗栗銅鑼鄉一家名爲「東山」的製茶廠，當時來買茶葉的客人偶爾留下來吃飯，結果這些買茶葉的客户在嘗到茶廠主人所燒的道地客家菜後，讚不絕口，後來東山製茶廠乾脆就在茶廠裡擺起圓桌，開了一家村屋飯店。【1994-06-10／經濟日報／15 版／商業流通】

越來越多的有關客家飲食的物品與服務被包裝成可以以貨幣交換而獲取的商品，包括各式各樣的感受、情緒、經驗與文化體驗。以下的報導簡要地說明了此一狀況：

> 吃過客家菜的人，幾乎都對那種既「酸」又「辣」的地方口味印象

> 深刻，開胃又下飯是其特色——如客家人胼手胝足、克勤克儉的生活態度，不過，坊間知名的幾家餐廳價格不低，哪裡可以嚐到「好吃又大碗」的客家好菜呢？介紹您一家位於臺北市華陰街31號（市政府對面捷運工程巷內左側）的「廣東客家小吃店」，開業30餘年，家族式經營，口味道地又相當便宜，值得一嚐。【1993-04-08／聯合晚報／10版／臺北市】

我們幾乎可以這樣說：對「客家菜」的休閒消費的轉型而言，消費文化是個社會「全面性」商品化所形成的文化。

2. 多樣性（Variety）

多樣性對消費資本主義系統中的生產者、中介者與消費者都有其不可忽視的重要性。對生產者來說，多樣性經常代表了在最新資本主義發展的階段獲利的契機，以下的報導是極為鮮活的例證：

> 吃客家菜都是千篇一律嗎？並非如此。臺中市最近才開張的一家客家菜餐廳，業者爲了要讓愛吃客家菜的消費者，能夠吃到南北各地客家菜的「精華」菜色，特地全臺走透透，蒐集各地最具特色的客家菜，再予以推陳出新，充分滿足消費者的挑剔口味。這家位於臺中市林森路上的客家菜餐館，內部裝潢不若一般餐館豪華，但是卻以菜色取勝，而且取名「臺灣眞情」，倒是滿符合本土的特色。業者賴肇基表示，一般的客家菜館都較具地域色彩，像美濃、苗栗、屏東、新竹等等，雖然菜色大同小異，可是卻仍有些區別。不同地方的客家菜都有其較知名的菜色，但卻不會全部都有，所以如何將各地客家名菜集合在一起，就成爲市場競爭的最佳經營策略。因此

> 在開店之初，他就與店內的客家菜名廚先至全臺各客家鄉鎮走一趟，品嚐各客家餐館的名菜，然後去蕪存菁，以全新的烹調手法，做出吸引饕客的客家菜色。【1999-11-20／民生報／39版／】

對中介者來說，多樣性提供了論述建構與形象組合的關鍵資源，以下農會推廣客家米食的報導描繪了這個景象：

> 竹東農會總幹事梁時男指出，農會推廣的客家米食非常重視產品研發，至今已開發供應的產品有：客家菜包、艾草包、蔬菜包、米糕、紅龜、年糕、米粉及速食米粉、和湯圓等20多項，每一項客家米食，不僅「色、香、味」俱全，並且保證新鮮，而銷售網也遠至臺北地區各大百貨公司超市，很受消費者歡迎。【1993-10-24／經濟日報／06版／商業流通】

對消費者來說，現代消費社會的多樣性提供了滿足人們個人認同與社會地位嚮往心理的替代力量，也使環繞著「生活風格」（lifestyle）所展開的象徵鬥爭日趨激烈而無所不在（Bourdieu, 1984; Baudrillard, 1998）。「道地」或「品味獨特」的客家菜是經常可見的媒體呈現：

> 客家菜的香、鹹、辣，令不少人想起來就口涎直流。介紹您一家位於臺北市林森北路381號2樓東光百貨附近的「梅軒」客家菜餐廳，100多樣傳統、道地的客家口味小炒，價格又十分公道，值得您用心品嚐。「梅軒」的幾項拿手絕活如「豆豉生蠔」、「清蒸豆腐煲」、「梅菜扣肉」、「九層塔茄子」等，道道都有自己獨特的做法，將

這些幾乎每個客家人都耳熟能詳的菜，發揮得淋漓盡致。【1993-11-18／聯合晚報／10版／臺北市】

法國社會文化理論家布希亞（Jean Baudrillard）在《消費社會》開宗明義的說道：「今天，在我們的周圍，存在著一種由不斷增長的物、服務和物質財富所構成的驚人的消費和豐盛現象。它構成了人類自然環境中的一種根本變化」（Baudrillard, 1998: 25）。文化與閒暇消遣可能性範圍的擴展，不僅擴大了可行的休閒生活方式的範圍，而且還導致了一些性質上的轉變。對生活在現代氛圍下的人們而言，更多消費選擇，更多購買和挑選之愉悅的前景具有驚人的誘惑力。這種豐富多樣的選擇帶動了身處現代社會的人們一系列社會心理的連鎖反應：對消費品的選擇所蘊涵的內在意義可以為消費者創造一個新的身分，一個不同的、能夠遊移的身分，一個新的自我。

3. 符號性（Symbolism）

文藝理論家詹明信（Fredric Jameson）早已強調在晚期資本主義中文化的重要性，「文化正是消費社會自身的要素，沒有任何社會像消費社會這樣，有過如此充足的記號與影像」（Jameson, 1991）。在現代社會中，到處都滲透著符號與形象，文化也被賦予了新的意義。這種符號與形象持續不間斷的溶解和滲透，它帶來的結果是，在消費過程中從以往對使用價值的重視轉向對商品象徵價值的看重。布希亞也在一系列的著作中指陳：商品價值已不再取決於商品本身是否能滿足人的需要或具有交換價值，而是取決於交換體系中作為文化功能的符碼。所以布氏旗幟鮮明地宣告：「為了成為消費的物件，『物』必須變成符號」。「客家飲食」轉變成為可被消費符號的趨勢在1990年代中晚期最為鮮明強烈，以下是兩則別有風格客家餐館的案例報導：

> 想回味昔時農家的風貌，品嘗道地客家菜，不妨到板橋中山路的「古香藝術茶坊」走一回。一進店裡，彷彿進入時光隧道，讓人一頭栽進古意裡，樓上的九間廂房，環繞廳堂，間間風味不同，客人可以隨心選擇屬於自己家的感覺。老闆曾賴東梨幾年前愛上農時的各種用品，房子擺放不下，心想，乾脆開店與人共享。一間品茶館，在鬧區占了三層樓，因爲自己是客家人，也賣起客家菜，收藏品既多且豐，菜味道地，吸引不少人來此懷舊品味。【1996-09-30／聯合報／17版／都會掃描】

> 一說起「老街」兩個字，好似一股濃濃的懷舊情懷即油然而生；以新竹北埔老街的客家建築爲本，所搭建占地300多坪的「老臺灣一懷舊小館」，在桃園縣八德市才開張不久，濃郁的古樸氣息，在「亭仔腳」（騎樓）泡茶、呷飯的趣味，發揮了很大的吸引力。餐廳除了提供口腹的滿足，也可以是飲食文化的發揚地；曾經營「芋仔番薯」，對鄉土風格餐廳有相當企圖心，也有心推廣臺灣飲食文化的林鼎皓，當了「老臺灣」的老板，就不斷想把老板凳、老照片、水井、石雕、木雕……搬入餐廳。……而目前充滿臺灣鄉土味的餐廳，有的是以「悲情」爲基調，但林鼎皓希望洋溢歡樂的古早味。租下這塊四甲大的土地，林鼎皓除了開餐廳，還闢了四面種有櫻花的湖畔，在此可散步、釣魚，也是一個適合周休二日休閒的好所在，元旦假期他還要安排民俗表演活動。【1998-12-25／聯合晚報／11版／消·費·廣·場吃客】

符號的主要意義在於建立差異，以此將符號所代表的東西區分開來。符號之間的關係，使「差異」得以確立。而與他人形成差異，正是日常生活中消費的主要用途之一。在現代消費社會裡，因為特定的經濟階級或社會地位群體的成員資格，不再能為我們提供一種認同感、確定感和歸屬感，我們只能通過消費來與客體、集體和他人建立關係，來獲得一種身分和建構意義。我們可以通過搭配客家菜餚的民宿報導與說明，來瞭解這種象徵符號系統對現代「客家菜」所具有的重要地位：

> 「花蓮民宿 有私人別墅的味道 鳳凰52鳳林山莊邀大家吹風賞月 大啖客家美食」至於「鳳凰52」樓中樓，天花板是用南洋杉搭建的，階梯扶手和地板是花梨木，樓下則用小紅莓花崗石鋪設，木與石搭配得恰到好處，風穀車、甕等農村古文物在其間，貼切地展現迷人丰采。「原本只是一個單純的住家，後來友人鼓勵炒些山野菜吃吃，便再度『重操舊業』起來，如今太太做的客家菜鹹豬肉、炒豬腸、釀豆腐、酸菜肚片湯、白斬土雞等，都成了招牌菜。」陳仁勇說，客人前往分享他的庭園，有人結婚還在這兒拍外景，他看了也感到欣慰。【1997-08-09／聯合報／36版／愛家資訊】

對許多消費理論家來說，現代消費社會的本質，即在於此差異的建構。人們所消費的，不是客體的物質性，而是差異。任何商品化消費（包括文化藝術），都成為消費者社會心理實現和標示其社會地位、文化品味、區別生活水準高下的文化符號。所以說，「物」從來就不是因其物質性而被消費，而是因為其同其他「物」的差異性關係而被消費的。在布希亞看來，消費必然導致對符號進行積極的操縱。從消費的角度來評價休閒，休閒無法不成為符號消費的物件，因此，休閒就是大眾文化之符號消費的一種。

4. 經驗性（Experienciality）

對生活在消費社會的現代人而言，能夠活在想都沒想過的經驗中，是個極端誘人的興奮感受。進入 1990 年代後，「客家菜」在臺灣的發展也很快就引入這條軌道中，以下的活動報導約略展示此一走勢：

> 活動最重要的部分，是號稱「臺灣史上最大規模的族群溯源」的「向先民學習」。這項預計將召集一千人共同參與的溯源行動，將從石岡出發，經過新社、天冷到東勢，沿途將分成九個解說點，並以兩天時間完成這趟溯源之旅。爲了體驗先民的生活，活動特別安排在新社野宿，並舉火野炊「客家菜」。【1996-05-18 ／民生報／ 15 版／藝文新聞】

經常可見的是，在消費社會，文化敍事和視覺藝術的各種手段都被用於消費意識形態的構造。此種商品記號與符號方面的消費，反倒成了滿足消費的主要源泉（Baudrillard, 1998）。「客家菜」在此發展中，不單僅是飽欲的食物，而是符號、感受與體驗。如媒體對提供客家飲食的度假村的有趣描繪：

> 西湖渡假村另一項令人懷念的特色是物美價廉的客家美食，因苗栗是客家縣，客家庄的客家菜有特殊的地方口味，園內的凡爾賽花園餐廳供應了最經濟最實惠的道地客家美食，一邊享用客家美食，一邊靠近窗外歐式宮廷花園美景，對過慣都會生活的遊客來說，是難得的經驗。【1998-07-29 ／經濟日報／ 49 版／休閒旅遊專刊】

閒暇消費形式的重要性在不斷增長的同時，休閒時的體驗與快感（如對主題公園、旅遊及娛樂中心的消費）被改造成了面向大眾更廣泛的消費品，因而閒暇消費就開始強調其華麗壯觀、迎合大眾、可消遣愉悅、可瞬息感受的特性。波蘭裔社會學家齊格蒙・包曼（Zygmunt Bauman）指出購物中心、商業廣場、博物館、主題樂園與旅遊體驗之中，就出現了一個共同的特徵，即文化秩序的重組與風格雜燴混合的空間特徵。因此，消費和休閒就意味著種種體驗，「消費者遊戲的名稱，便是新而前所未有的興奮感覺」（Bauman, 1998: 44）。以下臺北中華美食展的報導正是一個鮮活的案例：

> 臺北中華美食展今年選中客家菜作爲「原鄉原味特展」主題，馬上讓樸實家常的客家菜一炮而紅，成爲餐飲市場上的熱門話題。鴻禧大溪別館昨天起就將展開一場長達一個半月的客家美食節活動，透過美食品嚐、文物展示、糕點外賣、客家點心 DIY 和走訪客家莊，全方位透視客家人的飲食相貌。與客家莊有地緣關係的鴻禧大溪別館，最近鎖定這項本土美食大力炒作，上周六率先在福園餐廳推出春季客家新餚，祭出客家人拿手的快炒、滷煮烹調手法，端上包括客家小炒、鹹蛋苦瓜、四方封菜、醬燜鯽魚、鹹豬肉、薑絲炒大腸、梅乾扣肉、封肉等經典菜餚。客家人擅長玩米食魔術，造就琳瑯滿目的「粄」，爲了讓人更了解這些客家糕點的變化和典故，飯店昨天起到四月十一日每逢周六、周日，推出客家糕點 DIY，並提供外賣。DIY 現場米食師傅將示範搓湯圓、打（米齊）粑、紅龜粿、艾草包的製做，民眾只要繳交一百元材料費，也可以上場參與一起動手做。活動期間，每逢隔周休周末和周日下午，四季咖啡廳還將推出客家情懷下午茶。【1999-02-28 ／民生報／ 26 版／消費新聞】

因此，包曼以帶有深刻睿智的語言寫下：「用以整合消費者社會， 維持它的軌道，並且偶而拯救其免於危機的，不是倫理學，而是美學。如果倫理學賦予盡忠職守至高價值，美學則獎賞崇高的（sublime）經驗」（Bauman, 1998: 44）

5. 波動性（Volatility）

消費資本主義的活力泉源之一在於它能將物質消費轉化為一種具有稍縱即逝、變幻無常、流動不拘諸種特徵的經驗美學的消費。流行時尚（fashion）通過內建的消失來帶動新奇誘惑的動態邏輯，逐步滲透擴展到每一個消費活動的領域。在商品產銷的世界中似乎永不間斷推出的新品牌、新產品、新造型、新款式、新樣式、新口味、新版本等等，是孜孜不倦的現代消費者永恆的「希望」。稍縱即逝，變動不拘，變成了主導性軸心原則。以下是兩則有關在當代客家飲食領域，有關此種波動性相當典型的案例報導：

> 「鱺魚小吃」不只賣鱺魚，張寬鴻自稱喜歡發明新菜色，於是自創許多新潮的「客家菜」，十五年來，邊學邊賣，推陳出新，所以新舊食客齊聚一堂。這間店賣的有山產和水產，水產主要來自明德水庫，山產則是山中的野菜和土雞。【1995-03-18 ／聯合報／ 34 版／鄉情】

> 要吃比較精緻的客家菜，三民區博愛路上的紅厝瓦是不錯的選擇。負責人劉明松不會作菜，但是經常會設法改良客家菜。他表示，客家菜大多是以豬肉料理，如何做出和別人不同的口味，需要創意。……紅厝瓦原本是啤酒屋，室內裝潢仍維持啤酒屋的本色。劉明松對自己創作的客家菜很有自信，在門前懸起「專治歹嘴斗」。餐廳裡的「三杯豬尾巴」、「酸菜炒豬腸」、用五花肉做的「蒜香

鹹肉」、「苦瓜魚頭」，吃起來的確與一般客家菜有不同風味。【1998-10-24／聯合晚報／14 版／吃吃樂】

為了自身體制的「永續發展」，現代消費社會不能讓消費者休息，必須不間斷的維持他們的消費能力。下面這則有關融合客家飲食而形成「私房菜」的報導捕捉了現代消費文化氛圍中，客家飲食消費者的此一特殊面貌：

> 「私房」二字標榜「獨家」之意，對於喜好嘗新的現代人，餐館以「私房菜」來號召，已形成一股風潮。……「毛毛」的私房菜，說起來實在很「家常」。像「鱈魚炒蛋」、「芹菜肉末」、「菠菜拌豆干」、「蒼蠅頭」等。「毛毛」說，客人也覺得很奇怪，爲什麼這麼簡單搭配的菜，在她店裡就有不同的口味。喜歡把菜弄得顏色漂亮、加強「色相」的毛毛，把皮蛋加上紅青辣椒、肉末、蔥、花生、大蒜等一起炒出的「八寶皮蛋」下酒下飯，盛在貝殼內，賣相頗佳，一份 188 元。用味噌來滷大腸，和一般醬油滷的味道不同，一天只賣10 份，一份 288 元，及葡萄柚鱈魚等是新的菜色，平價消費。宮保芋頭頭家最愛早年將客家菜融於川、湘菜，這種合而爲一的菜色多半稱之爲私房菜，在這類館子中，美食評論家朱振藩認爲「焦大娘」的菜最有意思，求新求變。【1999-08-28／聯合晚報／14 版／吃吃樂】

在此現代消費文化的架構下，最理想的狀態是，消費的財貨毫不延擱地為消費者帶來即刻滿足，但該滿足也在完成消費所需時間結束之際立即消失，使消費者在這麼一個順利運轉的消費者社會裡，會持續積極地讓自己投入下一波的「全新」誘惑（Bauman, 1998）。

## 七、結論

自 1980 年代以來，客家食物通過其所必然承攜的社會、政治與美學的特質，在現代社會去地域化與壓縮時空的快速推展中，獲得了空前凸顯。在此發展過程中，食物逐步成為社會文化力量運作的焦點，並取得了反映社會文化權力關係的顯著關鍵地位。通過報紙文本的歷史性分析，我們發現從 1951-1982 年間「客家菜」主要是作為移民鄉愁的發抒與記憶的回顧。從 1983 年到 1991 年「客家菜」在報紙媒體上的的認識與呈現開始浮現具有現代意義的面貌。在「傳統」客家文化已然面臨消失的厄運與現代資本主義生產／消費／商業體制試圖轉換客家飲食成為有利可圖的市場這種表面上似乎反向對立的發展中，呈顯出一個至關重要的共同認知與信念：「客家菜」是「客家民俗文化的核心要素」。最後本文著重於闡明「客家菜」在當代臺灣社會中是如何逐步被轉變為一種現代休閒消費的形式。從 1992 年到 1999 年報紙媒體的文本分析中我們較為詳實以具體資料顯示，作為休閒消費的客家飲食是如何逐步被日具強大影響力的消費文化之主要動力特徵──即商品化、多樣性、符號性、經驗性、波動性──所穿透。作為有特色臺灣農鄉文化的「客家菜」個案是在現代消費文化脈絡中崛起並在現代消費文化的氛圍與動力下，被轉變為一種現代休閒消費的形式。

# 參考文獻

## 一、中文部分

王仁湘，1980，《民以食為天：中國飲食文化》。臺北：臺灣中華出版社。

______，2001，《飲食之旅》。臺北：臺灣商務出版社。

王雯君，2005，〈客家邊界：客家意象的詮釋與重建〉。《東吳社會學報》18：117-156。

王增能，1995，《客家飲食文化》。福州：福建教育出版社。

莊英章，2003，〈客家社會文化與飲食特性〉，頁 10-16，刊於楊昭景編，《客家飲食文化特質》。臺北：行政院客家委員會。

楊彥杰，2000，〈客家菜與客家飲食文化〉，頁 363-380，刊於《第四屆中國飲食文化學術研討會論文集》。臺北：中國飲食文化基會。

楊昭景，2005，〈擺盪於傳統與創新之中：談客家飲食特色及發展方向〉。《中華飲食文化基金會會訊》11（3）：25-32。

楊昭景、邱文彬，2005，〈生存、覺知與存在：客家飲食內涵與發展〉。《餐旅暨家政學刊》2（1）：71-81。

蔣艷蓉，2001，《從餐飲版面看臺灣飲食文化之變遷：以中國時報・民生報為例臺北》。銘傳大學傳播管理研究所碩士論文。

## 二、英文部分

Adorno, Theodor and Max, Horkheimer. 1997[1947], "The Culture Industry: Enlightenment as Mass Deception". Pp. 120-67 in *Dialectic of Enlightenment*（trans. John Cumming）. London: Verso.

Appadurai, Arjunn 1988, "How to Make a National Cuisine: Cookbooks in Contemporary India". *Comparative Studies in Society and History* 30（1）: 3-24.

Ashley, Bob, 2004, *Food and Cultural Studies: Studies in Consumption and Markets*. London and New York: Taylor & Francis.

Baudrillard, Jean, 1998, *The Consumer Society: Myths and Structures*. London: Sage.

Bauman, Zygmunt, 1998, *Work, Consumerism and the New Poor*. Buckingham: Open University Press.

Beardsworth, Alan and Keil, Teresa, 1997, *Sociology on the Menu: An Invitation to the Study of Food and Society*. London: Routledge.

Beck, Ulrich, 1992, *Risk Society: Towards a New Modernity*. London: Sage.

Beck, Ulrich, Giddens, Anthony and Lash, Scott, 1994, *Reflexive Modernization*. Stanford: Stanford University Press.

Bell, David and Valentine, Gill, 1997, *Consuming Geographies: We Are Where We Eat*. London and New York: Routledge.

Bourdieu, Pierre, 1993, *The Field of Cultural Production: Essays on Art and Literature*. New York: Columbia University Press.

______, 1984, *Distinction: A Social Critique of the Judgement of Taste*. Cambridge, Mass: Harvard University Press.

Brownlie, Douglas, Hewer, Paul and Horne, Suzanne, 2005, "Culinary Tourism: An Exploratory Reading of Contemporary Representations of Cooking". *Consumption, Markets and Culture* 8（1）: 7-26.

Chaney, David, 1996, *Lifestyles*. London: Routledge.

Dixon, Jane, 1999, "A Cultural Economy Model for Studying Food Systems". *Agriculture and Human Values* 16: 151-160.

Du Gay, Paul et al, 1997, *Doing Cultural Studies: The Story of the Sony Walkman*. London: Sage.

Elias, Nobert, 1978, *The Civilizing Process Volume I: The History of Manners*. Oxford: Basil Blackwell.

Fanstasia, Richard, 1995, "Fast Food in France". *Theory & Society* 24（2）: 201-243.

Featherstone, Mike, 1991, *Consumer Culture and Postmodernism*. London: Sage.

Ferguson, Priscilla Parkhurst, 1998, "A Cultural Field in the Making: Gastronomy in 19th-Century France". *American Journal of Sociology* 104: 597–641.

Fischler, Claude, 1988, "Food, Self and Identity". *Social Science Information* 27（2）: 275-292.

Gans, Hebert, 1974, *Popular Culture and High Culture: An Analysis and Evaluation of Taste*. New York: Basic Books.

Giddens, Anthony, 1991, *Modernity and Self-Identity*. Stanford: Stanford University Press.

Guthman, Julie, 2002, "Commodified Meanings, Meaningful Commodities: Re-thinking Production–Consumption Links through the Organic System of Provision". *Sociologia Ruralis* 42（4）: 295-311.

Hermes, Joke, 1995, *Reading Women's Magazines*. Cambridge: Polity Press.

Jameson, Fredric, 1991, *Postmodernism or, the Cultural Logic of Late Capitalism*. London: Verso.

Lupton, Deborah, 1996, *Food, the Body and the Self*. London: Sage.

Lury, Celia, 1996, *Consumer Culture*. Cambridge: Polity Press.

Mennell, Stephen, 1985, *All Manner of Foods*. Oxford: Blackwell.

Mennell, Stephen, Murcott, Anne and van Otterloo, Anneke H, 1992, *The Sociology of Food: Eating, Diet and Culture*. London: Sage.

Miller, Peter and Rose, Nikolas, 1997, "Mobilizing the Consumer". *Theory, Culture and Society* 14: 1-36.

Mintz, Sidney, 1985, *Sweetness and Power: The Place of Sugar in Modern History*. New York: Penguin.

______, 1994, "Eating and Being: What Food Means". Pp. 102-115 in *Food: Multidisciplinary Perspectives*, edited by B. Harriss-White. Cambridge: Basil Blackwell.

______, 1996, *Tasting Food, Tasting Freedom-Excursions into Eating,* Culture, and the Past. Boston: Beacon Press.

Ritzer, George, 1996, *The McDonaldization of Society: An Investigation into the Changing Character of Contemporary Social Life*（Revised Ed）. London: Pine Forge Press.

Seymour, Diane, 2004, "The Social Construction of Taste". Pp. 1-22 in *Culinary Taste: Consumer Behaviour in the International Restaurant Sector*, edited by Donald Sloan. Oxford: Elsevier Butterworth-Heinemann.

Slater, Don, 1997, *Consumer Culture and Modernity*. Cambridge: Polity Press.

Stigler, George and Becker, Gary, 1977, "De Gustibus Non Est Disputandum". *American Economic Review* 67: 76-90.

Thompson, John, 1991, *Ideology and Modern Culture: Critical Social Theory in the Era of Mass Communication*. Cambridge: Polity Press.

______, 1995, *The Media and Modernity: A Social Theory of the Media*. Cambridge: Polity Press.

Tomlinson, John, 1991, *Cultural Imperialism: A Critical Introduction*. London: Pinter.

Warde, Alan, 1997, *Consumption, Food and Taste: Culinary Antinomies and Commodity Culture*. London: Sage.

Winship, Janice, 1987, *Inside Women's Magazines*. London: Pandora Press.

# 年輕世代客家飲食意象之探討：
## 以中壢地區大學校院學生為例 *

周錦宏、吳宛樺

## 一、緒論

飲食是群體歸屬的一種文化生活指標，它是族群獨特的展現標誌，也是文化邊界的標誌（cultural boundary markers）（林開忠，2006：73；莊英章，2003；蕭新煌、林開忠，2009：262）。因為食物是族群文化的「物質性」表徵，承載著使用者的文化傳統與象徵訊息，是重要的認同標誌，透過個人與特定社群對於食物的喜好，或習以為常的習性感官知覺的熟悉感，食物成為區辨我族與他群之間的差異化，也同時微妙地區分社會或彰或隱的差異（王明珂 2009：31-32；林淑蓉，2007；夏惠汶，2010：77；Mennell, Murcott, & Van Otterloo, 1992）。所以，一個人吃什麼、如何吃往往代表著他是誰，族群經常透過飲食來表達態度、價值觀和行為，族群飲食透露著該族群的文化痕跡，亦是該族群長期實踐而成的生活內容。

王雯君（2005）在〈客家邊界：客家意象的詮釋與重建〉一文中指出，「客家飲食」是臺灣社會大眾對客家族群特質最主要的認知意象之一；而該研究調

* 本文原刊登於《客家公共事務學報》，2013，8 期，頁 27-52。因收錄於本專書，略做增刪，謹此說明。作者周錦宏現任國立中央大學客家語文暨社會科學學系教授兼院長；吳宛樺為國立中央大學客家政治經濟研究所碩士。

查共獲得 191 種有關客家文化特質的描繪，其中關於「食物」就占 37 種。姜如珮（2003）分析從公共電視《客家新聞雜誌》的 395 則報導中，以「客家飲食」為報導的內容占有 94 則，顯示客家飲食一直是客家族群鮮明的意象。另外古佳惠（2010）的研究發現，「客家飲食」是閱聽人從媒體管道接收客家文化的主要類型。顯見「飲食」是社會大眾對客家族群想像的重要元素之一。

客家飲食是客家文化鮮明的意象，但過去在客家研究的領域中，食物與飲食文化議題的研究大多是從客家族群的文化特質來探討，諸如飲食的習慣與特色、食材的選擇與加工、烹調的方式與口味等（楊彥杰，2009；楊昭景，2005；楊昭景、邱文彬，2005）；而晚近則是有從飲食記憶、文化認同、文化消費等觀點來探討客家飲食文化（林淑蓉，2006；賴守誠，2006，2010）。因為，當族群飲食在消費過程中常被弱勢族群設想為重建認同的重要手段；族群飲食也因消費活動而被當作是族群差異的超越與烹飪「他者」的探索（賴守誠 2010：148）。所以，當飲食活動由攝取營養的功能性趨轉為符號消費、神話與權力，且媒體廣告擴散的食風與影像所傳遞的意象更是箝制著現代人的味蕾（沈岱樺，2009）。吃東西不再只是攝取所需的營養，同時也在消費美食（gustatory），即在消費體系中消費一組意義與符號；而客家飲食在這股飲食消費潮流中是否被賦予新的符號意義？哪些是傳統不變的意象？哪些又是文化中介者（cultural mediator）所傳播的新意象？即是本研究所欲探討的問題。

意象是一種認知、印象與標誌的混合體，作為描繪對象特徵的途徑，以個人認知觀點為立基，因個人過去所接受到訊息而有差異，對同一件事物有不一樣描述與解釋。而不同的世代在面臨飲食型態改變，以及所接受飲食訊息的差異，相對地對飲食認知與習慣也會有所不同。陳玟如（2009）與楊曼華（2011）的研究就指出，客家族群的年輕世代與其他世代相比，在客家傳統飲食認知與飲食行為上具有顯著的差異。另外，王雯君（2005）的調查發現，年輕世代對於客家文化特質想像有別於其他世代，30 歲以下的年輕人大多將「客家美食」視之為客家文化的重要特質。但是，年輕世代的客家飲食意象是什呢？年輕世代的客家飲食意象會不會因過去累積的客家飲食經驗與所接受的客家飲食知識或訊息而有所不同呢？基此，本研究以客家飲食文化為研究主體，探討在當今社會下，年輕世代客家飲食與地方特產的想像與意象建構。

## 二、客家飲食意象

### （一）客家意象

意象（image）是一種認知基模（schema），好像有一幅與實際世界情景相類比的心理圖像（pictures），是人類經由對外界認知與經驗所構成的心中圖像，強調個人「信以為真」的主觀認知，並影響著個人的行為模式（張春興，1993；Boulding, 1956）。Boulding（1956）認為，意象是過去經驗的累積，意象有部分訴說著意象本身形成的歷史，因此會和記憶及期望相關。但隨著過往經驗的不同，個人對同一個訊息會有不同的詮釋與編碼，並同時調整自身認知圖像的架構，進而構成信以為真的真實。所謂的真實只是人們將大量訊息透過價值系統而篩選的，意象不僅與價值認知系統相關，也會與整個社會結構和時間脈絡的發展結合（王雯君，2005）。所以，意象通過過往經驗而形成，以個人認知觀點為基礎，然而意象非維持不變，意象將隨著時間脈絡與外在環境結合，通過個人認知價值系統不斷地調整意象的組成。意象的存在非僅靠意象本身，外界其他因素亦會影響，而新訊息是造成意象改變的主要因素，當個人接受到新訊息時，個人價值認知系統便會立即反應，並作某種程度的改變或調整，使之產生效果，新經驗與新認知將可能修飾原有的意象，或藉由抹去舊有意象，代之以新的意象，新意象的形成是外界訊息與既存資訊接連不斷交流形成的結果。

族群意象（ethnic image）是族群認同發展與族群關係研究中重要的一環，族群意象和族群刻板印象（ethnic stereotype）的意涵相近，但後者比前者背負一層負面意義。族群意象指「關於特定族群成員的屬性，及其所共同享有的信念，一般是指人格特質與行為層面」（Leyens, Yzerbyt, & Schadron, 1994：11）族群意象作為描述特定群體的想像，乃經由多數的評論者共同擁有一致性的認知所產生，基此，族群意象不僅反映對該族群的想像，更是對該族群的社會性詮釋，致使該族群與他族有顯明的區隔（陳麗華，1997：85）。所以，客家意象是指一種移情的族群想像，認為某些文化特質、生活習慣是屬於客家族群的（林彥亨，2003）。關於客家意象之相關研究與論述並不多，其中以王雯君（2005）的《客家邊界：客家意象的詮釋與重建》最具代表性，她認為客家意象可視為歷史與社會文化脈絡下的產物，為客家族群在政府、民間、媒體及產業共同營造與建構的產物，且更指出「客家飲食」是臺灣社會大眾對客家族群特質最主要的認知意象之一，其研究發現關於客家族群意象的描繪共有 191 種想像，其中有關「食物」就占 37 種。

另因意識到客家文化日漸式微，為重新凝聚客家認同與客家文化，「媒體下的客家意象」成為學者研究的新場域（古正宇，2011；古佳惠，2010；林彥亨，2003；姜如珮，2003）。林彥亨（2003）和姜如珮（2003）分別研究廣播與電視所傳遞的客家意象，發現無論廣播或電視仍以中原客家情懷為出發點，充滿濃厚鄉愁；姜如珮（2003）進一步發現在電視節目《客家新聞雜誌》395 則有效報導中，以「客家飲食」為報導內容占了 94 則，顯示客家飲食一直是客家族群鮮明的意象。古佳惠（2010）與古正宇（2011）試從電影角度切入，發現觀影者對電影所傳遞的意象，仍然跳脫不出刻苦耐勞、勤勞節儉、硬頸和保守等傳統觀念與電影欲呈現的意象不謀而合，顯示出觀影者對客家意象詮釋，操作於媒體框架的影響，而媒體對於客家族群的描述有著根深蒂固的傾向；古佳惠（2010）亦發現「客家飲食」是閱聽人從媒體管道接收客家文化的主要型態。

飲食是描繪特定社會成員的生活樣貌（Helstosky, 2004：3）。客家飲食是客家文化鮮明的外在意象，也是非客家族群對客家族群的主要描繪。但過去客家意象研究場域受囿於媒體的分析框架，或較著重於客家特質的意象調查，較少觸及飲食文化層面。所以，本研究嘗試以客家飲食作為客家意象研究的主體，以了解社會大眾對客家族群、客家飲食的想像。

## （二）客家飲食文化

食物是一個族群文化的「物質性」表徵，透過個人與特定社群對於食物的喜好，或習以為常的習性或感官知覺的熟悉感，食物成為區辨我族與他群之間差異化的物質性基礎（林淑蓉，2006）。然而，客家族群是如何透過飲食來展現「客家性」呢？本研究從三個面向來梳理客家飲食文化的內涵：

1. 客家飲食特色

王增能（1995）在《客家飲食文化》一書中指出，客家飲食特色在於素、野、粗、雜的做法，是因為生活條件困苦，所使用的食材以大米、粗雜為主，作法及刀工均簡單、簡樸，去日「梅干扣肉」、「炆爌肉」等都是以較粗獷的做法，但菜餚的內在則反映了客家人純樸、講究實際的品格。加上依山而居的環境使然，使得客家人常就地取材（如山間野生食物及家禽類）作為料理來源「重山珍、輕海味」成為客家菜鮮明的特色之一；而為珍惜食材取得不易，客家族群亦常將家禽類內臟器官等做成菜餚，就如客家經典的四炆四炒（炆爌肉、肥湯炆筍乾、鹹菜炆豬肚、排骨炆菜頭、客家小炒、薑絲炒大腸、豬肺鳳梨炒木耳、鴨紅炒韮菜），即體現了資源缺乏下物盡其用的美德（楊昭景，2005）。所以，楊彥杰（2009）認為客家飲食文化有四大特色：

（1）在選材上，主要利用當地出產的大米和雜糧，以及雞、鴨和山珍野味；山貨較多，而海鮮甚少。

（2）乾、醃臘製品在客家菜中地位突出，相當普遍，成為重要的風味食品。

（3）在烹調方法上，食物多蒸煮而少炸烤，刀功粗獷，樸實無華。

（4）在口味方面，客家菜注重鮮香，講究原味，但各地口味略有不同。

簡言之，「重山珍，輕海味」、「重內容，輕形式」、「重原味，輕渾濁」、「重蒸煮，輕炸煎」等客家飲食特色（王增能，1995），加上客家菜餚呈現出「油、鹹、香」的味覺特色（邱彥貴、吳中杰，2001；張典婉，2003），是最常用來描繪客家飲食文化的族群性，以及用來描繪客家族群遷徙、山居、農耕的生活形象。

2. 客家飲食形式

根據上述的飲食特色，客家飲食所呈現的形式可概分為客家菜餚、客家醃漬食品及客家米食三種形式（徐享鑫，2005；劉毓珠，2003）：

（1）客家菜餚：客家菜餚多以蒸、煮、燜、燉見長，或以爆炒、燒燴方式讓食材定型和入味，口味偏油、偏鹹，少勾芡與油炸的做法，以「四炆四炒」最具代表性。客家菜餚雖不華麗，卻充分體現客家菜餚注重原汁原味、真材料、不取巧的料理特色。

（2）客家醃漬食品：醃漬食品是客家飲食文化的精髓所在，「沒有一個客家人沒吃過鹹菜」一語道破了客家族群與醃菜之間的關係。客家族群為保存物，通常會以「曬乾」、「浸泡」、「醃漬」、「醬漬」的方式來製作醃漬食品。時至今日，在客家庄依舊可以看到將蘿蔔曝曬或晾掛福菜於自家門前的景象。

（3）客家米食：這類食品最具代表性就是「粄」，以米為主要原料，將米磨成米漿，並壓擠除去多餘水分後，經蒸煮過程，稱作為「打粄」。客家族群會於歲時節慶「打粄」，如元宵打菜包、掃墓蒸發粄、清明打艾粄、中秋打芋粄、冬至打粄仔圓等；遇婚喪喜慶，逢插秧割稻時也會作粄。

然而，客家族群的遷徙、移居，與其他族群雜居、互動、相互採借文化元素的歷程，客家族群必須融入移居地的自然與人文社會環境，而出現文化特質「在地化」的現象，而這現象也反映在飲食文化上（林淑蓉，2007：156）。所以，客家飲食文化亦受到其他族群的影響，在客家移民與其他族群的互動過中，建構了新的文化內容。大陸原鄉的客家族群因與畲、瑤族比鄰而居，在飲食習慣上仍保有南方土著的特色，如客家人所釀造的糯米酒及其所使用的酒餅，即源自於畲族。臺灣客家飲食亦有這樣的情形，新竹、苗栗一帶的客家族群因長期與原住民相處，傳統上仍保有客家飲食的內涵，但實質上已出現交融的情形。例如：在竹製器具的手藝、醃製豬肉、善用大自然資源的技巧等，客家人與原住民的飲食呈現相互學習與融合的情況（鄧之卿，2009）。總的來說，客家飲食的特色乃是經過漫長的歷史傳承與演變逐漸形成，族群特徵與飲食文化的強烈聯繫，都可從客家飲食生活上體現，構成客家族群重要表徵。

3. 文化消費的客家飲食符號

晚近，客家飲食文化研究從強調客家族群性的傳統，改以文化意象、文化產業的生產與消費等觀點來論述（林淑蓉，2007：162）。而客家美食是最早產業化的客家文化（陳板，2002：17-3）；賴守誠（2006）指出，早期客家菜多呈現鄉愁與記憶的回顧，一直到1980年代客家飲食成為資本主義下的產物，被賦予「商品化」及「符號化」的現代意義詮釋。在符號消費行為中，消費者透過符號商品所承載的情感功能、交流功能、美學功能等一系列功能中，將商品的符號價值轉移至商品上，也將自身主體價值鑲嵌於商品上（但紅燕，2011：11）。客家族群自身將客家飲食作為建構客家認同的符號，可說是客家飲食產業化的重要驅動力量，像是公部門（客家委員會和地方縣市政府）推動客家餐廳的輔導和認證，以及舉辦與客家飲食文化相關的節慶活動，來創造客家文化的特色；民間餐飲業者透過特色菜餚，如客家小炒、薑絲炒大腸、梅干扣肉等來標榜其客家的「正統性」，並賦予客家飲食的「符號性」；再加上大眾媒體的推波助瀾，客家飲食的意象與記憶在媒體報導的詮釋與論述下，不斷地被再建構。傅仰止（1995）就指出，族群意象並非一成不變，會經由大眾傳播媒體（如小說、故事、報紙、電視、廣播等）不斷地支持、修正，族群意象本身是一種動態的過程。

此外，亦有不少客家地區，在地方意識與文化產業二者的結盟推動下，客家美食被形塑成觀光休閒與文化產業的重要資產，更使得客家美食在客族形象與客庄地方意象的塑造上，日益扮演重要的關鍵角色（賴守誠，2008）。當客家歷史文化背景及生活飲食習慣所傳承下來的食物，被轉化成為當地客家的特色產業，諸如：新埔柿餅、美濃面帕粄、北埔擂茶、公館福菜等，這些產業不僅標示出客家飲食文化的特質，更強調是一種生活體驗與地方認同的在地經濟（周錦宏、鄧閔文，2011：146）。這以地方文化經濟作為地方發展的策略，就是希冀透過地方特產與在地經濟網絡的協力，以振興地方產業、形塑地方意象、強化地方觀光吸引力，以及增加地方就業機會等。

綜言之，飲食文化是族群標誌的最佳代言，而族群飲食反映一個地區的社會經濟生活，由飲食習性與集體記憶交織而成，是建構族群認同的重要元素。飲食若沒有人文歷史加以陪襯，就無法完整傳遞出背後意義與發展脈絡（鄧之卿，2009）。但族群美學的意涵往往表現在食衣住行、宗教信仰等方面，也隨著時空背景的演變而衍生出新的意象（梁榮茂，2004：4）。客家飲食意象在受到文化經濟崛起、消費型態多元和重視健康飲食等因素的影響下，亦試圖在維持本質特色下推陳出新，以迎合現代人需求，無論口味、外型皆異於傳統客家飲食，其背後所承載的飲食意象也不同於以往，「新客家飲食意象」也將在這現代飲食消費文化背景下被形塑出來。而年輕世代即是這波風氣下的參與者，歷經了傳統與現代的衝擊，與中、老年世代相較，年輕世代對於客家飲食文化的認知或許會有著獨樹一格的看法。所以，本研究分析年輕世代客家飲食意象，將從三個面向來進行：（1）客家飲食消費的習慣；（2）客家飲食特色的認知；（3）對「客家菜餚」、「客家醃漬食品」、「客家米食」、「地方特產」等客家飲食的意象。

## 三、研究方法

本研究以中壢市內6所大學校院（中央大學、中原大學、元智大學、健行科技大學、萬能科技大學與桃園創新技術學院）的學生（含四技生）為年輕世代的研究對象。[1] 選擇中壢市為研究範圍的原因有二，一是在全國368個鄉鎮市區中，中壢市有6所大學校院，密度居全國第一；第二，中壢市的客家人口占總人口56,99%，是全國69個客家文化重點發展區中客家人口數最多的鄉鎮區，而客家產業一直是中壢市的特色，尤以客家飲食產業為代表，不僅為中壢市帶來大量觀光與商機，也為傳承客家文化扛下重擔，是故以中壢市作為研究範圍具有一定的指標性。

本研究採問卷調查的方式，以自編的「客家飲食意象調查」為施測工具，問卷內容分為三部分：第一部分為「個人基本資料」，包含性別、族群屬性之人口統計變項；第二部分為「客家飲食消費分析」，主要是要了解年輕世代客家飲食消費頻率與習慣。這兩個部分的問卷編製，係參考 Story、Neumark-Sztainer 與 French（2002）及傅安弘、蕭靜雅與簡嘉靜（2009）分析影響年輕世代飲食行為的要素，包括個人特質：性別、族群背景、社會文化、家庭因素、經濟環境、媒體廣告、每日飲食花費、食物型態（含外觀、口感、價格）等。

至於，第三部分則為「客家飲食意象認知」，分別從客家飲食口感、客家

1 本研究所指的研究對象僅限於臺灣本地學生，不包含中國籍與外國籍學生，抽樣與發放對象亦同。

菜餚、客家醃漬食品、客家米食、客家地方特產等面向，主要是依據上述客家飲食文化內涵的三個面向：特色、形式及消費符號，並參考劉毓珠（2003）、徐享鑫（2005）、經濟部中小企業處「一鄉鎮一特產」（one town on product, OTOP）歷年輔導客家地區的特色產業等內容，編製各類相關的客家飲食意象選項，藉此來了解年輕世代所認知的客家飲食，並釐清客家飲食在現代飲食文化下的改變。

本研究問卷施測採便利抽樣方式進行，在信賴係數 95%，抽樣誤差為 ±5%，所應抽樣的樣本依據公式計算如下（羅清俊，2010 : 82）：

$$N_s=\frac{(N_p)(p)(1-p)}{(N_p)\left(\frac{B}{C}\right)^2+(p)(1-p)}=\frac{(43773)(0.5)(0.5)}{(43773-1)\left(\frac{0.05}{1.96}\right)^2+(0.5)(1-0.5)}=381$$

$N_s$：所需樣本數　　$N_p$：母體規模（本研究母體為 43,773）

(p)(1-p)：母體異質程度（p 設為 0.5）

B：可容忍的抽樣誤差（設為 5%）

C：信賴區間 95%，所對應的 Z 值為 1.96

從上式公式中可得知，所需抽樣的樣本數為 381 人，依據 6 所大學校院學生人數按比例抽樣，自 2012 年 5 月 4-22 日於中壢市區內大學校院進行問卷發放，共發放 427 份問卷，回收 425 份，刪除無效問卷 23 份，回收有效問卷 4 份，有效問卷回收率為 94.1%。有效問卷樣本結構，如表 1 所示。

表 1：有效樣本人口統計變項分析

| 變項 | | 人數（人） | 百分比（%） |
|---|---|---|---|
| 性別 | 男 | 229 | 57.0 |
| | 女 | 173 | 43.0 |
| 小計 | | 402 | 100.0 |
| 族群屬性 | 客家人 | 114 | 28.4 |
| | 閩南人 | 201 | 50.0 |
| | 原住民 | 5 | 1.2 |
| | 外省人 | 33 | 8.2 |
| | 新住民 | 6 | 1.5 |
| | 不知道 | 43 | 10.7 |
| 小計 | | 402 | 100.0 |

資料來源：本研究整理

本研究問卷調查受試者男性有 229 人，占有效樣本 57.0%；女性有 173 人，占有效樣本 43.0%。而在族群屬性方面，以閩南人較多，有 201 人，占有效樣本 50.0%，其次為客家人有 114 人，占有效樣本 28.4%。本研究在族群屬性的比較分析，剔除填答「不知道」的 43 人，分成客家人與非客家人（含閩人、外省人、原住民與新住民）兩類。

# 四、年輕世代客家飲食意象之分析與討論

## （一）客家飲食消費分析

本節旨在分析年輕世代客家飲食消費的頻率及決定者。結果顯示（見表 2），中壢地區大學校院學生到過客家餐廳用餐 2-5 次者為多，共占 43.1%，1 次（含）以下者僅 28.8%，這表示中壢地區大學校院學生有七成以上至客家餐廳用餐次數超過兩次，且其中有 28.1% 到客家餐廳用餐次數高達 6 次以上，

顯示中壢地區大學校院學生普遍都有到過客家餐廳體驗客家美食的經驗。但就最近一個月客家飲食消費次數的調查來看，1 次（含）以下者高達 65.6%，2-5 次者 30.9%，6 次（含）以上者僅 3.5%。換言之，客家飲食對年輕世代而言並不陌生，但不是年輕世代主要的日常飲食消費選擇。

若以父母是不是影響大學校院學生客家飲食消費者來析探，自父母決定客家美食消費 2-5 次者較多，占 46.1%，1 次（含）以下占有 39.0%，而 6 次（含）以上則是有 14.9%。結果顯見，中壢地區大學校院學生客家美食消費由父母決定次數兩次以上者超過六成，父母顯然是影響大學校院學生客家飲食消費的關鍵者。Story 等人（2002）的研究指出，年輕世代的飲食行為會受家庭因素所影響；且 Kershen（2002：7）更認為，食物是在私領域的家庭空間下，除了語言外，另一個最常被人們認為具有保存族群認同的功用，因在私領域裡，家族進食與充滿族群食物之慶典是保留人們對於家鄉與親戚記憶的重要途徑。

表 2：年輕世代客家飲食消費分析

| 題項 | 類別 | 人數 | 百分比 % |
|---|---|---|---|
| 到客家餐廳用餐的次數 | 1 次（含）以下 | 115 | 28.8 |
| | 2-5 次 | 172 | 43.1 |
| | 6 次（含）以上 | 112 | 28.1 |
| 最近一個月客家美食消費的次數 | 1 次（含）以下 | 263 | 65.6 |
| | 2-5 次 | 124 | 30.9 |
| | 6 次（含）以上 | 14 | 3.5 |
| 父母決定客家美食消費的次數 | 1 次（含）以下 | 155 | 39.0 |
| | 2-5 次 | 183 | 46.1 |
| | 6 次（含）以上 | 59 | 14.9 |

註：題項 1 遺漏值為 3 人；題項 2 遺漏值為 1 人；題項 3 遺漏值 5 人。

資料來源：本研究整理

再者，針對族群屬性，就上述消費分析進行卡方檢定。表 3 及表 4 結果顯示，不同族群在「到客家餐廳用餐」和「最近一個月客家美食消費」的次數達顯著差異；具客家身分背景的大學校院學生到客家餐廳用餐次數達 6 次以上者，有 44.7%，2-5 次者亦有 36.8%，非客家族群以 2-5 次者為多，有 45.0%；而客家族群最近一個月客家美食消費次數 2 次以上者有 57.5%，非客家族群是 1 次（含）以下者高達 74.3%。可見，年輕世代之客家族群在客家飲食消費頻率上明顯高於非客家族群。

表 3：族群屬性與到過客家餐廳用餐次數卡方檢定

| 頻率 / 族群 | 1 次（含）以下 | 2-5 次 | 6 次（含）以上 | 總和 | 卡方檢定 | | |
|---|---|---|---|---|---|---|---|
| | | | | | Person 卡方 | 自由度 | 顯著性 |
| 客家人 | 21 | 42 | 51 | 114 | 17.485 | 2 | .000** |
| 百分比（%） | 18.4 | 36.8 | 44.7 | 100.0 | | | |
| 非客家人 | 76 | 109 | 57 | 242 | | | |
| 百分比（%） | 31.6 | 45.0 | 23.6 | 100.0 | | | |
| 合計 | 97 | 151 | 108 | 356 | | | |
| 百分比（%） | 27.2 | 42.4 | 30.3 | 100.0 | | | |

註：本表遺漏值有 3 人。$^{**}p < .001$

資料來源：本研究整理

表 4：族群屬性與最近一個月消費客家飲食次數卡方檢定

| 頻率／族群 | 1次（含）以下 | 2-5 次 | 6次（含）以上 | 總和 | 卡方檢定 | | |
|---|---|---|---|---|---|---|---|
| | | | | | Person 卡方 | 自由度 | 顯著性 |
| 客家人 | 34 | 55 | 24 | 113 | 5.494 | 2 | 0.064 |
| 百分比（%） | 30.1 | 48.7 | 21.2 | 100.0 | | | |
| 非客家人 | 96 | 114 | 31 | 241 | | | |
| 百分比（%） | 39.8 | 47.3 | 12.9 | 100.0 | | | |
| 合計 | 130 | 169 | 55 | 354 | | | |
| 百分比（%） | 36.7 | 47.7 | 15.5 | 100.0 | | | |

註：本表遺漏值有 1 人。 **p< .001
資料來源：本研究整理

表 5：屬性與父母決定客家美食消費次數卡方檢定

| 頻率／族群 | 1次（含）以下 | 2-5 次 | 6次（含）以上 | 總和 | 卡方檢定 | | |
|---|---|---|---|---|---|---|---|
| | | | | | Person 卡方 | 自由度 | 顯著性 |
| 客家人 | 34 | 55 | 24 | 113 | 5.494 | 2 | 0.064 |
| 百分比（%） | 30.1 | 48.7 | 21.2 | 100.0 | | | |
| 非客家人 | 96 | 114 | 31 | 241 | | | |
| 百分比（%） | 39.8 | 47.3 | 12.9 | 100.0 | | | |
| 合計 | 130 | 169 | 55 | 354 | | | |
| 百分比（%） | 36.7 | 47.7 | 15.5 | 100.0 | | | |

註：本表遺漏值有 5 人。
資料來源：本研究整理

至於，由父母決定客家美食消費次數的不同族群屬性卡方檢定，則是未達顯著差異（見表 5），雖顯示「族群屬性」無法有效辨別出大學校院學生因父母決定而消費客家飲食之差別，但在由父母決定客家美食消費次數 6 次（含）以上部分，客家人（21.2%）是較高於非客家人（12.9%），這結果亦呼應了 Kershen（2002）的發現。

### （二）客家飲食口感意象

「油、鹹、香」、「重山珍、輕海味」是傳統客家飲食被賦予的意象，但近來樂活與養生概念逐漸興起，客家飲食會不會在口味上做調整以符合現代人的味蕾呢？是本研究所欲探討的議題。所以，本研究以「重口味」、「油膩」、「香氣四溢」、「酸」、「辛辣」及「海鮮料理較少」六種口感意象，就「非常符合」、「符合」、「普通」、「不符合」及「非常不符合」之五點量表來了解年輕世代的客家飲食口感意象。

表 6 顯示，中壢地區大學校院學生認為「香氣四溢」較符合他們對客家飲食的口感意象（平均數為 3.78），其次是「海鮮料理較少」（平均數為 3.52），第三是「重口味」（平均數為 3.34），三者都在平均「普通」以上；而在「油膩」的客家飲食意象認知，大學校院學生給予的整體平均數為 2.96，略低於「普通」。顯見客家飲食在年輕世代中已逐漸跳脫「油膩」的刻板印象，但「香」「鹹」仍是年輕世代對於客家飲食口感的描繪 ，與傳統賦予的認知一致，「重山珍、輕海味」的傳統客家飲食特色則仍是被保留；至於「酸」與「辛辣」較不存在於年輕世代對於客家飲食的口感意象與飲食記憶中。

表 6：年輕世代客家飲食口感意象

| 題項 | 平均數 | 標準差 |
|---|---|---|
| 「重口味」是客家飲食給我的印象 | 3.34 | .87445 |
| 「油膩」是客家飲食給我印象 | 2.96 | .87703 |
| 「香氣四溢」是客家飲食給我的印象 | 3.78 | .71980 |
| 「酸」是客家飲食給我的印象 | 2.85 | .91980 |
| 「辛辣」是客家飲食給我的印象 | 2.71 | .91984 |
| 「海鮮料理較少」是客家飲食給我的印象 | 3.52 | .83000 |

資料來源：本研究整理

再就族群屬性進行交叉比較分析（見表 7），客家人與非客家人在「香氣四溢」、「辛辣」兩項口感意象之認知達顯著差異；具客家身分背景的大學校院學生認為客家飲食「香氣四溢」之口感明顯高於非客家人（客家人平均數為 4.11，非客家人是 3.69，而非客家人認為客家飲食有「辛辣」口感是高於非客家人（非客家人平均數為 2.82，客家人是 2.39）。以上結果顯示，不同族群屬性的年輕世代在「香」的客家飲食意象認知存在著差異，且客家人認為客家飲食比較「香」。而「重口味」的「鹹」與「重山珍」的「海鮮較少」，客家與非客家年輕世代的認知沒有差異，且趨近於一致。意象的建構有部分是和意象本身形成的歷史有關（Bouiding, 1956）。年輕世代客家飲食口感意象延續著過往的飲食經驗，且不斷地被再製和強化，進而讓傳統的客家飲食口感意象更緊密地鑲嵌在客家與非客家族群的認知中。

表 7：不同族群屬性客家飲食口感意象的交叉比較

| 題項 | 變項 | 平均數 | 標準差 | t 值 | 顯著性（雙尾） |
|---|---|---|---|---|---|
| 重口味 | 客家人 | 3.39 | .97317 | .797 | .452 |
| | 非客家人 | 3.30 | .84456 | | |
| 油膩 | 客家人 | 2.93 | 1.01945 | -.380 | .704 |
| | 非客家人 | 2.97 | .83666 | | |
| 香氣四溢 | 客家人 | 4.11 | .67007 | 5.428 | .000** |
| | 非客家人 | 3.69 | .67989 | | |
| 酸 | 客家人 | 2.75 | .97365 | -1.215 | .225 |
| | 非客家人 | 2.88 | .89983 | | |
| 辛辣 | 客家人 | 2.39 | .96504 | -4.154 | .000** |
| | 非客家人 | 2.82 | .85755 | | |
| 海鮮料理較少 | 客家人 | 3.5877 | .87047 | .639 | .523 |
| | 非客家人 | 3.5265 | .83243 | | |

**p<.001
資料來源：本研究整理

## （三）客家菜餚意象

對於中壢地區大學校院學生而言，最能代表客家的菜餚是什麼呢？如表 8 所示，最能代表客家菜餚的前五項分別為：「客家小炒」（89.0%）、「薑絲炒大腸」（71.3%）、「梅干扣肉」（63.8%）、「鹹豬肉」（37.2%）與「白斬雞」（26.2%）。上述菜餚皆是遠近馳名的客家料理，獨樹一格的特色與口感使之異於其他族群的飲食文化，並持續為大眾所接受，且前三項更是有超過六成以上年輕世代認為最能代表客家菜餚的意象。然而，典型的傳統客家菜餚「四炆炒」中，除「客家小炒」與「薑絲炒大腸」較為年輕世代所知曉外，其他「四炆」的「炆爌肉」（24.2%）、「肥腸炆筍乾」（17.5%）、「鹹菜炆豬肚」

（14.2%）、「排骨炆菜頭」（6.2%）與客家菜餚意象間連結的百分比均偏低；另外，如「鳳梨豬肺炒木耳」、「鴨紅炒韭菜」、「釀豆腐」等典型的客家菜餚，九成以上的年輕世代認為它們不是客家菜餚的代表。

倘若進一步以族群屬性來做比較，客家人與非客家人對於客家菜餚意象的前六項均相同，依序為「客家小炒」、「薑絲炒大腸」、「梅干扣肉」、「鹹豬肉」、「白斬雞」與「炆爌肉」；再由勾選百分比可看出，雖同為客家菜餚意象代表的前幾項，但客家族群比非客家族群多了些熟悉與認同感。

本研究發現，年輕世代客家菜餚意象的代表是「客家小炒」、「薑絲炒大腸」與「梅干扣肉」三項，並與林麗樺（2009）的調查結果一致，顯示這三項菜餚無世代間差異，客家族群與非客家族群間的認知亦無顯著不同，就算是未曾至客家餐廳用餐的年輕世代，這三項仍有超過一半的人認為是客家菜餚的代表，因為這些菜餚經常被客家餐廳、傳播媒體用來標榜它們是典型、正統的客家料理。誠如 Boulding（1956）所言，當新訊息不斷地出現將會滲透既定的事實，進而調整認知的結構，並影響意象的改變；當年輕世代客家菜餚意象的認知受到傳播媒體、客家餐廳的影響，而「新的」客家飲食意象也將會在年輕世代中「被建構」出來。

表 8：客家菜餚意象之分析（可複選）

| 最能代表客家料理的菜餚 | | | | | | | | | | | | | | |
|---|---|---|---|---|---|---|---|---|---|---|---|---|---|---|
| 族群 | 排序 | 名稱 | 次數 | 百分比（%） | 族群 | 排序 | 名稱 | 次數 | 百分比（%） | 族群 | 排序 | 名稱 | 次數 | 百分比（%） |
| 全體 | 1 | 客家小炒 | 356 | 89.0% | 客家人 | 1 | 客家小炒 | 99 | 87.6% | 非客家人 | 1 | 客家小炒 | 217 | 88.6% |
| | 2 | 薑絲炒大腸 | 286 | 71.3% | | 2 | 薑絲炒大腸 | 91 | 80.5% | | 2 | 薑絲炒大腸 | 170 | 69.4% |
| | 3 | 梅干扣肉 | 256 | 63.8% | | 3 | 梅干扣肉 | 79 | 69.9% | | 3 | 梅干扣肉 | 146 | 59.6% |
| | 4 | 鹹豬肉 | 149 | 37.2% | | 4 | 鹹豬肉 | 49 | 43.4% | | 4 | 鹹豬肉 | 86 | 35.1% |
| | 5 | 白斬雞 | 105 | 26.2% | | 5 | 白斬雞 | 44 | 38.9% | | 5 | 白斬雞 | 52 | 21.2% |
| | 6 | 炆爌肉 | 97 | 24.2% | | 5 | 炆爌肉 | 44 | 38.9% | | 6 | 炆爌肉 | 46 | 18.8% |
| | 7 | 長年菜 | 83 | 20.7% | | 7 | 長年菜 | 41 | 36.3% | | 7 | 肥湯炆筍乾 | 38 | 15.5% |
| | 8 | 豬腳 | 74 | 18.5% | | 8 | 豬腳 | 31 | 27.4% | | 7 | 豬腳 | 38 | 15.5% |
| | 9 | 肥湯炆筍乾 | 70 | 17.5% | | 9 | 肥湯炆筍乾 | 25 | 22.1% | | 9 | 長年菜 | 37 | 15.1% |
| | 10 | 鹹菜炆豬肚 | 57 | 14.2% | | 10 | 鹹菜炆豬肚 | 17 | 15.0% | | 10 | 鹹菜炆豬肚 | 36 | 14.7% |
| | 11 | 冬瓜封 | 50 | 12.5% | | 10 | 豆干湯 | 17 | 15.0% | | 11 | 冬瓜封 | 31 | 12.7% |
| | 12 | 鳳梨豬肺炒木耳 | 38 | 9.5% | | 12 | 冬瓜封 | 16 | 14.2% | | 12 | 鳳梨豬肺炒木耳 | 23 | 9.4% |
| | 13 | 豆干湯 | 33 | 8.2% | | 13 | 排骨炆菜頭 | 12 | 10.6% | | 13 | 炒野蓮 | 20 | 8.2% |
| | 14 | 炒野蓮 | 28 | 7.0% | | 14 | 鳳梨豬肺炒木耳 | 8 | 7.1% | | 14 | 鴨紅炒韭菜 | 19 | 7.8% |
| | 15 | 排骨炆菜頭 | 25 | 6.2% | | 15 | 炒野蓮 | 5 | 4.4% | | 15 | 釀豆腐 | 16 | 6.5% |
| | 16 | 鴨紅炒韭菜 | 24 | 6.0% | | 16 | 釀豆腐 | 4 | 3.5% | | 16 | 豆干湯 | 15 | 6.1% |
| | 17 | 釀豆腐 | 21 | 5.2% | | 16 | 鴨紅炒韭菜 | 4 | 3.5% | | 17 | 排骨炆菜頭 | 12 | 4.9% |
| | 18 | 紫蘇鴨肉 | 17 | 4.2% | | 18 | 紫蘇鴨肉 | 3 | 2.7% | | 18 | 紫蘇鴨肉 | 11 | 4.5% |
| | 19 | 鳥不踏飯 | 13 | 3.2% | | 19 | 鳥不踏飯 | 1 | 0.9% | | 19 | 鳥不踏飯 | 10 | 4.1% |
| | 其他 | 鹹湯圓、薑絲豆瓣、地瓜拔絲、客家粄、炒山蘇、福菜湯、菜圃蛋 | | | | 其他 | 鹹湯圓、薑絲豆瓣 | | | | 其他 | 地瓜拔絲、客家粄、炒山蘇、福菜湯、菜圃蛋 | | |

註：本表遺漏值為 1 人。

資料來源：本研究整理

## （四）客家醃漬食品意象

客家醃漬食品是客家族群為適應環境所發展出來的獨特飲食特色，是客家飲食文化不可或缺的部分。現今年輕世代所認知的客家醃漬食品代表，如表 9 所示，其中以「鹹菜」（58.5%）、「梅乾菜」（57.5%）、「蘿蔔乾」（48.5%）、「豆腐乳」（45.8%）與「榨菜」（38.5%）五項最能代表客家醃漬食品，其中「鹹菜、「梅乾菜」為過半年輕世代所選定；究其原因，「鹹菜」目前常被廣泛運用於各式客家佳餚中以提味，而「梅乾菜」則因「梅干扣肉」的客家飲食意象早已深植人心。但「豆腐乳」、「榨菜」屬一般華人的加工食品，非僅專屬於客家族群，可是現在的年輕世代卻視之為客家醃漬食品代表，排序還在較易與客家飲食連結的「筍乾」、「覆菜（福菜）」之前，著實令人玩味，這或許是因為它們在市場上、客家特色商品中有較高的能見度所致。而傳統客家年菜中不可少的醃漬食品「豬膽肝」，卻只有 6.5% 的年輕世代認為是客家醃漬食品。

表 9：客家醃漬食品意象之分析（可複選）

| 最能代表客家的醃漬食品 | | | | | | | | | | | | | | |
|---|---|---|---|---|---|---|---|---|---|---|---|---|---|---|
| 族群 | 排序 | 名稱 | 次數 | 百分比（%） | 族群 | 排序 | 名稱 | 次數 | 百分比（%） | 族群 | 排序 | 名稱 | 次數 | 百分比（%） |
| 全體 | 1 | 鹹菜 | 234 | 58.5% | 客家人 | 1 | 鹹菜 | 81 | 87.6% | 非客家人 | 1 | 鹹菜 | 136 | 55.7% |
| | 2 | 梅乾菜 | 230 | 57.5% | | 2 | 蘿蔔乾 | 79 | 80.5% | | 2 | 梅乾菜 | 135 | 55.3% |
| | 3 | 蘿蔔乾 | 194 | 48.5% | | 3 | 梅乾菜 | 70 | 69.9% | | 3 | 蘿蔔乾 | 102 | 41.8% |
| | 4 | 豆腐乳 | 183 | 45.8% | | 4 | 豆腐乳 | 57 | 43.4% | | 3 | 豆腐乳 | 102 | 41.8% |
| | 5 | 榨菜 | 154 | 38.5% | | 5 | 筍乾 | 51 | 38.9% | | 5 | 榨菜 | 97 | 39.8% |
| | 6 | 筍乾 | 133 | 33.3% | | 6 | 覆菜（福菜） | 44 | 38.9% | | 6 | 醬破布子 | 76 | 31.1% |
| | 7 | 覆菜（福菜） | 119 | 29.8% | | 7 | 榨菜 | 41 | 36.3% | | 7 | 筍乾 | 69 | 28.3% |
| | 8 | 醬破布子 | 113 | 28.3% | | 8 | 醃瓜 | 37 | 27.4% | | 8 | 覆菜（福菜） | 68 | 27.9% |
| | 9 | 醬冬瓜 | 101 | 25.3% | | 9 | 醬破布子 | 29 | 22.1% | | 9 | 醬冬瓜 | 64 | 26.2% |
| | 10 | 醃瓜 | 98 | 24.5% | | 10 | 豆鼓 | 17 | 23.9% | | 10 | 醃瓜 | 54 | 22.1% |
| | 11 | 豆干 | 76 | 19.0% | | 10 | 瓠瓜乾 | 17 | 23.9% | | 11 | 剝皮辣椒 | 45 | 18.4% |
| | 12 | 豆鼓 | 74 | 18.5% | | 10 | 醬冬瓜 | 17 | 23.9% | | 11 | 紫蘇梅 | 45 | 18.4% |
| | 13 | 剝皮辣椒 | 59 | 14.8% | | 13 | 豆干 | 21 | 18.6% | | 13 | 豆干 | 43 | 17.6% |
| | 14 | 紫蘇梅 | 59 | 14.8% | | 14 | 高麗菜乾 | 17 | 15.0% | | 14 | 豆鼓 | 40 | 16.4% |
| | 15 | 高麗菜乾 | 51 | 13.0% | | 15 | 剝皮辣椒 | 11 | 9.7% | | 15 | 瓠瓜乾 | 31 | 12.7% |
| | 16 | 瓠瓜乾 | 51 | 12.8% | | 16 | 豬膽肝 | 8 | 7.1% | | 16 | 豬膽肝 | 22 | 9.0% |
| | 17 | 豬膽肝 | 26 | 6.5% | | 17 | 紫蘇梅 | 7 | 6.2% | | 17 | 豬膽肝 | 16 | 6.6% |
| | 其他 | 桔醬、沾鵝肉的醬 | | | | 其他 | 桔醬、沾鵝肉的醬 | | | | 其他 | 桔醬 | | |

註：本表遺漏值為 2 人。
資料來源：本研究整理

其次就族群屬性做比較，「鹹菜」、「蘿蔔乾」及「梅乾菜」不論是客家人和非客家人均將它們列為最能代表客家醃漬食品的前三項。特別的是，非客家族群在「醬破布子」、「醬冬瓜」、「剝皮辣椒」與「紫蘇梅」四項的代表性百分比均較客家族群為高，而這四項與客家特色商品及客家飲食意象間較有連結，但具客家身分背景的年輕世代卻較不認同。至於，「桔醬」則無論是客家人和非客家人均在其他選項提及，顯示「桔醬」在客家醃漬食品中有其一定的角色。

另外，「鹹菜」、「覆菜（福菜）」及「梅乾菜」是客家最其代表的醃漬菜，它們都是由新鮮芥菜醃製而成的，只是醃漬、曝曬、風乾的時間和製程方式略有不同，而形成不同的飲食風味，所以它們被稱為「芥菜三部曲」。惟本研究發現，「鹹菜」和「梅乾菜」是年輕世代客家飲食的「指標性」意象，但對「覆菜（福菜）」的認知卻遠不及另外「兩部曲」。研究者認為，一方面可能是年輕世代對於三者之區別不是很清楚，或許錯將「覆菜（福菜）」當做是「鹹菜」，「覆 菜（福菜）」當做是「梅乾菜」；另一種可能原因是，年輕世代日常飲食較常接觸「鹹菜」和「梅乾菜」，而「覆菜（福菜）」比較會是在客家餐廳、客家聚落的特殊場域時接觸，是故「覆菜（福菜）」的代表性就比較偏低。

## （五）客家米食意象

「粄」是體現客家飲食與其他族群間不同的飲食特色，因應歲時節慶及婚喪喜慶製作各式的「粄」，是鑲嵌在客家族群的日常飲食中，有著難以撼動的地位。「粄」是客家米食的代表，客家族群素以米食為主食，也因此使具有豐富飲食文化特色的客家米食因應而生。根據表 10 顯示，年輕世代客家米食意象的前五項依序為：「艾粄（草仔粿）」（51.1%）、「菜包」（49.4%）、「粄條」（47.6%）、「米苔目」（46.9%）與「紅粄（紅龜粿）」（40.6%）；其中，「艾粄（草仔粿）」與「菜包」有較高的學生認同，這可能和中壢地區兩家相當聞名的米食產業（劉媽媽菜包、三角店菜包）有關；而「粄條」與「米苔目」則可能是年輕世代日常飲食消費接觸較為頻繁有關。

再者，從族群屬性的比較來看，客家與非客家年輕世代對客家米食意象的認知存在著差異。與歲時節慶、婚喪喜慶有關的客家米食，如：「艾粄（草仔粿）」、「菜包」、「紅粄（紅龜粿）」、「發粄（發粿）」、「菜頭粄（蘿蔔糕）」、「粢粑（麻糬）」、「湯圓」、「甜粄（甜粿）」等，客家族群比非客家族群多了些熟悉與認同感，不但勾選百分比較高之外，代表性的排序也都較前。誠如，林淑蓉（2006）的研究指出：「不同世代對於食物的記憶，反映出個人所生活的背景」，年輕世代客家族群對於食物所建構的意象，與個人生活經驗相關，藉由對食物的印象，連結個人與家庭的記憶與情感。就如「粄條」與「米苔目」之於非客家族群，則是消費與符號詮釋下的產物，利用符號的包裝賦予食物註釋， 使之具有區別性，「客家粄條」及「客家米苔目」的族群標記深植人心，將符號消費的認知轉化為對族群飲食意象標記。

如同前述客家菜餚和醃漬食品的調查結果，新經驗與新認知將可能修飾原有的意象，或以藉由抹去舊有意象，代之以新的意象。傳統且具獨特性的客家米食「九層粄」與「牛汶水」明顯在年輕世代的飲食記憶中逐漸消逝，幾乎接近全部客籍大學生不熟悉這兩項客家米食，更不用提非客家籍的大學生。

表 10：客家米食意象之分析（可複選）

| 最能代表客家的米食 | | | | | | | | | | | | | | |
|---|---|---|---|---|---|---|---|---|---|---|---|---|---|---|
| 族群 | 排序 | 名稱 | 次數 | 百分比（%） | 族群 | 排序 | 名稱 | 次數 | 百分比（%） | 族群 | 排序 | 名稱 | 次數 | 百分比（%） |
| 全體 | 1 | 艾粄（草仔粿） | 205 | 51.1% | 客家人 | 1 | 艾粄（草仔粿） | 74 | 65.5% | 非客家人 | 1 | 粄條 | 116 | 47.3% |
| | 2 | 菜包 | 198 | 49.4% | | 2 | 菜包 | 70 | 61.9% | | 2 | 艾粄（草仔粿） | 115 | 46.9% |
| | 3 | 粄條 | 191 | 47.6% | | 3 | 紅粄（紅龜粿） | 65 | 57.5% | | 2 | 米苔目 | 115 | 46.9% |
| | 4 | 米苔目 | 188 | 46.9% | | 4 | 發粄（發粿） | 53 | 46.9% | | 3 | 菜包 | 111 | 45.3% |
| | 5 | 紅粄（紅龜粿） | 163 | 40.6% | | 5 | 菜頭粄（蘿蔔糕） | 53 | 46.9% | | 5 | 紅粄（紅龜粿） | 56 | 35.1% |
| | 6 | 發粄（發粿） | 143 | 35.7% | | 5 | 粄條 | 53 | 46.9% | | 6 | 發粄（發粿） | 79 | 32.2% |
| | 7 | 菜頭粄（蘿蔔糕） | 131 | 32.7% | | 5 | 米苔目 | 51 | 45.1% | | 7 | 菜頭粄（蘿蔔糕） | 68 | 27.8% |
| | 8 | 湯圓 | 127 | 31.7% | | 8 | 粢粑（麻糬） | 50 | 44.2% | | 8 | 湯圓 | 66 | 26.9% |
| | 9 | 粢粑（麻糬） | 109 | 27.2% | | 9 | 湯圓 | 50 | 35.4% | | 9 | 鹹粽 | 64 | 26.1% |
| | 10 | 甜粄（甜粿） | 103 | 25.7% | | 10 | 甜粄（甜粿） | 40 | 35.4% | | 10 | 甜粄（甜粿） | 55 | 22.4% |
| | 11 | 鹹粽 | 99 | 24.7% | | 11 | 鹹粽 | 28 | 24.8% | | 11 | 粢粑（麻糬） | 51 | 21.2% |
| | 12 | 水粄 | 51 | 12.7% | | 12 | 水粄 | 7 | 23.9% | | 12 | 九層粄 | 26 | 10.6% |
| | 13 | 九層粄 | 34 | 8.5% | | 13 | 九層粄 | 7 | 6.2% | | 13 | 牛汶水 | 24 | 9.8% |
| | 13 | 牛汶水 | 34 | 8.5% | | 14 | 牛汶水 | 5 | 4.4% | | 14 | 水粄 | 20 | 8.2% |
| | 其他 | 芋頭粄 | | | | 其他 | 芋頭粄 | | | | 其他 | | | |

註：本表遺漏值為 1 人。

資料來源：本研究整理

### （六）客家地方特產意象

地方特產是傳達與體驗當地文化的有利媒介（周錦宏、鄧閔文，2011：148；Handszuh, 2003）。地方飲食代表一地方的特色，近來，地方飲食因休閒旅遊的興起，漸漸走向商品化的趨勢與多樣化的層面，地方飲食在當地人文歷史的陪襯下，保有當地飲食文化的內涵。年輕世代認為代表客家的地方特產，詳見表 11，排序在前五項分別是「擂茶」（77.3%）、「柿餅」（39.2%）、「野薑花粽」（34.4%）、「仙草」（28.9%）與「桔醬」（27.9%），前四項的客家地方特產皆是近 20 年在政府、農會、商家為帶動地方產業經濟發展，透過地方文化、特產與節慶活動所形塑出來的地方意象，而這些意象因客家運動、客家意識的驅動下再度被重現，讓「地方——特產——客家」三者之間連結，並重新賦予地方特產的客家意象。

表 11：客家地方特產意象之分析表（可複選）

| 最能代表客家的的地方特產 | | | | | | | | | | | | | | |
|---|---|---|---|---|---|---|---|---|---|---|---|---|---|---|
| 族群 | 排序 | 名稱 | 次數 | 百分比（%） | 族群 | 排序 | 名稱 | 次數 | 百分比（%） | 族群 | 排序 | 名稱 | 次數 | 百分比（%） |
| 全體 | 1 | 擂茶 | 310 | 77.3% | 客家人 | 1 | 擂茶 | 74 | 82.5% | 非客家人 | 1 | 擂茶 | 189 | 77.5% |
| | 2 | 柿餅 | 157 | 39.2% | | 2 | 桔醬 | 70 | 50.9% | | 2 | 柿餅 | 97 | 39.8% |
| | 3 | 野薑花粽 | 138 | 34.4% | | 3 | 柿餅 | 65 | 43.9% | | 2 | 野薑花粽 | 86 | 35.2% |
| | 4 | 仙草 | 116 | 28.9% | | 4 | 野薑花粽 | 53 | 35.1% | | 3 | 桂花釀 | 71 | 29.1% |
| | 5 | 桔醬 | 112 | 27.9% | | 5 | 仙草 | 53 | 34.2% | | 5 | 仙草 | 66 | 27.0% |
| | 6 | 桂花釀 | 101 | 25.2% | | 5 | 茶葉 | 53 | 30.7% | | 6 | 東方美人茶 | 55 | 22.5% |
| | 7 | 茶葉 | 90 | 22.4% | | 5 | 桂花釀 | 51 | 20.2% | | 7 | 桔醬 | 52 | 21.3% |
| | 8 | 東方美人茶 | 84 | 20.9% | | 8 | 東方美人茶 | 50 | 18.4% | | 8 | 茶葉 | 43 | 17.6% |
| | 9 | 花生酥糖 | 44 | 11.0% | | 9 | 茂谷柑 | 50 | 15.8% | | 9 | 酸柑茶 | 26 | 10.7% |
| | 10 | 茂谷柑 | 39 | 9.7% | | 10 | 花生酥糖 | 40 | 13.2% | | 10 | 紅棗 | 25 | 10.2% |
| | 10 | 芋頭 | 39 | 9.7% | | 11 | 芋頭 | 28 | 7.9% | | 10 | 芋頭 | 25 | 10.2% |
| | 12 | 酸柑茶 | 37 | 9.2% | | 12 | 紅棗 | 7 | 7.0% | | 12 | 花生酥糖 | 23 | 9.4% |
| | 13 | 紅棗 | 36 | 9.0% | | 13 | 酸柑茶 | 7 | 6.1% | | 13 | 茂谷柑 | 19 | 7.8% |
| | 14 | 蓮子 | 24 | 6.0% | | 14 | 蓮子 | 5 | 5.3% | | 14 | 蓮子 | 18 | 7.4% |
| | 15 | 杭菊 | 22 | 5.5% | | 15 | 杭菊 | | 4.4% | | 15 | 杭菊 | 16 | 6.6% |
| | 16 | 蠶絲 | 18 | 4.5% | | 15 | 草莓 | | 4.4% | | 16 | 蠶絲 | 13 | 5.3% |
| | 17 | 草莓 | 13 | 3.2% | | 17 | 蠶絲 | | 2.6% | | 17 | 草莓 | 4 | 1.6% |

註：本表遺漏值為 1 人。
資料來源：本研究整理

從族群屬性的比較可發現，「桔醬」與「茶葉」成為客家與非客家對地方特產意象的主要區別，桔醬與茶葉對於客家族群存在著記憶共同體，體現了「食物、社會記憶與族群認同」的關係；而「擂茶」、「柿餅」、「野薑花粽」、「桂花釀」、「仙草」等地方飲食特產意象，則源自於文化經濟，通過商品化、差異化、故事化等制度，讓地方意象重新形塑。如湯幸芬、吳禎與張俊彥（2007）研究指出，「感受新奇」為旅遊飲食消費最為強烈之動機，帶有濃厚地方色彩的當地特產，成為消費者尋求地方特色與感受異地文化的出口；

「野薑花粽」之於內灣、「桂花釀」之於南庄，對客家與非客家的年輕世代而言，就是旅遊目的地與飲食消費所共同激盪出「新的」客家飲食意象。

地理空間的限制使得年輕世代通過大眾文化產品的介紹認識客家地方特產，在過程中，文化中介者扮演舉足輕重的角色。文化中介者作為一群負責提供象徵產品與服務，夾帶著文化資本並取得新興的象徵權力，客家飲食轉型為「休閒消費」一種，當代對於具有特色性的食物，展開了與地方性的連結，互動網絡中縮短彼此距離，客家飲食文化得以被大眾迅速認識，跨文化的滲透與交流，使得我們擁有接觸客家飲食的機會，也使客家飲食得以兼容並蓄（賴守誠，2009）。旅遊、傳播媒介、節慶與地方特產存在密不可分的網絡關係，「擂茶」、「柿餅」、「野薑花粽」、「桂花釀」與「仙草」皆是地方旅遊之特產，顯示近年來地方已走向文化經濟的趨勢，地方文化的創新與農特產品間逐步整合，帶動了地方經濟的活化，也建構了地方飲食的意象。

## 五、結論

綜合上述年輕世代客家飲食消費與意象調查的分析討論，本研究歸納以下幾點結論：

### （一）家庭是年輕世代客家飲食消費的關鍵者

本研究發現，年輕世代普遍都有客家飲食體驗的經驗，但客家飲食不是年輕世代日常生活的飲食消費選項。本研究認為，這可能是因為年輕世代日常飲食消費金額不高、速食化和西方化、消費選擇多樣及本身個人特質等因素的影響下，年輕世代要到客家餐廳消費或是消費以客家為名的美食，可能會選擇比較特殊的時間或目的。也因此，年輕世代客家飲食消費較多是由父母決定，儘管當今處於飲食消費資訊爆炸的年代，報章雜誌、電視節目、網際網站上客家飲食消費資訊唾手可得，但年輕世代仍較傾向通過「家庭」來接觸客家飲食，且在家庭功能作用下，年輕世代愈傾向藉由消費客家飲食來獲取認同感與歸屬感。簡言之，客家飲食消費仍較屬於私領域，而「家庭」是年輕世代客家飲食消費的關鍵者。

### （二）政府、餐廳、媒體與旅遊是客家飲食意象建構的中介者

在現代的消費社會中，文化中介者常透過符號、圖像、標語的選擇和詮釋，來賦予文化產品某種特定的風格，試圖引起閱聽者的共鳴，進而刺激消費。諸如，政府部門透過舉辦客家美食節慶、競賽或認證，用以標示和區辨客家飲食的獨特性；餐廳業者選擇用「客家小炒」名稱來取代「炒肉」的不易辨識性，或刻意揀選幾個代表性客家菜餚來標榜其之所以是客家餐廳的正當性； 加上休閒消費帶動地方特產成為旅遊目的地意象，以及媒體運用文字與影像不斷地重複傳遞前揭的訊息給閱聽者及消費者。文化符號的選擇和詮釋是一種權力的表徵，文化中介者因擁有這樣的特殊權力，使得「客家小炒」、「薑絲炒腸」、「梅干扣肉」、「鹹菜」、「梅干菜」、「艾粄」、「擂茶」等客家飲食意象為這些文化中介者所揀選、詮釋、傳播，進而滲透既定的事實並調整認知的結構，也就重組了當今年輕世代的客家飲食意象，而這些意象也就在年輕世代中「被建構」出來。

### （三）傳統客家飲食意象已逐漸消逝

「傳統」客家飲食在現代資本主義生產消費的體制下，轉換為有利可圖的飲食產業，也導致傳統飲食文化面臨消失的危機（李世暉，2010：89）。本研究發現，過去典型的傳統客家菜餚「四炆四炒」中，除「客家小炒」與「薑絲炒大腸」較為年輕世代所熟悉外，其他的「四炆兩炒」明顯在年輕世代的飲食記憶中逐漸消逝；像是醃漬食品的「豬膽肝」、客家米食的「九層粄」與「牛

汶水」也是同樣的情形。由於受到客家飲食意象揀選、傳播的局限性，當「鋪天蓋地、「不斷重複」的客家飲食意象新訊息為人們注意時，會開始對過去所堅信的傳統飲食意象產生質疑，讓過去貼滿標籤的客家飲食意象面臨考驗。

## （四）飲食意象在標示族群差異並再現族群認同

族群飲食透過身體實踐並體現於日常生活中（Barthes, 1997），從平日生活飲食種類、烹飪方式、節慶習俗乃至於進食方式，都可反映出族群間的差異。「鹹」、「香」、「少海鮮」是年輕世代所認知的客家飲食文化特色，是年輕世代結合外界印象與過去經驗所構成具有客家特質的飲食圖像，也是年輕世代用以標示客家飲食與其他族群飲食間差異的意象表徵。再者，族群飲食是族群認同的象徵標記（Bourdieu, 1984），客家族群對於食物的偏好，是透過身體經驗來傳遞對於客家的認同感（林淑蓉，2007：173）。客家、非客家的年輕世代除了在客家飲食消費的頻率存在差異外，對於客家飲食意象認知的程度，客家族群比非客家族群多了些認同感，尤其是鑲嵌在歲時祭儀的客家米食意象上，更是反映了不同族群日常實作飲食記憶的差異。

# 參考文獻

## 一、中文部分

王明珂，2009，〈食物、身體與族群邊界〉。頁 9-35，載於黃樹民（主編），《中國少數民族的飲食文化》。臺北：財團法人中華飲食文化基金會。

王雯君，2005，〈客家邊界：客家意象的詮釋與重建〉。《東吳社會學報》18：117-156。

王增能，1995，《客家歡食文化》。福建：福建教育。

古正宇，2011，《侯孝賢電影中的客家意象研究》。國立中央大學客家研究所在職專班碩士論文。

古佳惠，2010，《媒體框架與客家意象之研究：以電影「一八九五」為例。國立中央大學客家政治經濟研究所碩士論文。

但紅燕，2011，〈符號消費行為及其動因剖析〉。《學術論壇》34（8）：10-13。

李世暉，2010，〈現代臺灣客家飲食文化之重塑：傳統料理與創意料理的比較觀點〉。《客家公共事務學報》2：75-92。

沈岱樺，2009，〈從飲食論述探討臺灣當代飲食文化意涵：由九○年代末談起〉。淡江大學大眾傳播研究所碩士論文。

周錦宏、鄧閔文，2011，〈客家特色產業競爭力之分析：以新埔柿餅為例〉。頁 145-180，載於江明修（編），《客家企業家》。臺北：智勝文化。

林彥亨，2003，《客家意象之形盟：臺灣客家廣播文化的再現》。國立清華大學人類學研究所碩士論文。

林淑蓉，2006，《食物、記憶與社會生活：再探客家文化遺產》。口傳與非物質性文化遺產：客家族群記憶研究（子計畫二）。新竹：國立清華大學人類學研究所。

______，2007，〈飲食文化篇〉。頁 152-178，載於徐正光（主編），《臺灣客家研究概》。臺北：行政院客家委員會、臺灣客家研究學會。

林開忠，2006，〈跨界越南女性族群邊界的維持：食物角色的探究〉。《臺灣東南亞學刊》3（1）：63-82。

林麗樺，2009，《客家飲食意象之整合行銷傳播策略》。國立臺北大學公共行政暨政策學系在職專班碩士論文。

邱彥貴、吳中杰，2001，《臺灣客家地圖》。臺北：果實。

姜如珮，2003，《臺灣電視中之客家意象：公視「客家新聞雜誌」之個案研究》。中國文化大學新聞研究所碩士論文。

夏惠汶，2010，〈開啟美味與記憶的瓶：探索客家醃漬醬菜對一位客家子弟的意義〉。頁 76-109，載於焦桐（主編），《飯碗中的雷聲：「客家飲食文學與文化國際學術研討會」論文集》。臺北：二魚文化。

徐享鑫，2005，《客食新煮易》。臺北：牧康文化。

張典婉，2003，〈來吃客家菜、來聽客家事〉。頁 18-23 ，載於《客家飲食文化特輯》。臺北：行政院客家委員會。

張春興，1993，《現代心理學：現代人研究自身問題的科學》。臺北：東華。

梁榮茂，2004，《臺灣客家族群史：學藝篇》。南投：臺灣省文獻會。

莊英章，2003，〈客家社會文化與飲食特性〉。頁 10-17 ，載於楊昭景（編），《客家飲食文化特輯》。臺北：行政院客家委員會。

陳　板，2002，〈化邊緣為資源：臺灣客家文化產業化的策略〉。頁 17-1-17-25，載於張維安（編），《客家公共政策研討會論文集》。臺北：行政院客家委員會。

陳玫如，2009，《美濃地區不同世代的客家族群對客家飲食文化的認知及飲食行為之相關研究》。臺南科技大學生活應用科學研究所碩士論文。

陳麗華，1997，〈族群意象與族群距離：都市小學裡原漢族群關係探討〉。《初等教育學刊》6：81-110。

傅仰止，1995 年 4 月，《臺灣族群的意象與位階：比較他群和我群》。「臺灣族群關係的社會基礎：臺灣地區社會意向調查資料的分析研討會」，臺北。

傅安弘、蕭靜雅、簡嘉靜，2009，〈臺灣北部大學生飲食行為之研究〉。《民生論叢》1：41-61。

湯幸芬、吳禎、張俊彥，2007，〈鄉村旅遊特產飲食消費動機與體驗〉。《休閒與遊憩研究》1（2）：113-136。

楊彥杰，2009，〈客家菜與客家飲食文化〉。頁 99-125，載於黃克武（編），《民以食為天：地方飲食文化（二）》。臺北：財團法人中華飲食文化基金會。

楊昭景，2005，〈擺盪於傳統與創新之中：說客家飲食特色及發展方向〉。《中華飲食文化基金會會訊》11（3）：25-32。

楊昭景、邱文彬，2005，〈生存、覺知與存在：客家飲食內涵與發展〉。《餐旅暨家政學刊》2（1）：71-81。

楊曼華，2011，《世代對飲食文化意象與飲食行為之研究：以苗栗縣客家族群為例》。國立聯合大學經濟與社會研究所碩士論文。

劉毓珠（編撰），2003，《戀戀客家味：客家料理篇、客家米食篇、客家醋製食品篇》。苗栗：苗栗縣文化局。

鄧之卿，2009，〈山居歲月：新竹客家飲食文化及體現〉。《餐旅暨家政學刊》16（4）：353-377。

蕭新煌、林開忠，2009，〈家庭、食物與客家認同：以馬來西亞客家後生人為例〉。頁 241-268，載於蒲慕州（編），《飲食傳播與文化交流》。臺北：財團法人中華飲食文化基金會。

賴守誠，2006，〈現代消費文化動力下族群飲食的重構：以臺灣「客家菜」當代 的休閒消費轉型為例〉。《國家與社會》1（1）：167-213。

______，2008，《客家地方食物、特產文化經濟與地方發展：以美濃粄條與新埔 柿餅為例》。行政院客家委員會獎助研究成果報告。臺北：國立臺灣大學生物產業傳播暨發展學系。

______，2009，《當代客家名菜的創生：以美濃野蓮的發展為例》。行政院客家委員會獎助研究成果報告。臺北：國立臺灣大學生物產業傳播暨發展學系。

______，2010，〈臺灣客家飲食運動的緣起、建構與發展：文化經濟取向的社會 分析〉。頁 145-175，載於江明修（編），《客家城市治理》。臺北：智勝文化。

羅清俊，2010，《社會科學研究方法：打開天窗說量化》。臺北：威仕曼。

## 二、英文部分

Barthes, R., 1997, "Toward a psych sociology of contemporary food consumption." In C. Counihan & P. Van Esterik (Eds.), *Food and culture: A reader* (pp. 20-27). London: Routledge.

Boulding, K. E., 1956, *The image: Knowledge in life and society*. Ann Arbor, MI: University of Michigan Press.

Bourdieu, P., 1984, *Distinction: A social critique of the judgment of taste*. Cambridge, MA: Harvard University Press.

Handszuh, H. F., 2003, November, *A survey on local food in tourism policies*. Paper presented at 2003 Local food & tourism international conference. World Tourism Organization, Larnake, Cyprus.

Helstosky, C., 2004, *Garlic and oil: Politics and food in Italy*. Oxford, UK: Berg.

Kershen, A. J., 2002, "Introduction: Food in the migrant experience". In A. J. Kershen (Ed.), *Food in the migrant experience* (pp.1-13). Hanpshire, England: Ashgate.

Leyens, J. P., Yzerbyt, V., & Schadron, G., 1994, *Stereotype and cognition*. London: Sage.

Mennell, S., Murcott, A., & Van Otterloo, A. H., 1992, *The sociology of food: Eating, diet and culture*. London: Sage.

Story M., Neumark-Sztainer, D., & French, S., 2002, "Individual and environmental influences on adolescent eating behaviors." *Journal of the American Dietetic Association*, 102(3): 40-51.

# 客家流行音樂獨立廠牌經營策略之研究 *

吳翠松

## 一、研究動機與目的

近年來，大量的客家音樂創作出現，也使得客家流行音樂的相關研究，開始為學術界所重視（吳翠松、吳岱穎，2012；王俐容、楊蕙嘉，2010；劉興偉，2010）。像是劉榮昌（2011）的碩士論文從發展史的角度探討臺灣戰後的客家音樂風格，從戰後翻唱日本曲風潮開始，到「新臺語歌曲」運動，再至吳盛智、交工樂團與劉劭希等人把西洋音樂元素用來創作客家歌曲，說明了臺灣客家音樂風格發展深受主流音樂市場影響。劉楨（2005 年 10 月）的研究則針對近 20 年來客家流行音樂的出版與發展，做了一個整合性的說明。亦有些研究是從創作者的實踐與詞曲所呈現的客家意象進行探討，像是王俐容、楊蕙嘉（2010）的論文分析了近代客家流行歌詞內涵，指出這些歌詞再現了保守、熱情好客等客家族群特質及農耕生活等客家鄉愁意象，而客家創作者透過音樂的創作實踐過程，亦重新確認了自身的客家認同。上述這些研究主題雖不相同，卻都聚焦於客家流行音樂上，有別於過往有關客家音樂研究，以傳統戲曲或固定曲調的客家山歌為主的取徑（如：鄭榮興，2007；劉新圓，2003；胡泉雄，1970）。

---

* 本文原刊登於《廣播與電視》，2014，37 期，頁 1-34。因收錄於本專書，略做增刪，謹此說明。作者吳翠松現任國立聯合大學客家語言與傳播研究所教授。

也由於客家音樂創作的大量出現，近年來，這些詞曲創作家與歌手透過各式宣傳與發行管道，逐漸集結出一股客家音樂的新文化勢力（鄭榮興，2004，頁 114）。尤其是金曲獎於第十四屆開始增設了「最佳客語演唱人獎」，其後又增設「最佳客語流行音樂演唱專輯獎」和「最佳客語演唱新人獎」後，透過媒體對入圍和得獎名單的大量曝光，客家流行音樂的創作環境與能見度亦開始提升（吳翠松，2009）。

其唱片產製與行銷過程大半屬於全自助 DIY 模式，即從創作、音樂錄製、包裝、宣傳到販售，大半過程皆由創作者一人包辦，在過程中較少商業考量，有些甚至自己設立公司來發表作品（吳翠松、吳岱穎，2012）。

但仍有一些歌手，是透過客家獨立廠牌的經營，慢慢嶄露頭角。例如，2011 年在金曲獎中大出風頭，榮獲四個獎項的鱳克勇，即為專門經營客家音樂的獨立廠牌——「吉聲影視」的音樂總監及歌手，而主流電視歌唱節目「星光大道」第四班打入十強的參賽者吳勇濱，則為「龍閣文化」旗下的歌手。事實上，這幾年除了鱳克勇外，吉聲影視有系統的培育了一批從事客家流行音樂創作與演唱的新人，像是徐千舜、徐筱寧、陳正航等。而除了吉聲影視外，專營於客家音樂產製的製作公司尚有上發、嵐雅、漢興傳播和龍閣文化等，亦包裝與產製了不少的客家年輕樂手。

根據財團法人國際唱片業交流基金會（IFPI）的統計資料（行政院新聞局，1999；2000；2001；2002；2003；2004；2005），臺灣的唱片市場在 1998 年之後急遽萎縮，每年皆呈現負成長。在這樣不被看好的市場情況下，即使是資本雄厚的大型公司也越來越不易生存，但這些客家獨立廠牌仍能持續經營，且新作品不斷推出，甚而獲獎。以 2004 年為例，黃純彬（2007）的研究就發現，2004 年臺灣發行的客家流行歌曲專輯就達 50 多張，其中吉聲影視光在該年 10 月分就發行了 10 張客家流行歌曲專輯，顯然營運狀況不差。

因此本研究欲探討的是：這些客家音樂獨立廠牌如何在競爭激烈的臺灣唱片市場中生存？其經營策略與運作方式為何？由於前文談到 1998 年臺灣唱片市場急遽萎縮，唱片業者有可能因應市場變化，採取不同的經營策略，故而在本文中，研究者將針對 1998 年前後，這些客家音樂獨立廠牌如何經營及採用的經營策略為何，做一對比分析。

由於客家音樂獨立廠牌不少，有些目前已歇業，有些則是較晚期才成立。為了更巨觀的了解客家流行音樂市場的變化，及這些客家音樂獨立廠牌的經營策略，本研究以成立 25 年以上客家音樂產製的三大獨立廠牌——漢興傳播、吉聲影視、龍閣文化作為研究對象，希望藉由相關資料搜集與經營者的訪談，進一步了解臺灣這 20 幾年來客家音樂市場的變化，及這些獨立廠牌的經營之道，以提供後續有意戮力於客家流行音樂產製者一個經營策略規劃的參考。

## 二、文獻探討

由於本文的研究主題為客家流行音樂獨立廠牌的經營策略，故而在此，研究者將針對客家流行音樂的內涵與發展及經營策略的相關文獻做一介紹。

### （一）客家流行音樂相關文獻說明

何謂流行音樂，指的是曲子琅琅上口，內容貼近生活的歌曲（趙珮含，2014，頁 5）。Shuker（1998, p. 227）定義其指標為：（1）流通的廣度與數量，即流行性（popularity）；（2）商業導向，可從排行表現、媒體曝光度判斷；（3）是否具音樂性特色。至於客家流行歌曲，根據黃純彬（2007）的說法，指的是客家話和流行音樂的結合，即由某人創作的客家歌詞和歌曲，其樂風迎合大眾市場。黃純彬特別強調使用客家話的重要，他認為若無客家歌詞，即非客家流行歌曲。

但由於目前客家歌的發行量都不大，近幾年來，除以「客家流行音樂」稱之，亦有其他概念相近的名詞出現，如客家新音樂（劉楨，1998；顏志文，2005）、客家創作歌曲（楊國鑫，1998；吳榮順，2000）、客家創新歌曲（劉楨，2005 年 10 月）等。這些名詞都試圖為以客語填詞、以當代流行音樂曲風創作與傳唱的歌曲，找出一個適合的名詞與定位。

由於目前學術上較為通行的用法以「客家流行歌曲」為主，像是劉興偉（2010）《客家流行音樂的創作與實踐：解析金曲獎入圍客語專輯》、楊嘉慧（2009）《當代客家流行音樂的族群再現與文化認同》和李宗璘（2014）《客家流行音樂與青年的客家認同》等論文，都以「客家流行歌曲」命名；再加上代表國家機關的文化部所頒發的金曲獎亦此名稱之，故本文仍以「客家流行歌曲」定名。

事實上，自日治時期起，臺灣已有不少出版客語歌曲的唱片公司，像是改良鷹標與美樂唱片等，但當時出版的客家音樂以傳統客家民歌、勸世文和三腳採茶戲為主，較無新曲的創作（劉楨，2003），直至 1981 年，吳盛智的【無緣】專輯才揭開客家流行音樂的序曲，其後陸續有不少音樂獨立廠牌唱片公司投入客家創作歌曲的製作與發行，客家歌曲開始在客家地區風行。近幾年來，更由於母語運動的興起，客委會與客家電視台的成立，有越來越多年輕且具客家意識的創作歌手願意投入客家流行歌曲的創作，也使得客家流行音樂的產量越來越豐富。關於近代客家流行音樂的發展，根據楊國鑫（1998）說法，約可分三個階段：

第一階段（1980-1987）：以〔無緣〕及〔捱係中國人〕等歌曲揭開序幕，可說是由吳盛智、涂敏恆、呂金守等三位前輩領軍的結果。1981 年，原在臺灣流行歌壇以演唱西洋歌曲聞名的吳盛智，以自創自唱的方式推出由呂金守作詞的〔無緣〕和涂敏恆作詞的〔捱係中國人〕客語演唱專輯，在電視上演唱並受到歡迎與認同，客語歌曲的創作逐漸受到重視（簡巧珍，2006，頁 182）。

第二階段（1988-1991）：1987 年《客家風雲》雜誌的創刊、1988 年的「還我母語運動」等客家運動，都間接或直接促使客家流行歌曲的出現，也爭取到少數媒體發聲權，客家創作流行音樂的能見度開始提高。此時有漢興、上發、吉聲和龍閣等客家獨立廠牌陸續投入客家流行歌曲製作與發行，培養了林子淵、呂金守、鄧百成、劉平芳、林展逸、陳淑芳、蔡孟甫等客家詞曲創作者或演唱人，著名的曲目有〔細妹仔按靚〕、〔客家本色〕、〔一枝擔竿〕、〔我自遠方來〕、〔沒共樣个人〕等歌曲。

第三階段（1991 至今）：1990 年開始，隨著客家意識的抬頭，新一批的客家流行創作者相繼出現，在音樂的表現上有著重大的突破。重要的創作者有黃連煜、謝宇威、交工樂團、顏志文、陳永陶和硬頸樂團等。此時期的客家流行音樂創作者，不但將當時流行的音樂元素與客家樂器做一結合，更加入了對社會現象的批判，例如「交工樂隊」搭配嗩吶等傳統樂器，以客家話譜出一首首反對美濃水庫興建的歌曲。

而其後為了讓客家流行歌曲跟上潮流的變動與創新，這些成名的客家歌手亦不忘提攜後進，鼓勵更多年輕人投入客家音樂的創作。像顏志文即組織了山狗大「後生重唱樂團」，嘗試以不同的方式呈現客家流行歌曲（山狗大樂團，2012）。

由於客家流行歌曲從 1981 年發展至今，歷經不少階段，產製的歌曲與歌手亦不少，在此我們將各時期具代表性的客家流行歌手與歌曲做一整理，以表 1 說明：

表 1：客家流行音樂各階段的代表人物與作品

| | 代表人物 | 代表歌曲 |
|---|---|---|
| 第一階段（1980-1987） | 吳盛智、涂敏恆、呂金守 | 無緣、捱係中國人 |
| 第二階段（1988-1991） | 林子淵、呂金守、鄧百成、魏海敏、劉平芳、陳淑芳、蔡孟甫 | 細妹仔按靚、客家本色、一枝擔竿、我自遠方來、沒共樣个人 |
| 第三階段（1991 至今） | 獨立創作者：黃連煜、謝宇威、交工樂團、顏志文、陳永淘、劉劭希等<br>客家音樂獨立廠牌：樂克勇、吳勇濱、徐千舜、陳正航、王羽馨 | Banana、一儕・花樹下、我等就來唱山歌、頭擺的事情、恁久、當久以前、音樂把戲仙、阿姆个形影、月光華華、流浪、天頂个月光 |

## （二）經營策略相關研究

要談及唱片經營策略，首先需由經營策略的定義談起。所謂經營策略，指的是企業在競爭的環境中，考量本身優劣，據以形成優勢和創造生存與發展空間所採取的反應（周青麟，2012）。

關於經營策略，各學者強調不同重點。Chandler（1962）認為經營策略指的是企業擬定的長程目標，以及達成目標之行動方案的選擇與所需資源的分配，他特別強調長程目標的重要性。Hofer & Schendel（1978）則強調資源配置與環境互動的重要性，他將經營策略定義為目前與未來資源配置和環境交互活動的基本組型（fundamental pattern），用以指示組織如何達成目標。

Jauch & Glueck（1989, p. 11）統整二者的說法，談到經營策略是一種一致的、綜合的和統整的計劃，它使公司在環境變遷的挑戰下，能掌握組織的優勢，用以確保企業的基本目標能經由組織適當的執行而達成。國內學者司徒達賢（1995）則強調經營策略是一種選擇重點發展的方向，將其界定為企業在環境中求生存空間，指導功能性政策的方向以建立與維持競爭優勢的思考方向。

不管學者強調的重點為何，整體而言，大半學者都同意，一個企業經營策略不能一成不變，必須隨其內部條件、外部環境與營業目標的變動而調整。管理也須依據企業體質，在不同階段，採取不同管理模式。

至於經營策略的分析依據，目前最常被使用的策略選擇矩陣是 SWOT 分析，又稱基本策略模式。所謂 SWOT 指的是優勢（strengths）、劣勢（weaknesses）、機會（opportunities）以及威脅（threats）的英文縮寫。主要是從企業內部與外部找出本身的優劣勢及機會與威脅，以作為未來改善之用。由於深具改善企業缺點與發掘自身長才之目的，SWOT 分析經常被用於企業戰略制定和競爭對手分析等場合（黃營杉，1999）。

另一個亦常被使用的策略分析依據，為 Miles & Snow 於 1978 年依適應能力劃分事業單位的策略型態，將企業經營分成四種策略型態：即開創者、防衛者、分析者及反應者。所謂開創者（prospector）指的是變革的創造者，這類企業在多變的環境下，會不斷開發新的產品／市場領域，並且洞察環境趨勢；防衛者（defender）指的是那些已有某些基礎，但不積極向外尋求新發展機會的企業，通常只將注意力放在改善現有作業效率以降低成本；分析者（analyzer）則是混合了開創者策略與防衛者策略，既如開創者採取發展產品市場策略，又如防衛者採取提高生產效率策略；至於反應者（reactor），指的是那些無法有效地回應環境中的變革，只能採被動策略，隨環境壓力而採取行動的企業。

除此之外，第三個較廣泛被採用的為 Porter 於 1980 年提出的策略分析架構。Porter（1980）認為一個組織要能在產業中脫穎而出，可根據企業的競爭優勢（即獨特性或低成本）與競爭範疇（即廣泛目標市場或特定區隔市場）訂出三種策略，即（1）成本領導（cost leadership）：致力於取得相對於競爭者的低成本，建立明顯的成本優勢；（2）差異化（differentiation）：創造顧客高度評價的獨特產品或服務，使企業產品或服務能有別於其他市場競爭者，形成與眾不同的特色；（3）集中化策略（focused strategy）：企業採行差異化或低成本策略時，同時將市場集中在一個較小的利基或範疇，以針對特定目標，發揮最大效能。

簡言之，企業若以其獨特性的優勢競爭於廣泛目標市場，則其追求策略謂之為「差異化策略」；若以低成本的優勢競爭於廣泛目標市場，則其追求策略謂之為「成本領導策略」；企業若僅競爭於特定區隔市場，則其追求策略謂之為「集中策略」。其中，若以獨特性的優勢競爭於特定區隔市場則謂之為「集中差異化策略」，若以低成本的優勢競爭於特定區隔市場則謂之為「集中成本策略」。

Porter（1980）進一步主張，為了克服產業競爭結構中侵蝕經營績效的競爭力量，企業須在此三種基本策略中選擇其一，以在市場競爭中產生競爭優勢；若未選擇任何策略，將陷入無策略焦點的困境，而造成較差的績效。

雖然 Porter 強調策略選擇的重要性，但過去研究顯示，除了 Porter（1980）單一策略主張外，亦有不少企業採取混合策略（如同時追求成本與差異策略），像是 Miller & Friesen（1986a, 1986b）、Kumar、Subramanian & Yauger（1997）等研究皆指出，不少企業在經營時，是同時採用兩種以上的經營策略，亦可達到不錯的績效。不過雖然這些研究發現有別於 Porter 所強調的單一選擇結果，但基本上，上述研究所採的經營策略架構，仍是以 Port 的三種模式為基礎。亦即，Porter 的策略模型確實能充分表達企業經營的複雜或多樣化現象，且相關研究發現，Porter 的基本策略類型架構，仍是目前最受支持的理論架構（Allen & Helms, 2002; Kim & Lim, 1988; Miller & Dess, 1993）。

為了進一步說明三種經營策略所需的技巧與資源，及組織需做的配合，Porter（1980）進一步說明了策略的配合要件（請參閱表 2）：

表 2：策略配合要件表

| 一般性策略 | 需要的技巧與資源 | 組織配合 |
|---|---|---|
| 成本領導策略 | 低成本的配銷系統<br>設計易於製造的產品 | 嚴謹的成本控制<br>詳細的控管報告<br>責任的制度化<br>以嚴格的數量目標作為獎勵制度 |
| 差異化策略 | 強化行銷能力<br>強化基礎研發能力<br>具品質與技術的領先性<br>良好的通路合作<br>創造性的能力 | 吸引對組織有利的員工、產品發展與行銷部門有很好的協調 |
| 集中化策略 | 集中於特定需求的顧客群或地區市場 | 整合以上政策運用於特定的目標 |

資料來源：Competitive Strategy Techniques for Analyzing Industries and Competitors (p. 40), by M. E. Porter, 1980, New York, NY: The Free Press.

由於 SWOT 分析是分析單一企業目前優劣勢、威脅和機會點的狀況分析，提出未來的戰略建議，較不適用於本研究；至於 Miles & Snow（1978）的理論架構，則主要是針對產業的定位做分析，但由於客家音樂長久以來在臺灣流行市場皆屬弱勢，從未居於領導角色，如真要以此理論分析，較看不出其經營策略的變化，再加上相關研究發現，Porter 的基本策略類型架構，仍是目前最受支持的理論架構（Allen & Helms, 2002; Kim & Lim, 1988; Miller & Dess, 1993），故而本文主要採用的是 Porter 的分析架構。

### （三）音樂品牌的經營

前文談到，企業經營策略不能一成不變，必須隨其內部條件、外部環境與營業目標的變動而調整。管理者也須依據企業體質、在不同階段，採取不同管理模式。

Ansoff（1988）指出在經營策略的調整部分，企業常用兩個績效目標來評定自身經營策略合適與否：一為成長，另一為利潤。所謂成長指的是每年銷售額（量）的成長率，利潤則是指企業的獲利。一般來說，「成長」屬於企業的長期目標，而「利潤」則為企業之短期目標（唐淑芬，2002，頁 23）。由於 1998 年後，臺灣的音樂市場已大量萎縮，與 98 年之前相較，銷售量的成長已成遙不可及的夢想，故而利潤的獲得成為大半客家獨立音樂廠牌較實務的追求目標。

一般說來，利潤的計算，指的是營收總收入與付出總成本之間的差額，這其中涉及了「成本」與「營收」兩大內容。由於每個產業的成本與營收內容各不相同，在此研究者特別針對本研究對象——音樂產製的成本支出與營收路徑做一說明。

在成本支出部分，相較於一般產業，唱片工業的複製成本十分低廉，但製作與行銷的花費卻相當昂貴，像是詞曲創作、錄製、混音及編曲等產製過程都需付出不少的金錢，包括了藝人簽約金、製作人酬勞、邀歌（詞、曲）費、編曲費、樂師費、錄音師費、錄音室費等；加上唱片上市之後必須配合密集的促銷與宣傳，以達最佳發行效果，這些動作都讓唱片生產的固定成本居高不下（謝奇任，2006）。

至於在營收部分，傳統的唱片工業有三種為人所熟悉的經營方式（Hull, 1998）。第一種是實體唱片的販售。其特色是實體產品的大量生產與行銷，而過程是唱片公司先挖掘或網羅知名藝人與歌手，建立明星體制，產品製作完成後展開密集的宣傳，並發行至各店頭，途中經過批發商、零售商，以及線上零售商等通道，少部分透過演唱會現場販賣。目前臺灣最主要的兩大音樂通路商大眾唱片及玫瑰唱片已於 2002 年合併成 G-Music（惟音），涵蓋臺灣唱片 50% 以上的實體通路（楊宜桂、梁朝雲，2007，頁 6）。

第二種是著作權的管理與販售。一般來說，唱片公司不僅販售實體唱片，為了能夠持續營利，亦會買下詞曲創作者的著作權，以確保後續發行相關產品時沒有爭議。通常這些著作所有權主要集中在音樂出版部門手中，它們管理各類授權的使用。像是授權給廣播業者、印刷出版業、電影業、唱片工業等使用歌曲。透過詞曲著作權的控制到錄音發行的合約，再到藝人經紀的控制，唱片公司可以不斷擴展音樂商品的價值鏈，使唱片的交換價值得到完整擴散（謝奇任，2008，頁 278）。

第三種是現場演唱表演。以往唱片公司多半將現場演唱會委託給專業公司規劃，但這幾年隨著實體唱片收入下滑，表演活動的舉辦及規劃也成為唱片公司越來越重視的市場，尤其是現場演唱會，已成為唱片業收入的重要來源之一（行政院新聞局，2010）。

另外，近年來，科技的發展日益進步，致使音樂產業與科技高度結合，也為音樂工業帶來一連串變革。在數位音樂及網際網路的影響下，使得音樂商品無論在複製、儲存甚至傳遞都比過去更加便捷，尤其是免費的 MP3 檔案在網路上大量流通，使得音樂的取得極為容易。

根據《101 年臺灣流行音樂調查》顯示，臺灣流行音樂產業總產值約為 123.92 億元，其中有聲出版業者收入估計約 48.12 億元、數位音樂經營業者收入估計約 17.76 億元、音樂展演業者收入約 40.82 億元、音樂版權收益（KTV 及伴唱帶端）約 11.58 億元，而著作權經紀公司與集管團體收入估計為 5.64 億元（文化部，2012）。

其中數位音樂服務，有逐年增加趨勢。以行政院新聞局《99 年臺灣流行音樂調查》、文化部《100 年臺灣流行音樂調查》和《101 年臺灣流行音樂調查》所做的調查可以發現，數位音樂服務從 2010 年的 11.63 億元到 2011 年的 16.10 億元再到 2012 年的 17.76 億元，年年都有不小幅度的增加。

Hutchison, Macy & Allen（2006）即指出，唱片產業未來應會從「產品提供者」（product provider）轉變為「服務提供者」（service provider），亦即唱片產業的未來發展是將內容（content）與服務做結合，像是將音樂商品結合手機變成手機鈴聲、利用網路直播現場演唱會、網路音樂下載等。

事實上，當數位音樂潮流興起後，一般消費者在實體唱片的購買數量雖然減少，但聽音樂的需求與機會不減反增，而這也使得唱片工業開始正視線上音樂的經營。文化部於 2012 年所做的《101 年臺灣流行音樂調查》發現，目前數位音樂的主要營收來源是以「寬頻串流收聽」服務為主，另外像是行動音樂市場近年亦為唱片公司帶來可觀利潤，特別是不少唱片業者近年來跨入電信業者行動客戶網絡，藉綑綁式行銷擴大營運，已收到不錯的成效（文化部，2012，頁 iii）。

除了行動音樂市場外，網路下載合法的音樂檔案是另一個主戰場。網路合法下載的主力產品分為單次下載與會員制兩種。從 2000 年初唱片公司便開始嘗試合法的網路音樂下載服務，但成長力道卻不明顯（Hsieh, 2002）。一直到 2003 年，美國蘋果電腦在取得五大唱片公司的授權後，推出每首歌 0.99 美元的 i-Tunes 音樂下載服務。七千多萬首授權歌曲與便利的服務，立刻為蘋果電腦與唱片公司帶來極大的收益。

而為了因應數位時代的來臨，目前唱片業界採取了幾種數位音樂經營策略（謝奇任，2008，頁 283-284）：

1. 藝人開發部門結合全球行銷與發行系統

許多唱片公司認為，想在唱片工業生存，關鍵點在於持續地挖掘具潛力的新人歌手。通常一個成功歌手的背後，都有著手段高超的經紀人來面對各種繁瑣事務。從流程觀點來看，藝人開發部門是唱片公司守門過程的第一關，如能加上布局全球的行銷團隊，結合地方的藝人開發部門，將本地歌手行銷至不同的市場，將會獲致更高利益。

2. 簽署所有權利合約

過去製作公司、經紀公司彼此獨立存在，但保持著合作關係。但當 CD 銷售下滑時，跨國唱片公司紛紛將腦筋動到藝人經紀約上，讓歌手不只是歌手，而是充分發揮其「附加價值」，諸如商品廣告代言、戲劇演出、演唱會舉辦等，在此趨勢下，唱片與經紀公司逐漸二合一，唱片公司傾向跟歌手簽所有權利合約，以便讓單一利潤變成多重利潤（如舉辦巡迴演唱、販賣授權商品）。

3. 增加數位音樂的發行管道

唱片公司為了搶攻行動音樂與合法網路下載市場，十分積極的擴大數位市場的涵蓋面，同時增加新的發行管道。許多唱片公司紛紛跟軟、硬體公司合作，推出各式類型的數位音樂內容服務，包括手機鈴聲、桌布、來電答鈴、音樂點播下載，以及付費會員與合法點對點服務等。

4. 將行銷成本的支出變成獲利來源

作法主要有兩種：第一、唱片公司在入口網站如 Yahoo!、AOL、MSN 上放上 MV 串流，並藉此吸引廣告主刊登廣告來收取廣告費用，或者透過 iTunes 讓消費者付費下載 MV（Vivendi, 2006）第二、以授權條約的方式，與高人氣社交性網站，或是使用者自行生產內容的網站進行合作。讓有興趣的人可以通過此一連結直接進入到網站購買單曲（EMI Group, 2007）。

## 三、研究方法

由於流行音樂的產製與經營，主要仰賴相關產製、經理、行銷人才的策略規畫，故本研究以深訪三大客家獨立廠牌的經營者與管理者為主。以下研究者針對這三大獨立廠牌的成立過程與發展史做一介紹：

### （一）吉聲影視

吉聲影視音樂有限公司為一家出版客家相關、影、視、音的傳播公司，於1988年9月12日由劉家丁先生正式創立，為國內少數以客家影音產品為主要商品的製作公司，出版的客家創作歌曲屬吉聲公司版權約有600多首。除出版客家歌曲外，尚代理發行上發影視有限公司、臺灣唱片公司、嵐雅傳播公司、美樂唱片公司、鈴鈴唱片公司等客家歌曲之音樂著作及錄音著作（吉聲影視音有限公司，2014）。

### （二）漢興傳播

漢興傳播有限公司亦成立於1988年，初期致力於客語流行歌曲和童謠之創作與出版，當時結合了詞曲創作者林子淵、涂敏恆等人，製作發行〔細妹仔按靚〕、〔客家本色〕、〔一枝擔竿〕、〔伯公伯婆〕、〔小金金創作童謠〕等膾炙人口的客家金曲。其中〔一枝擔竿〕更榮獲行政院新聞局第三屆（1991）金曲獎「最佳年度歌曲獎」，使客家歌曲不再局限於傳統的民謠風格，樹立了客家流行音樂的里程碑。之後跨足錄影及電視節目製作，規模不斷成長，營業範圍包括：電視節目製作、多機EFP實況錄影、電視CF、MTV拍攝、工商簡介製作、專業剪輯、光碟製作等（漢興傳播，2010）。

### （三）龍閣文化

成立於1987年，創辦人李寶鑫先生秉持客家精神，傳承客家文化藝術而成立此公司。除製作客家唱片外，另長期亦在桃園地方有線電視台製播相關戲劇與歌唱節目，亦發行節目錄影帶。電視歌唱節目星光大道第四班打入十強的參賽者吳勇濱，就是自龍閣文化舉辦的「鬧熱打擂台」比賽脫穎而出，龍閣亦為他發行唱片（龍閣文化傳播，2015）。

由於本文研究的是企業經營策略，故而研究者主要針對三位經營者進行深度訪談，並佐以該公司的專職職員或歌手進行比對，以下為研究者的訪談名單：

表 3：訪談名單

| 訪談對象 | 身分 | 所屬公司 | 訪談內容 |
|---|---|---|---|
| 劉家丁 | 唱片經營者 | 吉聲影視公司 | 經營、行銷策略 |
| 樂克勇 | 音樂總監 | 吉聲影視公司 | 企畫、製作策略 |
| 徐千舜 | 歌手、創作者 | 吉聲影視公司 | 創作、行銷 |
| 李寶鑫 | 唱片經營者 | 龍閣文化 | 經營、行銷策略 |
| 王羽馨 | 歌手、創作者 | 龍閣文化 | 創作、行銷 |
| 邱從容 | 唱片經營者 | 漢興傳播公司 | 經營、行銷策略 |
| 蔡孟甫 | 歌手、製作人 | 漢興傳播公司 | 企畫、製作策略 |

## 四、研究結果

前文談到，臺灣唱片業自 1998 年後市場急遽萎縮，可能造成企業採取不同的經營策略。故而在本文中，研究者將分早期與目前兩大階段說明客家音樂獨立廠牌的經營策略。早期指的是唱片業景氣好的時代，泛指 1998 年之前的唱片市場；目前指的是近十幾年來景氣低迷的狀況。

另外，由於企業的經營目標以追求利潤為主，而利潤又分為成本與營收兩大部分。故而研究者主要針對這兩個面向，說明三家客家獨立廠牌的經營方式：

## （一）成本部分

1. 人力支出

A. 早期

根據訪談結果發現，早期在流行音樂鼎盛時期，三家獨立唱片公司皆兼營其他事業。像是吉聲做伴唱帶、龍閣文化製作有線電視節目與戲劇，漢興影視以出租錄影帶起家，故而都雇用十幾人到數十人的「專職」人員進行拍攝、剪接和錄音。因而人力成本也是最大的支出之一。

B. 目前

目前三家唱片公司皆以人力精簡和組織縮編為最大目標，除了龍閣擁有較完善的組織規模仍雇有十幾位專職人員外，吉聲目前除了老板劉家丁外，只雇用執行助理（兼櫃台）和創意總監樂克勇兩位專職人員；漢興則是只保留剪接和執行企畫。至於整個音樂產製過程所需人力，皆以外包方式或與個人音樂工作室保有長期合作關係。

易言之，早期由於客家流行音樂還算暢銷，再加上三大公司皆兼營副業故而養得起較多專職人手；但目前在人力成本的支出部分，三家獨立廠牌皆採取降低成本策略，將專職人員的職缺降到最低，至於唱片產製的其他人事成本，則以外包方式進行。

2. 產品支出

（1）歌手訓練費

A. 早期

根據三位唱片公司經營者的說法，早期的客家唱片公司多請熟人或老師推薦歌手，這些歌手很多是業餘的，如欲出唱片仍需經過一些訓練，所以公司會特別聘請老師傳授唱歌技巧，像是龍閣文化的歌手陳淑芳，即接受過不少老師的訓練：

李寶鑫：陳淑芳我們帶著她跟第一個老師呂金守去學，也下了一點功夫。

後來林子淵老師他也針對妳是怎樣的一個（聲音），量身訂做，……他寫的歌，聽你唱，他可以馬上去修他的（曲），要高一點、要低一點，或者長一點。

由上述對話可發現，早期客家唱片公司會為了求取更好的品質，願意花錢聘請專業的教師教唱，甚而針對歌手的特色或音域，請老師量身訂作適合的歌曲，可說是以長期「培養」的心態在「經營」自家的歌手

B. 目前

近年來客家流行音樂的銷售狀況較差，許多唱片公司已不願花錢在歌手訓練上，轉而尋找能夠直接上線發片的歌手，像是吉聲影視即直接找獲得不少客家歌唱比賽冠軍的徐千舜（千千姐姐）和海洋音樂祭首獎得主的陳正航發片。這些歌手由於身經百戰，只要稍微指點一下，即可立刻進入狀況。也為唱片公司省了不少成本。

（2）歌手簽約金

A. 早期

早期由於歌手意願且當時未建立起著作權概念，所以三家唱片公司大半未與歌手簽約。像是漢興傳播老板邱從容就談到：

研究者：你沒有跟歌手簽約就對了，只有簽唱片約而已？

邱從容：就想要簽約，但是他一般說，人家說那小公司就不要簽約，都不願意簽約，那我們當然我們也是想說鼓勵人家，那就算了。

也由於與歌手沒有簽訂合約，所以其他的唱片公司即會來挖人，形成同一個歌手可能在三家唱片公司都待過，像是龍閣文化歌手王羽馨就曾經在不同時期待過這三家公司。

B. 目前

由於經歷先前的教訓，雖然目前歌手因為唱片市場景氣不佳，亦沒有簽約金，但公司會要求簽訂著作權授權書。事實上，許多歌手不只沒有簽約金，連演唱的酬勞亦無。以吉聲影視較具知名度的徐千舜（千千姐姐）為例，她的首張唱片【團團圓圓】即未收到錄音的唱酬，對於徐千舜來說，該張唱片的發行，純粹只是打個人的知名度而已，並未期許藉由這張唱片賺到什麼錢。

甚而有些歌手，不只未收到酬勞，自身還需負責認購一定數額的唱片，像是龍閣文化的老板李寶鑫即談到：

李寶鑫：歌手他也要幫我們負擔一些，吃幾百片，看是送人家，還是自己留。

我們是這樣要求，要不然的話，我們做了放在倉庫裡面，現在又沒有行銷通路。

（3）錄音室費用

A. 早期

早期三家唱片公司皆未設錄音室，故而歌手必須另外租借錄音室。當時臺灣錄音室不多，租用費用亦不低，且錄音通常不會一次就成功，亦所費不貲，像是蔡孟甫的《沒共樣个人》，就是租用臺北的「上揚」錄音室，花了漢興老板邱從容不少錢。

B. 目前

現在三家唱片公司皆有自己的錄音室，甚至會將錄音室出租，以增加營收，故而不需再為租用錄音室付出的成本傷腦筋。

（4）製作費

A. 早期

早期的製作經費，由於音樂市場較為興盛，再加上唱片公司老板兼營副業，有其他播送與行銷管道，故而製作經費較為寬裕。歌手蔡孟甫談到他1991 年發行《沒共樣个人》專輯的製作經費：

研究者：當時是多少錢？那一張唱片。

蔡孟甫：百來萬吧。

研究者：那也不錯啦。

蔡孟甫：不錯了，我那個年代百來萬說多不多，說少不少，百來萬以那個年代來說，做不了太那個的，但是也可以啦，我記得一般歌手，也是一百萬上下吧。

B. 目前

目前由於唱片業非常不景氣，再加上其他副業亦經營不易，製作成品壓的非常低，吉聲影視的老板劉家丁就談到，一張唱片成本不到五十萬。其中傳統山歌的成本更低，且錄製時間也較短：

劉家丁：山歌最好做，我一天可以錄十張，每一張我花成本十萬塊錢就解決啦。

（4）詞曲創作費

A. 早期

早期詞曲創作部分，主要是找專業人士從事詞曲創作者，故而花費不少成本。漢興的老板邱從容即談到當時的詞曲和製作成本：

邱從容：林子淵的那一張，那時候是這樣子，就是其實一首歌曲來講，是詞跟曲一起算，一首那時候我記得，好像是一萬五。

研究者：那就是包括製作跟詞？

邱從容：沒有，製作費另外算，他製作的第一張好像拿比較少，不過他最起碼每張平均都能拿六十萬。

B. 目前

目前由於唱片景氣不好，各客家獨立廠牌為了節省成本，啟用了不少創作歌手，像是吉聲歌手徐千舜奪得金曲獎的《月光華華》專輯和欒克勇的《獨一無二，反叛客》全張皆是由歌手自己創作詞曲，甚至連漢興傳播的老板邱從容為了節省開銷，也自己下海寫詞。

（5）企畫和封面設計

A. 早期

早期的製作由於人手較多，故而公司會派專人為歌手企畫和設計封面，像是王羽馨在龍閣文化出的【天頂的月娘】，即是由唱片公司找專人設計。

B. 目前

現在的唱片公司，由於人力精簡，主要採外包方式進行。像是吉聲影視樂克勇【獨一無二反叛客】，即是外包專業人員設計。較特別的是，為了節省成本，有些歌手甚至連封面企畫和造型都由自己設計，像是歌手徐千舜談到：

> 我當初要出專輯的時候，我是拿著一本企畫案跟老闆說，老闆這是我的東西請你過目，你看一下可不可以。

甚至連活動的標案都是由歌手親自操刀，像是吉聲與 MOMO 電視台合作「哈克嗚啦啦」、「哈克 DOREMI」即是由歌手徐千舜自己企畫和製作。

3. 行銷

A. 早期

早期的客家歌手，由於唱片景氣較佳，唱片銷售亦佳，故老板較重視行銷，像是歌手蔡孟甫先前曾在滾石唱片公司工作過，即利用自己的人脈，跟著主流歌手一起上流行電台打歌。龍閣則因為自身有經營第四台頻道節目，所以搭配自己的節目強力宣傳：

> 李寶鑫：我們一直在播出，就製造一個偶像在那邊……，所謂流行，就是需要媒體，一直曝光，一直曝光，他們就產生了感情，就熟悉了。

B. 目前

目前的行銷則較少以花錢方式進行，主要是上一些客家電視台或電台的節目，但所得到的效果相當有限；另外，金曲獎的獲獎，也是這些客家獨立唱片公司一個很好的行銷宣傳場合，像是 2011 年在金曲獎中大出風頭，榮獲四個獎項的樂克勇，就幫自己和吉聲做了很好的宣傳。上述的這些宣傳和行銷手法通常都不必花公司什麼錢。這也點出了這些客家獨立唱片公司目前在經營上的困境，吉聲的老版劉家丁就直接談到，最大的問題是沒有經費。

另一種省錢的做法，就是結合客委會的電台或電視台標案，或客家各式祭典的現場表演，讓自己的歌曲在節目或演唱會中進行宣傳和行銷，但這部分還是要靠歌手對自身形象的規劃，通常唱片公司不會在宣傳活動上為歌手做什麼包裝。像是歌手徐千舜就很有自己的想法，自創了「客家寶寶」來帶動流行：

> 徐千舜：我們現在出去表演都有帶兩隻大玩偶，我覺得還不錯，小朋友反應也蠻熱烈。
>
> 研究者：你這是很好的行銷，當時你怎麼想到，那兩隻大玩偶是誰發行的？
>
> 徐千舜：我發起。
>
> 研究者：當時你怎麼構想這個？
>
> 徐千舜：人家有 MOMO，有 YOYO 超人，我也要，我也要客家的寶寶，虛榮心。

普遍來說，只要客家歌手出片，客家相關的電台或媒體，都會主動提供機會請歌手上台受訪，除非歌手自己投入包裝行銷，不然唱片公司很少願意提供經費為歌手行銷。

## （二）營收部分

1. 實體唱片銷售

A. 早期

早期因為唱片市場還算景氣，普遍的銷售量都還算不錯，像是漢興傳播的老板邱從容就談到所出版唱片的銷售量：

> 邱從容：那一張，其實是這樣子啦，早期是卡帶，那時候沒有CD，卡帶的銷路不差，……，我沒有跟他算其實賣的也不少，當然就是上萬了啦！上萬。
>
> 邱從容：〔細妹按靚〕那個專輯，還有這個〔客家本色〕專輯都不錯，還有甚至於是後面的那個叫做〔伯公伯婆〕專輯銷也銷路不錯，其實還有那個後面的那個什麼〔一枝擔竿〕那個銷路也很好。

B. 目前

目前的實體唱片銷售成績可說是每況愈下，一張實體唱片能賣到上千片就算是暢銷歌曲，龍閣文化的老版就談到這個情形：

> 不像以前一樣，我們一發行可以發幾千、一萬、幾萬這樣發，現在基本要一千套，我們可能做個三百套，三百套做什麼？電台、發發宣傳，這個要的送一些給你，就是這樣，那還有歌手啦，送一些，你去做宣傳。

不過雖然銷售不多，但相較於臺灣的國、臺語流行歌曲市場，客家唱片是屬於慢熱型，許多唱片銷售的效果，通常是在一年後才顯現，歌手徐千舜就談到這個現象：

> 眞的行銷成功是在客委會的活動，很多人都知道，開始會唱、會聽，然後才會去買，然後一年以後，我眞的覺得你要回收，要看成果是一年以後，你在活動場合的時候，小朋友似乎都會唱。

2. 通路

A. 早期

a. 山歌班

由於客家地區盛行唱山歌，許多社區與小學皆開設有山歌班。故山歌班成為歌家歌曲的重要通路，像是龍閣文化，即是由山歌班起家。

b. 義民廟

義民廟是客家唱片的重要通路，尤其是在重大慶典舉辦時，由於目標訴求眾會自動聚集前往，故而營收相當可觀，吉聲影視的老板劉家丁和龍閣文化的李寶鑫都談到：

> 劉家丁：我自己開一個唱片行嘛，在義民廟，一個月可以做八到十萬塊錢還不錯。過年一個月可以賣二十幾萬那還好。就一年下來平均一百到一百二十萬
>
> 李寶鑫：我年初一到年初三，每天都有十幾萬的收入這樣賣。

c. 唱片行

早期三家公司皆與唱片中盤商合作，將客家唱片以寄賣方式，分送到全省各個銷售據點，特別是客家地區。

B. 目前

a. 山歌班

由於目前客家地區仍開設不少山歌班，故而仍是重要據點。

b. 客家地區中小學

由於三家唱片公司都出了不少童謠和童歌，再加上客委會推行客語生活學校政策，並和 MOMO 電視台合作客語教學節目，使得聽眾定位在客家兒童的徐千舜，兩張唱片都深受學校師生的喜歡與購買：

> 徐千舜：因爲第二張客委會有補助，所以客委會買了很多發給其他小朋友，然後很多小朋友會說，我要〔月光華華〕，千千姐姐唱的，那我也要，就自己打個電話過來。
>
> 徐千舜：入圍金曲獎後，很多客語老師沒有新的歌曲可唱，他們就一直打電話來說，有沒有千千姐姐的專輯我想買，很多學校訂購，一次就十套二十套，每個教室都放。

c. 義民廟

義民廟雖是客家族群的重要聚集點，但這幾年由於喜歡聽山歌和八音的老年人逐漸凋零，再加上唱片市場的不景氣，盜版盛行，年輕人對於客家流行歌的接受度不高，致使原本銷售成績最佳的義民廟，也面臨了嚴峻的挑戰，龍閣文化董事長李寶鑫就談到：

> 李寶鑫：幾乎停擺啊，義民廟，我爸爸在那邊幫忙，已經二十幾年，所有的客家產品都丟在那，他幫忙經銷，剛剛還跟他聊聊，他講，沒有生意，昨天才賣幾百塊錢而已，天氣又那麼熱，我說年紀八十幾歲了，要不然就不要去賣，禮拜天再去賣。

d. 唱片行

至於先前談到的唱片行，目前雖仍在送貨，但整體銷售已大不如前，吉聲影視的老板劉家丁就談到此現象：

以前一個月送貨一次！現在是三個月一次就算是不錯了！

e. 網路

為了因應時代的變化，三家唱片公司目前都設有專屬網站，介紹自己公司的影音產品，並將購買專線直接 PO 上網。但效果其實很有限，平均一個月接不到兩通訂貨電話。不過還是有比較特別的例外，像是定位在客家兒歌的徐千舜，由於年紀較輕，亦善於經營自己，她的唱片訂單，很多即是透過社交網站而來。

3. 活動和演唱會

A. 早期

早期並無所謂的演唱會形式，演唱活動主要是為了促銷發行的唱片，大半為唱片公司自辦，請旗下歌手參與演出，再趁熱販售唱片，歌手大部分只能拿到車馬費，活動地點主要集中於客家地區；另有些歌手亦會有外界的演唱邀約，由於當時唱片公司未與歌手簽訂合約，故而營收部分皆為歌手獨有，唱片公司老闆主要採鼓勵性質。這些活動場合主要是工地秀、客家地區巡迴演唱會和義民廟活動。

a. 工地秀

臺灣在 70、80 年代房地產景氣興盛，為了炒熱氣氛，常需邀請歌手參與演出，以招攬客戶，故而當時客家地區亦有不少演出的邀約，漢興傳播的老板邱從容即談到此現象：

因爲之前的我們臺灣的各地已經有工地秀，……那客家地區也都一樣！也有人來邀……但是我跟你講……那個像剛剛講那個劉平芳，（我）鼓勵他去唱。

b. 客家地區巡迴演唱會

為了促銷發行的唱片，早期的唱片公司會替旗下歌手舉辦地區性巡迴演唱會，這些演唱會的舉辦地點主要以客家地區為主，像是漢興傳播就在美濃、關西和竹東辦過巡迴演唱會。

c. 義民廟活動

最典型的演唱會形式，是到義民廟的廟會辦演唱會，龍閣文化的董事長李寶鑫就談到它的效果：

研究者：以前是發片的時候，會幫他辦演唱會之類的嗎？或者是簽唱會？

李寶鑫：最標準的是義民廟那個，廟會辦演唱會，靠著他們現有的人群。您就直接讓他現場唱，大家聽，眞的很好聽，就來買。每年過年，我們歌手都會在那邊演唱，既可以拜拜，又可以看到歌手，又聽到客家歌曲，他們都會去，有的是天天去捧場，他會有購買力。

B. 目前

a. 客委會主辦或地方政府辦的客家祭典

目前歌手最多現場演唱的場合就是客委會主辦或地方政府辦的客家祭典，像是桐花祭或義民節活動。事實上這類的活動，近年來非常的多，也提供給歌手很多表演舞台。而歌手的演唱酬勞也成了唱片公司一個營收來源。像是與徐千舜（千千姐姐）簽訂歌手和經紀約的吉聲唱片老板劉家丁就談到：

千舜一年從我這邊可以領一百多萬啦！而我也可以從她的演唱費裡抽成，領到不少錢。

4. 版權

A. 早期

早期的版權概念極為薄弱。唱片公司和歌手與詞曲創作者、製作人常基於信賴關係，未簽訂任何合約。雖然未付簽約金，但詞曲費、編曲費、製作費與歌手的演唱費仍需支付，也由於未簽約，致使後面與歌手或創作人產生糾紛，衍生出一些額外支出，成了另類成本。像是在採訪過程中，漢興傳播和龍閣文化老板都談到某位客家知名詞曲創作者，雖於先前已付完詞曲費，但因雙方並未簽約，其後該詞曲創作者即利用侵犯著作權一事，控告兩位老板，反而讓出錢的兩位老板被迫再拿出另一筆錢給付創作者。

B. 目前

雖然目前客家歌曲的銷售量不高，但許多公開場合（像是客家電台）還是會播放客家歌曲，喜歡唱客家歌的長者仍有一定人口，致使版權亦為三大唱片公司的重要來收入來源，像是龍閣文化的董事長李寶鑫就談到點唱機的版權販售：

李寶鑫：以前我們做的歌曲，或者流行的歌曲、有價值的歌曲，點唱機會購買，我們就有一筆經費的收入。

研究者：像這樣子一首可以賣多少錢？

李寶鑫：一首，看情形，他有分詞、曲、錄音、製作，是分開來的，你看你是用多少歌。那我有一次我有一百首、兩百首、三百首，那談的是大樁的錢，那例如說，我如果就買幾首歌而已，那價錢就特別談的高一點。

研究者：一首歌賣到一萬塊嗎？

李寶鑫：不一定。

研究者：他這個簽約是每一年、每一年，還是說？

李寶鑫：不是。賣斷，就同意他賣，你只能說一次付費付清。

漢興傳播的老板邱從容談到，因為加入 MUST（Music Copyright Socity of Chinese Taipei，中華音樂著作權協會）所以現在每年都有固定的著作權收入：

邱從容：還好現在著作權法有保障，……每一個月也有一些錢進來。

研究者：大概多少錢啊？

邱從容：那這個錢的話，一個月應該有一萬五以上。

吉聲影視更致力於著作權的經營，長期在收購客家歌的版權，強調著作權的未來性，成了目前擁有最多客家音樂版權的獨立唱片公司：

欒克勇：客家又不像國、臺語埋沒在好幾百萬首歌裡面，客家就是差不多就一千多首而已，我們工作室有七、八百首（版權）。

研究者：一首歌的版權大概幾年阿？

劉家丁：死後五十年。

研究者：所以老闆您是全部把他買斷就對了！每一首歌的。

劉家丁：沒有買斷也專屬，我吉聲在目前版權這一塊慢慢會有起色的……像現在我就要求大家不管買那台機器，一年繳三千五百塊錢的公播使用費。

5. 其他

A. 早期

早期唱片公司因組織較龐大，人手足，故而亦涉足其他事業的經營，像是漢興是以經營錄影帶店起家，在新竹市擁有多家錄影帶店，龍閣文化雖是山歌班教唱起家，但因緣際會下，長期為地方有線電台製播節目，吉聲唱片公司則是長期經營客家伴唱帶的產製。

B. 目前

a. 錄音室出租和接外面案子

在訪談與參與觀察過程中，我們發現三家獨立唱片公司皆有自己的專業錄音室，甚至擁有小型攝影棚，以供自身唱片與 MV 錄音錄影之用。在空閒時，經營者會將自有的錄音室出租，以增加額外收入。像是在訪問吉聲唱片時，創意總監欒克勇即談到自己目前正在製作盲人歌手張玉霞即將發行的唱片：

研究者：像這個租錄音是一小時是多少錢？

欒克勇：一千五到兩千塊而已。

b. 向政府部門接案

由於自身擁有影視製作設備與人才，故而三家唱片或多或少都會接政府部門的案子或是客家電視台的委外製作節目，而這也成了目前唱片公司的收入主要來源。像是漢興傳播目前承製客家電視台的外景節目「風神舞台」，龍閣和吉聲則是接了很多客委會的案子，吉聲老板劉家丁就談到：

劉家丁：我就是接政府的案子就這樣。

研究者：所以客委會主要是你們活動的來源？

劉家丁：像我龍潭的假日廣場，今年就一百一十六場，每個禮拜六禮拜天。

研究者：就是你自己要寫企劃書什麼的？

劉家丁：對，然後就唱片的製作，還有客家電視台的節目，就這樣，一年可能一兩千萬的補助案這樣。

c. 結合版權賣平板卡拉 OK

在訪問的過程我們發現，吉聲唱片公司因為發現版權的重要性，再加上了解客家人喜歡唱歌和在山歌班聚集的特性，特別將客家伴唱帶版權結合最新平板電腦科技，研發了平板卡拉 OK：

研究者：這個很有商機啊？

劉家丁：會阿，看這個賺錢啊。

研究者：你們有想好行銷通道嗎？

劉家丁：不用行銷通道啊，每一個歌唱班去走一走，然後我辦歌唱比賽的時候我就用這個東西，你們就學這個，一人一台就好了。

在此，研究者將上述客家音樂獨立廠牌早期與目前的成本與營收以下表說明：

表 4：客家音樂獨立廠牌的成本支出說明

| | 早期 | 目前 |
|---|---|---|
| 人力支出 | 組織結構完善、人員較多、大半案子皆由組織內人員完成。 | 精簡人力，只雇用少數人員，其他工作外包。 |
| 歌手訓練費 | 唱片公司出資請專業老師訓練歌手唱歌、跳舞。 | 直接找可出片的歌手，節省訓練時間。 |
| 歌手簽約金 | 無著作權觀念，多半未簽約，但會付演唱費、詞曲創作費和製作費用。 | 皆跟歌手簽約，但大半未付簽約金，有些甚至連演唱費都未付，還要求歌手認購一定的唱片量。 |
| 錄音室費用 | 租用專業錄音室 | 自有錄音室 |
| 製作費 | 成本較高 | 盡量以最低成本完成，其中傳統山歌的製作成本更低。 |
| 詞曲創作費 | 出錢請專門老師為歌手量身訂作歌曲 | 許多歌曲皆由歌手自己創作，為了降低成本，老板甚至參與某些詞曲創作。 |
| 企畫和封面設計 | 唱片公司專職專業人員設計 | 主要採外包方式進行，某些部分甚至由歌手自行負責。 |
| 行銷 | 老板出錢讓歌手上大眾流行性電台打歌 | 主要以邀約性質上客家電視或電台節目，或結合客委會的演唱場合。 |
| 總花費 | 一張專輯成本約上百萬元，行銷部分亦是花上百萬元打歌。 | 一張專輯成本不到五十萬元，山歌專輯成本更低，一張只要十萬元即可。行銷部分則以免付費為主。 |

表 5：客家音樂獨立廠牌的營收說明

| | 早期 | 目前 |
|---|---|---|
| 實體唱片銷售 | 約上萬片 | 多數不到一千片 |
| 產品通路 | 山歌班、義民廟、唱片行 | 山歌班、義民廟、客家地區中小學、網路 |
| 活動和演唱會 | 工地秀、客家地區巡迴演唱會、義民廟廟會 | 客委會主辦或地方政府辦的客家祭典 |
| 版權 | 未簽約，無版權收入 | 加入 MUST，每年有固定收入。 |
| 其他 | 為地方有線電台製播節目、做伴唱帶、經營錄影帶店、拍婚紗。 | 錄音室出租（一小時一千五百元到二千元）和接外面歌手的製作案、政府部門接案或接客家電視委外節目（一年約一兩千萬）、結合版權賣平板卡拉 OK。 |

由表 4、表 5 的說明我們可以發現，早期三家客家獨立廠牌較有組織，亦願雇用專職人員為歌手量身訂做唱片，與一般流行音樂市場一樣較強調行銷，雖定位在客家地區有蠻大的特殊性，但仍會在主流媒體曝光，如以上述 Porter 的論點檢視客家流行音樂獨立廠牌的經營策略，我們可以說，早期的經營策略較偏向「差異化」策略，即以其獨特性的優勢競爭於廣泛目標市場。

相較之下，目前因為唱片市場不景氣，三家客家獨立廠牌的唱片作品，雖在音樂市場上有其差異性，但由於幾乎不做行銷，完全未突顯其產品特殊性，再加上亦未針對其特殊的目標眾進行任何行銷，將人力成本支出減至最低，亦不再花費於行銷和歌手訓練上，轉而採取的經營策略可說是較偏向「成本領導策略」。

## 五、結論與討論

### （一）研究結果與討論

由上述的研究結果我們可以發現，當代客家流行音樂獨立廠牌已由早期在主流音樂市場強調其客家特色，亦重視行銷的「差異化」策略，走向目前盡量減少支出的「成本領導」導向，也間接反應了臺灣流行音樂的衰退變遷。

針對實體唱片銷售下滑的情形，華語唱片市場不少公司早已調整經營策略，搶進新興的數位和行動音樂市場，像是在網路銷售合法的音樂檔案已是趨勢；而行動音樂市場近年亦為唱片公司帶來可觀利潤，特別是不少唱片業者近年來跨入電信業者行動客戶網絡，藉綑綁式行銷大營運，已收到不錯的成效（文化部，2012，頁 iii）。

這些因應科技快速變化所做的經營策略調整，較難在客家唱片獨立廠牌的身上看到。目前與新科技較沾上邊的只有吉聲唱片將唱片版權與平板電腦結合的做法，讓喜歡唱客家歌的消費者，可以隨時隨地歡唱，稍可視為是種行動音樂產品。然而此商品能有多少商機，還是個未知之數。

主要是因為目前客家流行歌曲的聽眾分布較為兩極，一群是年紀較長的中老年人，他們長年在山歌班學習客家歌曲，也習慣於各式場合歡唱（吳翠松，2011），但這群人對於新科技的適應通常需要較長時間；另一群則是藉由客語生活學校或各式客家慶典、活動和比賽學唱童謠的兒童，基本上這群聽眾由於上學和經濟能力的關係，較無法花時間使用這項科技。一般慣用數位與行動裝置的年輕人，則是較少聽唱客家歌，這亦成了該商品在推廣時的最大問題。

而相較於華語唱片公司的轉戰數位與行動裝置，得以另闢財源維持企業的營運與獲利。客家唱片獨立廠牌則採另一方式增加收入，即與客家相關政府單位合作，申請經費、獎助或參與標案，舉辦各式活動以協助族群文化的推廣。

像是客委會每年舉辦的桐花祭、各縣市政府客家事務局每年舉辦的各式客家活動與客家電視台委外的各式節目，都成了這些客家獨立廠牌的重要收入來源，也成了這幾年客家音樂延續的一個契機。

易言之，雖然皆是由「產品提供者」（product provider）轉變為「服務提供者」（service provider），但主流唱片公司轉向的是數位和行動通訊場域，而客家唱片獨立廠牌則轉向提供客家相關政府單位各式活動與節目製作的服務。

### （二）問題與討論

上述的研究結果點出幾個未來需要更進一步討論的問題：

1. 客家相關政府單位的補助，對客家流行音樂發展的影響

前述研究結果說明目前客家獨立廠牌的另類經營之道，是透過來自客家相關政府單位的補助，延續其音樂香火。像是徐千舜的第二張唱片【月光華華】，就獲得客委會的補助出版，在客語生活學校推廣，甚而透過客委會的標案在MOMO電視台曝光，進而創造了千千姐姐在客家兒童心目中的地位。

雖然，政府單位的補助確實可讓創作者或客家獨立廠牌在製作音樂時，較無後顧之憂，但也可能造成另一個隱憂，即創作者在創作時，為了獲得補助，刻意創作討好補助單位的歌曲，改變其創作的初衷，也可能使得客家流行歌曲的創作較無法多元。

另外，目前臺灣的客家獨立唱片公司的營運經費來源，不少來自政府補助。但萬一哪天政府的補助不在了，這些客家獨立唱片公司又該何去何從。易言之，以標案或獎補助申請的方式延續客家音樂並非治本之道，重要的還是要靠自身的產品和經營能力，吸引消費者購買，尤其是年輕消費族群，長期以來一直是客家流行音樂最弱的一環，該如何去吸引這群人，這是未來客家獨立唱片業者該去思考的問題。

2. 客家音樂的流通程度與業者版權的保護兩難問題

另一個值得關注的是客家音樂的版權問題，這部分主要涉及客家音樂的流通程度與業者權利保護的兩難問題。

事實上，在進行訪談前，研究者為了深入了解這些客家音樂獨立廠牌的產製內容，曾試圖在網路搜尋相關歌曲。卻發現相關音樂內容很少在網上公開，當時只覺得大概是因為收聽眾少或是經營者年紀較大故而不知如何上傳。在後續訪談過程中，才發現客家音樂之所以鮮少在網上流傳的主要原因，是因為對於音樂版權的保護。經營者認為客家音樂閱聽眾較少，如果再將音樂免費上網，大家就不會購買 CD，會造成公司營運上的困難。甚而因為對於音樂版權的保護，衍生了很多官司問題。

像在訪談過程中即有歌手談到，之前他在歌謠班「教唱」某些客家獨立廠牌製作的流行歌曲時，被唱片老板以侵犯著作權提告；亦有客家電台主持人談到，某家唱片公司歌手的歌，他們是絕對不播，因為很怕被告。

客家獨立廠牌業者的這種保護做法，原是無可厚非，畢竟在商言商，公司仍需獲利才能經營。但這樣的做法卻可能造成反效果，反而造成客家音樂產品無法在大眾市場流通，使得聽眾只集中在固定的小圈圈，無法開拓新的聽眾，也增加未來經營的困境。

這也是為什麼這幾年來，一般流行音樂製作公司，願將最新產製的音樂內容直接 PO 上 YouTube 供人觀賞的原因，因為這樣的做法，可以增加歌曲曝光率，進而刺激買氣和流通性，並幫助歌手接到更多的代言或演出機會，創造買賣方雙贏局面。畢竟在當代，一個歌手最重要的價值是其知名度，歌曲最重要的價值在其傳唱度，而歌手與唱片公司的主要收入，已不是傳統唱片的銷售成績，而是其他相關副產品的營收。

# 參考文獻

## 一、中文部分

山狗大樂團，2012，〈歡迎光臨山狗大樂團網站〉。取自 http://my.so-net.net.tw/mtwind/

文化部，2011，《100 年流行音樂產業調查》。取自 http://www.bamid.gov.tw/ezfiles/0/1000/img/9/140839260.pdf

______，2012，《101 年流行音樂產業調查》。取自 http://www.bamid.gov.tw/ezfiles/0/1000/img/9/918213943.pdf

王俐容、楊蕙嘉，2010，〈當代臺灣客家流行音樂的族群再現與文化認同〉。《國家與社會》8：157-199。

司徒達賢，1995，《策略管理》。臺北：遠流。

行政院新聞局，1999，《中華民國八十八年出版年鑑》。臺北：新聞局。

______，2000，《中華民國八十九年出版年鑑》。臺北：新聞局。

______，2001，《中華民國九十年出版年鑑》。臺北：新聞局。

______，2002，《中華民國九十一年出版年鑑》。臺北：新聞局。

______，2003，《中華民國九十二年出版年鑑》。臺北：新聞局。

______，2004，《中華民國九十三年出版年鑑》。臺北：新聞局。

______，2005，《中華民國九十四年出版年鑑》。臺北：新聞局。

______，2010，《99 年流行音樂產業調查報告》。取自 http://www.bamid.gov.tw/BAMID/Code/Resource/zh_TW/copyright/summary.html

吉聲影視音有限公司，2014，〈吉聲影視音有限公司簡介〉。取自 http://gisan.myweb.hinet.net/intro.html

吳榮順，2000，〈從現有客家音樂現象來談「客家歌」的現況與未來蛻變〉。《新竹文獻》2：66-71。

吳翠松，2009，〈客家藝人媒體現身策略與構築意象之分析〉。《客家研究》3（2）：49-92。

______，2011，〈客家老年人觀展／表演之在地文化研究：一個苗栗地區老人文康中心卡拉 OK 室的觀察〉。《傳播與社會學刊》18：157-192。

吳翠松、吳岱穎，2012，〈客家創作歌曲的產製與宣傳方式之初探〉。《廣播與電視》35：57-93。

李宗璘，2014，〈客家流行音樂與青年的客家認同〉。國立中央大學社會文化研究所碩士論文。

周青麟，2012，〈電源供應器業創新經營策略之研究：以T公司個案為例〉。國立政治大學經營管理碩士學程（EMBA）碩士論文。

胡泉雄，1970，《客家民謠與唱好山歌的要訣》。苗栗：頭份鎮公所。

唐淑芬，2002，〈我國發光二極體上游廠商的經營策略與競爭優勢之研究：以A公司為例〉。國立交通大學經營管理研究所碩士論文。

陳齊家，2008，〈1980年代以後客家創作歌曲之發展、反思與覺醒〉。國立臺南藝術大學民族音樂學研究所碩士論文。

黃純彬，2007，〈試論客家流行歌曲〉。取自 https://www.ptt.cc/man/NKJH_29_313/DD16/DADB/M.1227882537.A.F70.html

黃營杉，1999，《策略管理》。臺北：新陸書局。

楊宜桂、梁朝雲，2007，〈臺灣非流行音樂產業行銷管理之創新策略〉。《廣告學研究》28：1-28。

楊國鑫，1998，〈臺灣客家創作歌曲的形成與發展〉，「中央大學客家民族文化研討會」，桃園中央大學客家文化研究中心。

趙珮含，2014，〈從商品化探討臺灣流行音樂之產製邏輯〉。國立臺灣藝術大學廣播電視學系應用媒體藝術碩士論文。

漢興傳播，2010，〈關於漢興〉。取自 http://www.hansin.com.tw/about.htm

劉新圓，2003，《山歌子的即興》。臺北：文津。

劉　楨，1998，〈客家新音樂的興起、發展與未來〉。《客家》91：15-19。

______，2003，〈從日治時期出版之客家唱片看當時客家音樂的發展〉。取自 http://music.ihakka.net/web/001_japan_01_main.aspx

劉　楨，劉兆蘭，2005年10月，〈臺灣客家流行歌曲發展與出版市場之探討〉，「第三屆臺灣客家音樂文化研討會」，臺北。

劉榮昌，2011，〈戰後客家流行歌曲的發展與形構〉。國立中央大學客家社會文化研究所碩士論文。

劉興偉，2010，〈客家流行音樂的創作與實踐：解析金曲獎入圍客語專輯〉。國立聯合大學客家語言與傳播研究所碩士論文。

鄭榮興，2004，《臺灣客家音樂》。臺北：晨星。

______，2007，《三腳採茶唱客音：傳統客家三腳採茶串戲十齣》。宜蘭：國立傳統藝術中心。

謝奇任，2006，《國際唱片工業研究：跨國唱片公司的全球化、本土化、數位化》。臺北：五南。

______，2008，〈數位音樂潮流下國際唱片工業市場行為分析〉。《復興崗學報》91：269-292。

龍閣文化傳播，2015，〈關於我們〉。取自 http://longer.tw/about.php。

簡巧珍，2006，《臺灣客籍作曲家》。臺北：行政院客委會。

顏志文，2005，〈客家新音樂的十年回顧與展望〉，《臺灣客家音樂文化研討會論文彙編》。臺北：臺北縣客家文化園區。

## 二、英文部分

Allen, R. S. & Helms, M. M., 2002, "Employee perceptions of the relationship between strategy, Rewards and organizational performance." *Journal of Business Strategies*, 19(2): 115-138.

Ansoff, H. I., 1988, *The new corporate strategy*. New York, NY: John Wiley & Sons.

Chandler, A. D., 1962, *Strategy and structure*. Cambridge, Mass: M. I. T. Press.

EMI Group plc., 2007, *Annual report 2007.* London, UK: EMI Group plc.

Hofer, C. W., & Schendel, D. E., 1978, *Strategy formulation: Analytical concepts*. St Paul, MN: West Publishing.

Hull, G. P., 1998, *The recording industry*. Needham, MA: Allyn & Bacon.

Hutchison, T. W., Macy, A., & Allen, P., 2006, *Record label marketing. Burlington*, Mass: Focal Press.

Hsieh, C., 2002, *From "the MP3 revolution" to pay-to-play: The political economy of digital music*. Unpublished doctoral dissertation, Pennsylvania State University, Pennsylvania.

Jauch, L. R. & Glueck, W. F., 1989, *Strategic management and business policy*, 1st Edition, New York, NY: McGraw-Hill.

Kim, L.& Lim, Y., 1988, "Environment, generic strategies, and performance in a rapidly developing country: A taxonomic approach." *Academy of Management Review*, 31(4): 802-827.

Kumar, K., Subramanian, R, & Yauger, C., 1997, "Pure vs. hybrid: Performance implications of Porter's generic strategies among hospitals." *Health Care Management Review*. 22(4): 47-60.

Miller, D. & Friesen, P. H., 1986a, Porter's, 1980, "generic strategies and performance: An empirical examination with American data. Part I: Testing porter." *Organization Studies*, 7(1): 37-55.

Miller, D. & Friesen, P. H., 1986b, Porter's, 1980, "generic strategies and performance: An empirical examination with American data. Part II: Performance implications." *Organization Studies*, 7(3): 255-261.

Miller, A. & Dess, G. G., 1993, "Assessing Porter's, 1980, model in terms of its generalizability, accuracy, and simplicity." *Journal of Management Studies*, 30(4): 553-585.

Miles, R., & Snow, C., 1978, *Organizational strategy, structure and process*. New York, NY: McGraw-Hill.

Porter, M. E., 1980, "Industry structure and competitive strategy: Keys to profitability." *Financial Analysis Journal*, 36(14): 30-38.

Shuker, R., 1998, *Key concepts in popular music*. New York, NY: Routledge.

Vivendi., 2006, 2006 Annual report. Retrieved from https://bib.kuleuven.be/files/ebib/jaarverslagen/VIVENDI_2006.pdf

國家圖書館出版品預行編目 (CIP) 資料

客家文化產業生成與發展 / 俞龍通主編 .
-- 初版 . -- 新竹市 : 交大出版社 , 民 108.01
面； 公分 . -- ( 臺灣客家研究論文選輯 ; 12)
ISBN 978-986-97198-3-4( 平裝 )

1. 客家 2. 文化產業 3. 文集

536.21107 107020266

臺灣客家研究論文選輯 12

# 客家文化產業生成與發展

主　　編：俞龍通
叢書總主編：張維安
執行編輯：陳韻婷、程惠芳
封面設計：萬亞雰
內頁美編：黃春香

出 版 者：國立交通大學出版社
發 行 人：張懋中
社　　長：盧鴻興
執 行 長：簡美玲
執行主編：程惠芳
編務行政：陳建安、劉柏廷
製版印刷：中茂分色製版印刷事業股份有限公司
地　　址：新竹市大學路 1001 號
讀者服務：03-5736308、03-5131542 （週一至週五上午 8:30 至下午 5:00）
傳　　眞：03-5731764
網　　址：http://press.nctu.edu.tw
e-mail：press@nctu.edu.tw
出版日期：108 年 1 月初版一刷
定　　價：350 元
ISBN：978-986-97198-3-4
GPN：1010800016

展售門市查詢：
交通大學出版社 http://press.nctu.edu.tw
三民書局（臺北市重慶南路一段 61 號））
網址：http://www.sanmin.com.tw　電話：02-23617511
或洽政府出版品集中展售門市：
國家書店（臺北市松江路 209 號 1 樓）
網址：http://www.govbooks.com.tw 電話：02-25180207
五南文化廣場臺中總店（臺中市中山路 6 號）
網址：http://www.wunanbooks.com.tw　電話：04-22260330


**本書獲客家委員會補助出版**